असीम आनंद की ओर

असीम आनंद की ओर

अवेकनिंग विद ब्रह्माकुमारीज़

सिस्टर शिवानी

सुरेश ओबेरॉय

के साथ संवाद पर आधारित

अनुवाद : रचना भोला 'यामिनी'

MANJUL

मंजुल पब्लिशिंग हाउस

MANJUL

मंजुल पब्लिशिंग हाउस

कॉरपोरेट एवं संपादकीय कार्यालय

• द्वितीय तल, उषा प्रीत कॉम्प्लेक्स, 42 मालवीय नगर, भोपाल-462003

विक्रय एवं विपणन कार्यालय

• सी-16, सेक्टर 3, नोएडा, उत्तर प्रदेश - 201301, इंडिया

वेबसाइट : www.manjulindia.com

वितरण केन्द्र

अहमदाबाद, बेंगलुरू, भोपाल, कोलकाता, चेन्नई,
हैदराबाद, मुम्बई, नई दिल्ली, पुणे

मूल अंग्रेजी पुस्तक
हैप्पीनेस अनलिमिटेड-अवेकनिंग विद ब्रह्माकुमारीज़
का हिन्दी अनुवाद

Happiness Unlimited by Sister BK Shivani – Hindi Edition

यह हिन्दी संस्करण 2019 में पहली बार प्रकाशित
5वीं आवृत्ति 2024

ISBN 978-93-89143-40-9

हिन्दी अनुवाद : रचना भोला 'यामिनी'

मुद्रण व जिल्दसाज़ी : न्युटेक प्रिंट सर्विसेस

विषय सूची

असीम आनंद

इस संसार में आनंद के अभाव का कारण है निर्भरता। यह विडंबना है, क्योंकि प्रसन्नता 'किसी भी वस्तु या व्यक्ति' पर आश्रित नहीं होती और 'न ही इसे कहीं' पाया जा सकता है।

प्रसन्नता तभी संभव है, जब हम सामने वाले व्यक्ति को उसी रूप में स्वीकार करना सीखते हैं, जैसा कि वह है। इसका अर्थ होगा कि हमें दूसरों को परखने या उनका विरोध करने की प्रवृत्ति, शिकायतों व दोषारोपण, निंदा व दूसरे को वश में रखने की इच्छा पर रोक लगानी होगी और किसी से भी प्रतियोगिता करने की आदत को छोड़ना होगा।

जब हम पवित्रता, शांति व प्रेम के अपने सच्चे अस्तित्व के साथ जुड़ी भावनाओं व विचारों का चुनाव करते हैं तो जैसे सब कुछ परिवर्तित हो उठता है : दूसरों से माँगने के स्थान पर उनके साथ बाँटने लगते हैं; सब कुछ संग्रह करने की बजाय त्याग करना सीख जाते हैं; अपेक्षाओं के स्थान पर स्वीकृति को आश्रय देने लगते हैं, भविष्य और अतीत को छोड़ वर्तमान में जीने लगते हैं। हम आनंद, संतोष व परमानंद से भरपूर जीवन को रचते हैं, क्योंकि हमारे पास ही चुनने का विकल्प व शक्ति है। प्रसन्नता एक निर्णय है।

अंतर्राष्ट्रीय रूप से ख्याति प्राप्त भारतीय फ़िल्म कलाकार सुरेश ओबेरॉय तथा ब्रह्मा कुमारी के राजयोग ध्यान की साधिका सिस्टर शिवानी के बीच हुए वार्तालाप के माध्यम से इसी विचार का अनुशरण करते हुए चर्चा की जाती

है। यह किसी भी प्रकार से एक रेखीय संवाद नहीं है। यह तो परमानंद की मृगतृष्णा के बीच स्पष्टता से भरे क्षणों का छितराव है - किंतु यदि मन को कुछ ग्रहण करना है तो उसके लिए इस फ़र्क़ का होना आवश्यक है।

यह पुस्तक उन साक्षात्कारों का शाब्दिक प्रस्तुतिकरण नहीं है। हम इस पुस्तक के माध्यम से, सिस्टर शिवानी के विचारों का सार ग्रहण करने तथा प्रसन्नता व इसके विविध आयामों को समझने की चेष्टा कर रहे हैं।

परिचय

अंतर्राष्ट्रीय आध्यात्मिक और प्रेरक प्रमुख कार्यक्रम, *अवेकनिंग विद ब्रह्मा कुमारी* एक दशक से अधिक समय से लाखों लोगों की मानसिकता रूपांतरित कर रहा है, और इसकी पहुँच तथा विस्तार इस दुनिया के कोने-कोने तक हो रहा है। यह दैनिक टॉक शॉ भले ही हर दिन केवल 30 मिनट के लिए आता है, लेकिन इसमें ज़िंदगी की चुनौतियों और अंतदृष्टिपूर्ण सवालों के उत्तर मिल जाते हैं। यह शो आध्यात्मिक और भावनात्मक सशक्तिकरण के लिए दुनियाभर में ख्याति प्राप्त आधिकारिक हस्ती सिस्टर बी.के. शिवानी के नेतृत्व में चल रहा है। उनकी गहन और व्यवहारिक शिक्षाओं ने लाखों दर्शकों को सोचने, समझने, आत्म-निरीक्षण करने, अनुभव करने, सकारात्मक क़दम आगे बढ़ाने और आत्म-रूपांतरण करने का मार्ग दिखलाया है। इस मंच के माध्यम से उनकी कालातीत शिक्षाओं में शांति, प्रेम और करुणा की झलक मिलती है।

2007 से लेकर अब तक *अवेकनिंग* कार्यक्रम के 2,000 से अधिक एपिसोड में मानवीय चेतना को जाग्रत करने के बारे में 20 से ज़्यादा बहु-आयामी श्रंखलाओं का ताना-बाना बुना गया है। यह शो न केवल भारत में घर-घर तक पहुँच गया है बल्कि इसने अमेरिका, यू.के., यूरोप, एशिया, मिडिल ईस्ट, अफ़्रीका और न्यू ज़ीलैण्ड में भी महत्त्वपूर्ण छाप छोड़ी है। दर्शक मानसिक तनाव, अवसाद, व्यसन लिप्तता, स्वाभिमान में कमी और दुःखदायी संबंधों की

ओर ले जाने वाले स्वयं को परास्त कर देने वाले व्यवहारों से सफलतापूर्वक बाहर आ रहे हैं। वे अपनी आंतरिक शक्ति को पहचान कर नम्र बन रहे हैं, अपने बारे में अच्छा महसूस करने लगे हैं और अपनी रोज़मर्रा की ज़िंदगी का दायित्व लेने लगे हैं।

इस मंच से साझा किए जाने वाले ज्ञान का सार ब्रह्मा कुमारी की शिक्षाओं का स्वाभाविक परिणाम है। यह एक आध्यात्मिक संगठन है जिसका मुख्यालय माउंट आबू, भारत में है और महिलाओं के नेतृत्व वाला सबसे बड़ा संगठन है। इस सेवा का बीजारोपण 1937 में हुआ था और इसके आज लगभग 4,500 केंद्र हैं, जो कि 5 महाद्वीपों के 140 से अधिक देशों में फैले हैं। संस्थान को संयुक्त राष्ट्र आर्थिक एवं सामाजिक परिषद (ECOSOC) से परामर्शदाता का दर्जा मिला है। इसे सार्वजनिक सूचना विभाग (DPI) से सहयोगी, संयुक्त राष्ट्र बाल कल्याण कोष (UNICEF) से परामर्शदाता तथा यूएनईपी की संयुक्त राष्ट्र पर्यावरण असेंबली से पर्यवेक्षक का दर्जा मिला है। यह संयुक्त राष्ट्र के विकासात्मक, मानवतावादी और अन्य मुद्दों से जुड़े व्यापक कार्यक्रमों का समर्थन करता है।

ब्रह्मा कुमारी की शिक्षाएँ राजयोग की प्राचीन आध्यात्मिक चेतना से निकली हैं, लेकिन आजकल के लिहाज से पूर्णतः प्रासंगिक हैं। हर व्यक्ति अपनी आध्यात्मिकता का अन्वेषण करता है तथा राजयोग से प्राप्त ध्यान व मनन के कौशल सीखता है। इससे उन्हें आंतरिक प्रशांति, स्पष्ट चिंतन तथा निजी आरोग्य पाने में सहायता मिलती है। ब्रह्मा कुमारी हर किसी तक आध्यात्मिक शिक्षा पहुँचाने के लिए प्रतिबद्ध है तथा उम्र, विश्वास और पृष्ठभूमि पर विचार किए बिना जीवन के हर क्षेत्र से आए लोगों का स्वागत करता है।

कोई भी व्यक्ति सामान्यतः अपने नजदीकी केंद्र पर जाकर राजयोग ध्यान सीखने के लिए अपनी सुविधा के अनुरूप समय ले सकता है। फ़ाउंडेशन कोर्स एक 7 दिवसीय कार्यक्रम है, जिसके लिए प्रति दिन 1 घंटा देना पड़ता है। यह निःशुल्क है। लोगों का दुनियाभर में हर दिन आयोजित की जाने वाली आध्यात्मिक अध्ययन कक्षाओं में भी स्वागत है। व्यक्तियों तथा कॉर्पोरेट्स के लिए वार्ताओं,

सामुदायिक परियोजनाओं, कार्यक्रमों, व्याख्यानों, कार्यशालाओं, सम्मेलनों तथा अन्य मंचों के ज़रिए कोर्स प्रस्तुत किए जाते हैं।

Website : http://www.brahmakumaris.org

Centres in India : https://www.brahmakumaris.com/centers/

Centers Worldwide : http://www.brahmakumaris.org/centre-locater

पाठकों के नाम

प्रिय आनंद आत्मा,

ओ३म् शांति। शांति और आनंद की शुभकामनाएँ।

यह तथ्य कि आप इस पुस्तक को पढ़ रहे हैं इस बात को प्रमाणित करता है कि आप अपने व्यक्तित्व में आनंद को जोड़ने की इच्छा रखते हैं तथा इसकी दृढ़ प्रतिज्ञा कर चुके हैं। पहला क़दम उठाने के लिए बधाई। इसका सीधा मतलब यह है कि ये पृष्ठ आपको आपके वांछित आनंद को तलाशने, समझने, अनुभव तथा अभिव्यक्त करने में मददगार होंगे।

जब मैंने पहली बार *अवेकनिंग विद ब्रह्मा कुमारी* की यात्रा शुरू की थी तो हमारी दुनिया के तमाम कष्टों से लेकर हमारे अपने मन के दुःखों का पता लगाना आसान हो गया था। बच्चों से लेकर युवा और वरिष्ठ नागरिक तक हर कोई आंतरिक एवं बाहरी दुनिया दोनों के कोलाहल में डूबे हुए हैं। हर कोई आनंद की तलाश में है, लेकिन कइयों को पक्का मालूम नहीं है कि कहाँ, कैसे और कब इसे प्राप्त किया जाए। एक सुविधाजनक बिंदु मुहैया कराने के लिहाज से, जीवन को प्रकाश युक्त दृष्टिकोण से देखने की भावना से यह विचार पनपा कि एक केंद्र बिंदु के रूप में आनंद पर सविस्तार चर्चा की जाए।

इसी वजह से टीवी श्रंखला *हैप्पीनेस अनलिमिटेड* की शुरुआत हुई। इसके क़रीब 30 एपिसोड में प्रसन्नता में अंतर्निहित हर पहलू, प्रत्येक परत

पर चर्चा की गई है। इस शो को दुनियाभर के दर्शकों से ज़बरदस्त सराहना मिल रही है। बहरहाल यह शो व्यक्तियों, परिवारों और सोसाइटियों के लिए शांति और आनंद की तलाश व प्राप्ति से जुड़े सवालों तथा उत्कट इच्छा पर एक अपनाने योग्य गाइड, समाधान के रूप में नज़र डालता है।

किसी को भी अपनी जीवन शैली में आनंद से भरपूर भावना के सार्थक और पूर्ण प्रदर्शन, मंथन, बीजारोपण और स्वीकारने तथा महारत हासिल करने में समय लगता है। इस वजह से टीवी शो के दर्शकों को अलग से निरंतर पथ-प्रदर्शन की आवश्यकता होती है ताकि उन्होंने टीवी पर देखकर जो भी सीखा उसका पालन, चिंतन, अनुसंधान कर सकें और उसे लागू कर सकें।

संभवतः यह पुस्तक देने के लिहाज से उपहार साबित हो। चाहे आप अपने घर में आराम कर रहे हों, कार्यालय में हों, यात्रा कर रहे हों या छुट्टियां मना रहे हों, ये पृष्ठ आपको प्रसन्नता के बारे में रोज़मर्रा के अनुभव पाने का मार्ग दिखलाने में मदद करेंगे, भले ही आप किसी भी परिस्थिति में हों। जैसे ही आप इस पुस्तक को अपने आध्यात्मिक पुस्तकालय में शामिल कर लेंगे, पढ़ेंगे, पुनर्विचार करेंगे तथा प्रसन्नता की आवृत्ति से तालमेल बैठाने के लिए अपने मन को पुनर्व्यपस्थित करेंगे, रुकेंगे और देखेंगे कि कैसे आपके इर्द-गिर्द का जीवन शानदार तरीक़े से उन्नत होता जा रहा है।

बी.के. शिवानी

भाग 1

प्रसन्नता का चुनाव

हम ही विकल्प चुनते हैं

जो कुछ भी पुराना और साधारण है, अब उससे विदा लेते हुए, अपने भीतर की सुंदरता को जगाने का समय आ गया है। वह समय अभी है। समय आ गया है कि हम लोग जागें और एक नई सोच, एक नए नज़रिए से जीवन की ज़िम्मेवारी स्वयं लें।

ओम शांति!

सुरेश ओबेरॉय : प्रसन्नता का क्या अर्थ है?

सिस्टर शिवानी : हम क्या कर रहे हैं, हमने कैसे संबंध बनाए हैं, हम क्या प्राप्त करना चाह रहे हैं और ऐसी बहुत सी बातों के साथ, हम सभी जीवन में प्रसन्नता ही तो पाना चाहते हैं। अगर हम जीवन के बारे में सोचें, तो स्पष्ट दिखाई देता है कि हम सभी प्रसन्नता व आनंद की तलाश में हैं।

सुरेश ओबेरॉय : जैसा कि आपने कहा, हम सभी प्रसन्नता की तलाश में हैं। परंतु हम किस माध्यम से इसकी तलाश कर रहे हैं?

सिस्टर शिवानी : हम इसे अलग-अलग साधनों से तलाश करते हैं - यह किसी भी तरह के साज़ो-सामान, संपत्ति, संबंध, उपलब्धियों और अच्छे स्वास्थ्य के माध्यम से हो सकता है। जैसे आप किसी से पूछते हैं कि वे अपने जीवन में क्या पाना चाहते हैं, तो वे प्रायः उत्तर देते हैं कि वे 'सफलता' पाना चाहते हैं। वे सफलता क्यों पाना चाहते हैं, क्योंकि इससे उन्हें ख़ुशी मिलती है। आप

उनसे पूछते हैं कि आप किसी ख़ास वस्तु को क्यों ख़रीदना चाहते हैं। उनमें से अधिकांश का उत्तर यही होता है कि इससे उन्हें या उनके परिवार को प्रसन्नता होगी। आप किसी से पूछते हैं कि उन्हें किसी संबंध से क्या मिलता है? और फिर उत्तर मिलता है कि उन्हें संबंधों से प्रसन्नता मिलती है। तो कुल मिला कर, सभी एक ही चीज़ की तलाश में हैं - ख़ुशी।

सुरेश ओबेरॉय : परंतु यह प्रसन्नता सीमित है अथवा असीमित? यह तो सीमित होती है, ऐसा ही है न?

सिस्टर शिवानी : जी, ऐसा ही है। हम तो ये तक नहीं जानते कि क्या ये सच्ची ख़ुशी है।

सुरेश ओबेरॉय : तो क्या यह क्षणिक होती है - जैसे कोई बालक किसी खिलौने से खेलता है, उसे तोड़ देता है और उसके बाद वह अपने लिए नया खिलौना चाहता है, फिर दूसरे खिलौने से खेलता है और इस तरह यह सिलसिला जारी रहता है। दरअसल हक़ीक़त में हम चाहते क्या हैं? यदि हम प्रसन्नता की तलाश कर रहे हैं, तो क्या इसे ठोस और स्थायी नहीं होना चाहिए?

सिस्टर शिवानी : इसे स्थायी होना चाहिए, यही सबसे अहम बात है। अगर प्रसन्नता हमें पसंद है, अगर प्रसन्नता की हम इच्छा करते हैं, अगर ये हमारा स्वाभाविक रूप है, तब यह अन्य किसी बाहरी वस्तु पर निर्भर नहीं होगी। अगर यह किसी वस्तु पर निर्भर करती है, तो यह कभी निरंतर बनी रहने वाली नहीं हो सकती।

अगर सादे शब्दों में कहा जाए, यदि आप इसे कहीं बाहर तलाश रहे हैं, तो आप उस वस्तु पर निर्भर हो रहे हैं और यह भावना लंबे समय तक बनी नहीं रहेगी। मान लेते हैं, अगर मौसम ख़ुशनुमा हो और आपको बहुत अच्छा लग रहा हो; तब तो आपका अच्छा लगने का भाव, मौसम पर निर्भर हो गया।

सुरेश ओबेरॉय : बिलकुल सही कहा आपने! पर मैं यह समझना चाहता हूँ कि कोई व्यक्ति इच्छाओं या निर्भरता के बिना प्रसन्नता कैसे पा सकता है?

सिस्टर शिवानी : संभवतः यह सबसे पुराने विश्वास तंत्रों में से एक है, जिसे हमने अपने जीवन का एक हिस्सा बना रखा है - यह विश्वास कि हमें कहीं बाहर से प्रसन्नता अर्जित करनी होगी, फिर भले ही वह उपलब्धियों से आए, दूसरे लोगों से मिले या हमारी वर्तमान स्थिति का नतीजा हो। "मैं यह काम इसलिए कर रही हूँ क्योंकि इसे करने से मुझे ख़ुशी हासिल होगी," यह हमेशा यही समीकरण रहता है। जब कोई काम पूरा होगा और सही तरह से संपन्न होगा, तब ही हमें ख़ुशी होगी। तो, यहाँ ख़ुशी काम के सही तरह से संपन्न होने पर निर्भर है। किसी बच्चे को बचपन से यही संस्कार दिया जाता है कि अगर वह अच्छे अंक लाएगा तो माता-पिता प्रसन्न होंगे, जब वह अच्छा प्रदर्शन देगा, जब वह सुंदर दिखेगा, तो उसके माता-पिता को अच्छा लगेगा, वे उससे ख़ुश होंगे।

धीरे-धीरे बच्चे के मन में यह बात पैठ कर जाती है कि अगर उसके माता-पिता प्रसन्नता अनुभव करेंगे, तब ही उसे भी प्रसन्नता होगी और अगर उसके माता-पिता ही प्रसन्न नहीं हैं, तो वह प्रसन्नता का अनुभव कैसे कर सकता है?

सुरेश ओबेरॉय : क्या आप कोई आसान उपाय बता सकती हैं या कोई ऐसा तरीक़ा बता सकती हैं, जिसके माध्यम से हम प्रसन्नता के अर्थ को समझ सकें और यह समझ सकें कि इसे किसी भी तरह की निर्भरता के बिना कैसे हासिल किया जा सकता है?

सिस्टर शिवानी : पहले तो हमें यह जानने का प्रयास करना है कि हमारी ख़ुशी किस बात पर निर्भर हो रही है। रोज़मर्रा के जीवन में, हम प्रायः जिस निर्भरता का अनुभव करते हैं, वह वस्तुओं के लिए ही होती है। जैसे - जब मैं एक नई कार ख़रीद लूँगा, तो मुझे बहुत ख़ुशी होगी; मुझे अपने लिए नई संपत्ति ख़रीदने पर बहुत ख़ुशी होगी; मुझे शॉपिंग के लिए जाने से बहुत ख़ुशी मिलती है।

सुरेश ओबेरॉय : परंतु इसमें बुराई ही क्या है? क्या यह स्वाभाविक व्यवहार नहीं है?

सिस्टर शिवानी : क्या यह सच है? क्या ये निर्भरताएँ वास्तव में हमें प्रसन्न बना रही हैं?

सुरेश ओबेरॉय : अगर ईमानदारी से कहूँ, तो मुझे भी एक नई कार ख़रीदने से ख़ुशी ही मिलेगी।

सिस्टर शिवानी : बेशक़ आपको ख़ुशी मिलेगी, पर क्या इस कार से आपको वह ख़ुशी मिल रही है, जिसकी आप तलाश कर रहे हैं।

जब आपके पास एक नई कार होगी तो आपको बहुत प्रसन्नता होगी... जिसका मतलब होगा, अगर आपके पास कार नहीं होगी, तो आपका ख़ुश रहना मुश्किल होगा। इसका मतलब यह भी हुआ कि अगर दस दिन बाद ही, कार पर कोई खरोंच आ गई या किसी ने आपकी कार में टक्कर मार दी, तो ख़ुशी फिर से प्रभावित होने वाली है क्योंकि आपने अपने मन में यह विश्वास पाल लिया है कि आपको कार से ख़ुशी मिल रही है। जबकि यह सच नहीं है। आप एक नई कार ख़रीदते हैं - और हो सकता है कि यह दुनिया की सबसे महँगी कार हो। आप कार में बैठते हैं और यह बहुत आरामदेह है। तो इस आराम का अनुभव कौन ले रहा है? यह आपका शरीर है। इस कार में बहुत आलीशान सीटें, बहुत अच्छा म्यूज़िक सिस्टम और एक ताक़तवर ए.सी. भी लगा है। आपको कार में बैठ कर बहुत आराम मिल रहा है, इसलिए आप अपने-आप से कहते हैं कि मुझे अच्छा लग रहा है। ठीक उसी समय घर से एक फ़ोन कॉल आता है, और आपको पता चलता है कि घर में कोई दुःखद घटना घटी है। क्या तब भी आपकी प्रसन्नता यूँ ही बनी रहेगी?

सुरेश ओबेरॉय : नहीं, तब ऐसा नहीं होगा।

सिस्टर शिवानी : परंतु आप तो अब भी आरामदेह हैं। कार अब भी वही है और आप अब भी कार में ही बैठे हैं। यह कार आपके शरीर को आराम देने के लिए बनाई गई थी और भले ही आपके जीवन में और कोई भी घटना घटती रहे, यह आपके शरीर को उसी तरह आराम देती रहेगी।

सुरेश ओबेरॉय : तो क्या प्रसन्नता और आराम, दो अलग-अलग चीज़ें हैं?

सिस्टर शिवानी : जो भी वस्तु भौतिक रूप से रची गई है, वह हमें भौतिक रूप से आराम देगी। हम जिस कुर्सी पर बैठे हैं, वह एक भौतिक वस्तु है और आपके शरीर को आराम दे रही है, परंतु हम अपने-आप से कहते हैं कि यह हमें खुशी दे रही है।

सुरेश ओबेरॉय : क्या हमारी यह मान्यता अनुचित है?

सिस्टर शिवानी : दरअसल, बात यह है कि हमें बचपन से ही ऐसा सोचने की शिक्षा दी गई है। हम इस सोच और मान्यता के साथ ही बड़े हुए हैं। पर अब हमें अपने ही विश्वास तंत्र पर सवाल उठाना होगा।

सुरेश ओबेरॉय : जब हम छोटे थे, तो अक्सर माता-पिता हमारे लिए कुछ ख़रीदते समय कहते, 'इसके लिए ये ले लेते हैं, इसे ख़ुशी मिलेगी' या वे हमें प्रसन्न करने के लिए हमें पिकनिक ले जाते थे। यही हमारी विचारधारा बन गई।

सिस्टर शिवानी : बिलकुल सही कहा आपने, अब हमारे पास सबसे सुंदर बँगला और कार है और वह सारी संपत्ति है, जिसे पाने का हम कभी सपना देखा करते थे, हमारे पास हर तरह का यंत्र मौजूद है। तो हम अब भी प्रसन्नता की तलाश में क्यों हैं? जब सारी वस्तुएँ हमारे पास आ चुकी हैं, तो क्या हमारी इस खोज को समाप्त नहीं हो जाना चाहिए था? हमें सब कुछ मिल गया। पर ऐसा लगता है मानो हम अब भी उसी खुशी की तलाश में हैं, जिसका अर्थ है कि ये सभी यंत्र भी हमें खुशी नहीं दे पाए। हमें इन यंत्रों से केवल आरामदायक जीवन ही मिल सकता है।

सुरेश ओबेरॉय : हमने कार का जो उदाहरण लिया, ज्यों ही घर से फ़ोन कॉल आता है जो आपको कोई दुःखद सूचना देता है, तो फिर वह आराम कहाँ गया?

सिस्टर शिवानी : कल्पना करें कि आप कार में बैठे हैं, आपकी पीठ बिलकुल सीधी है और आपके पैर भी आराम महसूस कर रहे हैं। इस समय मिली सूचना के कारण, आपका मन अचानक व्याकुल हो गया है। जब मन पीड़ा

में हो तो उसके लिए शारीरिक सुख भी कोई मायने नहीं रखता। शरीर तो आरामदेह अनुभव कर रहा है - परंतु जो 'मैं' है, वह उस क्षण आरामदेह नहीं हैं।

हम प्रसन्नता की ख़ोज में हैं, इसलिए इस क्षण में हमारे लिए शारीरिक सुख-सुविधा भी कोई मायने नहीं रखेंगी। यह बात दूसरी तरह से भी देखी जा सकती है। हो सकता है कि हम शारीरिक रूप से बहुत आरामदेह नहीं महसूस कर रहे हों, केवल ज़मीन पर ही आलथी-पालथी लगाए बैठे हों, परंतु आंतरिक रूप से हम परमानंद में मग्न हों, और इसलिए हम बहुत आरामदेह महसूस कर रहे हों।

सुरेश ओबेरॉय : कोई व्यक्ति इस एहसास को पाने के लिए क्या कर सकता है?

सिस्टर शिवानी : अगर कोई व्यक्ति इस एहसास को पाना चाहे, तो उसे समझना होगा कि शारीरिक सुख, भावात्मक सुख से अलग मायने रखता है। हम अपने अंदरूनी आराम या सुख को महसूस नहीं कर पा रहे - वह आंतरिक स्थिरता, जिसे हम प्रसन्नता कहते हैं, परंतु हमें लगा कि अगर हम शारीरिक रूप से आरामदेह महसूस करेंगे, तो इसका अर्थ होगा कि हम प्रसन्न ही थे। आजकल हम ख़ुशी को भी ख़रीदने लगे हैं, अगर मैं यह ले लूँगा तो बहुत ख़ुशी होगी, वह ले लूँगा तो बहुत ख़ुशी मिलेगी... यह सूची कभी समाप्त ही नहीं होती। इसका मतलब यह नहीं कि हमें वे वस्तुएँ ख़रीदनी ही नहीं चाहिए, बस केवल इतना करें कि उन्हें अपनी प्रसन्नता के साथ न जोड़ें। हम प्रायः कोई वस्तु इसलिए ख़रीदते हैं क्योंकि वह हमारे लिए उपयोगी या आरामदेह होती है। पर क्या यह प्रसन्नता है? नहीं!

हमें यह जानना है कि हम किसी वस्तु को क्यों ख़रीद रहे हैं और हम अपने मन से यह कहें कि जब हम यह ख़रीदेंगे तो हमें ख़ुशी मिलेगी। अगर हम भौतिक वस्तुओं के साथ अपनी प्रसन्नता को जोड़ते हैं, तो हम अपनी प्रसन्नता को स्थगित करते हुए, उसके साथ एक शर्त जोड़ देते हैं। मान लेते हैं कि हम एक नया घर बना रहे हैं, हम अपने-आप से कहते हैं कि जब यह घर बन जाएगा और हम उसमें रहने आ जाएँगे तो हमें बहुत ख़ुशी मिलेगी।

इसका मतलब होगा कि इस काम में एक या दो साल भी लग सकते हैं।

तो, इस तरह हमने अपनी ख़ुशी को आने वाले समय के लिए स्थगित कर दिया है। एक बच्चे के बारे में सोचें - हम बच्चे को स्कूल में देखकर कहते हैं कि बचपन तो जीवन का सबसे बेहतर चरण है। परंतु बच्चा अपने आस-पास के बड़े लोगों को देखकर मन में सोचता है कि बड़े लोग कितने क़िस्मतवाले हैं, उन्हें न तो होमवर्क करना पड़ता है और न ही कोई परीक्षा देनी होती है। वह उनके स्थान पर आना चाहता है। बच्चा स्कूल से बाहर आने के लिए आतुर है ताकि प्रसन्नता अर्जित कर सके। उसे लगता है कि जब वह कॉलेज में प्रवेश करेगा, तो उसे बहुत ख़ुशी मिलेगी। फिर जब वह कॉलेज में जाता है, तो उसकी सोच में बदलाव आ जाता है। उसे लगने लगता है कि उसे असली ख़ुशी तो तभी मिलेगी, जब उसके पास एक अच्छी नौकरी होगी, उसका विवाह हो जाएगा और उसका एक परिवार होगा। पर जल्दी ही उसे लगने लगता है कि उसे तो ख़ुशी तभी मिल सकेगी, जब उसके बच्चे बड़े होकर, जीवन में अपने लिए बेहतर जगह बना लेंगे और सब कुछ ठीक हो जाएगा। अब उसके मन में क्या आता है? उसे लगता है कि ख़ुशी तो रिटायरमेंट होने के बाद ही मिल सकेगी। तो वह सही मायनों में प्रसन्न कब होगा? वह जीवन के अलग-अलग चरणों में अपनी प्रसन्नता को स्थगित करता आ रहा है। हम एक गहरे दुष्चक्र में उलझे हैं, जहाँ हम स्वयं से कहते हैं : *जब ऐसा होगा, तब मुझे बहुत ख़ुशी होगी।*

सुरेश ओबेरॉय : कितने अफ़सोस की बात है!

सिस्टर शिवानी : सच कहा आपने! यही कारण है कि हम लोग ख़ुश नहीं हैं।

सुरेश ओबेरॉय : हम अपने आस-पास बहुत से अमीर लोगों को देखते हैं; उनके पास अपने हेलीकॉप्टर हैं, प्राइवेट प्लेन हैं और निजी नौकाएँ हैं। वे अब भी एक से दूसरे मंदिर और एक से दूसरे गुरु के पास भटकते रहते हैं। आख़िरकार, वे चाहते क्या हैं? इस तलाश का अंत कैसे किया जाए?

सिस्टर शिवानी : यह समझना होगा कि ख़ुशी और साधना अलग चीज़ है और दूसरा यह समझना होगा कि यह हमारी आंतरिक रचना है और हम किसी भी

दूसरी चीज़ के बिना अपने आप रच सकते हैं। आप एक कार लेते हैं और कहते हैं कि आप बहुत खुश हैं। कार एक भौतिक वस्तु है, भाव-भावनाएँ नहीं हैं। कार आपको कोई खुशी नहीं देगी, लेकिन आप अपने मन में सोचते हैं, 'वाह! मैंने नई कार ली, जो मुझे चाहिए था वो मैंने पा लिया।' यह सकारात्मक विचार है।

जब किसी महिला को नए आभूषणों का सेट मिलता है, तो वहाँ भी यही बात देखी जा सकती है। क्या उसे आभूषणों के सेट को पाकर ख़ुशी महसूस हो रही है? या वह उन आभूषणों को पाकर सकारात्मक सोच को जन्म दे रही है, जो उसे प्रसन्नता प्रदान करते हैं।

सुरेश ओबेरॉय : परंतु क्या आपको नहीं लगता कि अगर आभूषणों का सेट न हो तो सकारात्मक विचार पैदा ही नहीं किया जा सकता?

सिस्टर शिवानी : इसका मतलब हमें प्रतिक्रिया उत्पन्न करने के लिए वस्तु की आवश्यकता है। यह वस्तु कुछ भी हो सकती है, जैसे आभूषणों का सेट। आप उस वस्तु को देखते हैं और अपने मन में उस सोच को स्थान देते हैं।

जब हमें वह वस्तु मिल जाती है, तो हमारी स्वाभाविक प्रतिक्रिया होती है, 'मुझे अभी-अभी जो गहना मिला, यह तो वाक़ई बहुत सुंदर है।' इस सोच को किसने जन्म दिया?

सुरेश ओबेरॉय : दरअसल इस सवाल का जवाब देना थोड़ा कठिन है। वह विचार मैंने पैदा किया या वह उस वस्तु के कारण पैदा हुआ?

सिस्टर शिवानी : किसी आभूषण जैसी भौतिक वस्तु में कोई विचार या भावनाएँ नहीं होतीं। आपने इसे देखा और आपके मन में एक भाव पैदा हुआ – 'मैंने कितना सुंदर आभूषण लिया है।' अगर दस मिनट बाद, कोई कमरे में आकर कहे कि वह आप पर जँच नहीं रहा या कहे कि वह नक़ली है, तो क्या होगा? अब प्रतिक्रिया कौन पैदा कर रहा है? अगर वह प्रतिक्रिया उस वस्तु के कारण थी, तो अब भी वही प्रतिक्रिया होनी चाहिए, भले ही हालात में कितना भी बदलाव क्यों न आ जाए। इसके बाद, अगर आप अन्य लोगों को वह आभूषण

दिखाते हैं तो क्या सबके मन में उसके लिए वही भावनाएँ पैदा होंगी? कोई महिला कहेगी, 'कितना भड़कीला है, मैं तो नहीं पहन सकती, मुझे तो बिलकुल पसंद नहीं आया;' कोई दूसरी कह सकती है - 'मुझे गहने पसंद नहीं;' यह भी सुनने में आ सकता है, 'मैं भी इसे लेना चाहती थी, हाय! मेरे पास इतने पैसे ही नहीं हैं कि मैं ऐसे गहने ख़रीद सकूँ।' यह सब बातें सेट को देखकर सोची जा सकती हैं।

सुरेश ओबेरॉय : किसी भी वस्तु के लिए मेरी प्रतिक्रिया मेरा अपना चुनाव है।

सिस्टर शिवानी : जी, यह आपकी अपनी सोच है।

सुरेश ओबेरॉय : मैं प्रतिक्रिया दे रहा हूँ, इसका अर्थ है कि मैं कुछ रच रहा हूँ। मैं प्रसन्नता या अप्रसन्नता में से कोई एक चीज़ रच रहा हूँ।

सिस्टर शिवानी : हम आभूषणों के उसी एक सेट के साथ आनंद, ईर्ष्या, ठेस आदि विचारों को जन्म दे सकते हैं। वस्तु वो ही है। अगर उस वस्तु के कारण भाव पैदा होते, तो सबके मन में एक से भाव पैदा होने चाहिए थे।

अगर कोई वस्तु - भले ही वह कोई कार हो या गहने या फिर कोई प्यारा सा बगीचा - अगर उसके कारण विचार पैदा हो रहे हैं, तो हर व्यक्ति के भीतर एक समान भाव पैदा होने चाहिए। ज़रा इस हरियाली को देखिए। आप सोच सकते हैं कि प्रकृति के साथ रहना कितना भला लगता है, जबकि दूसरा व्यक्ति बड़ी आसानी से उसे नज़रअंदाज़ कर आगे बढ़ सकता है, हो सकता है कि वह उस हरियाली पर ध्यान ही न दे।

एक ही वस्तु के लिए अलग-अलग प्रतिक्रियाएँ हो सकती हैं। प्रतिक्रिया सर्जक का चुनाव है और हम सर्जक हैं।

सुरेश ओबेरॉय : मैं ही सृजन करता हूँ और मैं ही प्रसन्नता या अप्रसन्नता को पैदा कर रहा हूँ। सिस्टर शिवानी, आपकी इसी बात से मुझे अपने बहुत से प्रश्नों के उत्तर मिल गए, परंतु यह बताएँ कि व्यक्ति किसी भाव के बिना क्या कर सकता है?

सिस्टर शिवानी : जब आप यह समझ लेते हैं कि इस सोच को आपने ही जन्म दिया है, तो सब कुछ बदल जाता है। दरअसल, हम नहीं जानते कि हम ही उन विचारों के जन्मदाता हैं और यह मानने लगते हैं कि वे हमें कहीं बाहर से मिल रहे हैं। मान लेते हैं, आपने मुझसे कुछ ऐसा कह दिया, जो मुझे थोड़ा अभद्र लगा और मुझे दुःख हुआ। मैं यह नहीं जानती कि यह दुःख का भाव मैं खुद ही उत्पन्न कर रही हूँ। मैं आपसे बड़े आराम से कहती हूँ - आपने मुझे दुःखी किया। फिर मैं कहती हूँ कि आपको मुझसे अच्छे से बात करनी चाहिए ताकि मुझे बेहतर महसूस हो सके। बेहतर होगा कि आप मुझसे क्षमा माँगें क्योंकि जब आप मुझसे क्षमा माँग लेंगे तो मुझे बेहतर महसूस होगा यही निर्भरता है।

सुरेश ओबेरॉय : फिर वह व्यक्ति कहेगा कि मेरे कहने का यह मतलब तो नहीं था।

सिस्टर शिवानी : पर आपने मुझे दुःखी किया। हम इसी तरह बात को बढ़ा सकते हैं... आपकी वजह से मैं दुःखी हूँ। आपकी वजह से मैं नाराज़ हूँ। आपकी वजह से मैं उदास हूँ। आपके कारण मैं खुश हूँ।

सुरेश ओबेरॉय : अगर सब कुछ मेरे आस-पास के लोगों के कारण ही हो रहा है तो इसका मतलब है कि मैं अपनी ज़िम्मेवारी नहीं ले रहा।

सिस्टर शिवानी : बिलकुल, न कोई ज़िम्मेवारी और न ही कोई नियंत्रण! अगर हम हमेशा ही किसी बाहरी वस्तु पर आश्रित हैं, तो सही मायनों में हम कितने असहाय हैं।

सुरेश ओबेरॉय : क्या यह वास्तव में एक दुर्बलता नहीं है?

सिस्टर शिवानी : परंतु क्या हम सब अपना जीवन इसी तरह नहीं जी रहे? जिस क्षण हम जान जाते हैं कि यह सब एक भ्रम है, हम कोई वस्तु या व्यक्ति के नियंत्रण में नहीं हैं, हम उन पर निर्भर नहीं हैं, हमारी सोच और प्रतिक्रिया हमारा अपना चुनाव है। यही स्वतंत्रता है। आध्यात्मिकता हमें सबसे पहले, इसी

स्वतंत्रता का उपहार देती है। यह हमें मुक्त कर देती है। हम सारी निर्भरता से मुक्त हो जाते हैं, हम जिस भी वस्तु पर अपनी प्रसन्नता को निर्भर मानते थे, उसके कारण हम अपनी प्रसन्नता को स्थगित कर देते थे। हम बार-बार उसे स्थगित करते हुए, अपने-आप को यक़ीन दिलाते थे कि जब तक हमें अपना मनचाहा नहीं मिलता, तब तक हम प्रसन्न हो ही नहीं सकते।

सुरेश ओबेरॉय : इस बात को समझना बहुत कठिन है कि जो मैं चाहता हूँ, उसे पाए बिना मुझे ख़ुशी कैसे मिल सकती है?

सिस्टर शिवानी : हमने वस्तुओं की बात तो की परंतु उपलब्धियों के लिए क्या कहेंगे? 'हम एक निश्चित लक्ष्य तक जाना चाहते हैं परंतु हम वहाँ नहीं पहुँच सके, तो ऐसे में आपको ख़ुशी कैसे महसूस हो सकती है?' हम इसी मान्यता के साथ बड़े हुए हैं कि जो लोग अपना मनचाहा पा लेंगे, वही जीवन में प्रसन्न हो सकते हैं। जब हम बच्चे थे, तो हमें यही सिखाया गया।

सुरेश ओबेरॉय : मैं हमेशा से सोचा करता था कि इस तरह से विचार करना बिलकुल स्वाभाविक था। अगर मुझे लगातार तीन बार कोशिश करने से भी नौकरी नहीं मिलती तो मैं अवसादग्रस्त हो जाऊँगा, और यह बहुत स्वाभाविक-सी बात है। मैं तो ऐसा ही सोचा करता था।

सिस्टर शिवानी : आपने सोचा कि आपकी प्रसन्नता उस नौकरी के मिलने पर निर्भर करती है। आपको लगा कि यह एक सामान्य बात थी और इसलिए आपको यह प्रतिक्रिया भी सामान्य लगी, आपको लगा कि इस बात के लिए उदास होना भी एक सहज-सी बात थी। तनावग्रस्त होना सामान्य-सी बात है, चिंता करना सामान्य बात है परंतु प्रसन्न होना... वह हमें सामान्य बात नहीं लगती। समस्याएँ सामने आएँगीं, चुनौतियाँ भी आपके सम्मुख होंगी, परंतु आप उन्हें देख कर निराश होंगे या उनका सामना करेंगे... यह चुनाव आप पर ही निर्भर करता है।

क्योंकि बाक़ी सब कुछ तो बाहरी ही है।

सुरेश ओबेरॉय : परंतु यह बाहरी बातें भी तो मुझे भीतर से व्याकुल और बेचैन बना रही हैं।

सिस्टर शिवानी : यह चुनाव की बात है। क्या यह बाहरी चीज़ें सबको समान रूप से बेचैन करती हैं? कोई व्यक्ति असफलता का सामना करते हुए अवसादग्रस्त होगा, कोई आत्महत्या कर लेगा और कोई यह भी तो कह सकता है, 'सब ठीक है, मैं इसे फिर से करने जा रहा हूँ।' वह अगली बार सफल हो जाता है। असफलता तो वही है परंतु इसकी प्रतिक्रियाएँ अलग-अलग हैं।

यही वजह है कि हमारी भावनाएँ और हमारी सोच, हमारे अपने हाथ में ही हैं। केवल यह जान लेने से आपका जीवन बदल सकता है।

सुरेश ओबेरॉय : जब कोई घटना घटती है और आप प्रतिक्रिया देते हैं, तो उस समय अपने-आप को यह कहने का समय कहाँ होता है, 'देखो, यह एक सोच है, परिस्थिति बाहर है... सोच आंतरिक चुनाव है।' हमारे पास प्रतिक्रिया चुनने का समय ही कहाँ है?

सिस्टर शिवानी : ऐसा इसलिए है क्योंकि हम अपने जीवन को स्वचालित तरीक़े से जी रहे हैं। आप जानते हैं कि एक मशीन इसी तरह काम करती है। एक मशीन और एक इंसान में क्या अंतर है?

एक मशीन के पास कोई चुनाव नहीं होता - हम इसे बार-बार चलाते हैं और बार-बार बंद करते हैं। यह मशीन उस व्यक्ति पर निर्भर करती है, जो इसे चलाता है। आप बटन दबाते हैं, मशीन चालू हो जाती है। आप बटन बंद करते हैं, मशीन काम करना बंद कर देती है। इंसानों के पास चुनने की सुविधा है। कोई मेरे पास आता है, और मुझे कुछ कह देता है - मानो उसने कोई बटन दबा दिया हो; अगर मैं कोई मशीन हूँ तो मैं कहूँगी, 'मुझे गुस्सा आना तो स्वाभाविक है।' स्वाभाविक कैसे है? मशीन के लिए यह स्वाभाविक है क्योंकि वो स्वचालित तौर पर काम करती है।

सुरेश ओबेरॉय : यह भी तो सच है न कि केवल कुछ साधु-संतों और ख़ास

लोगों को छोड़ कर, बाक़ी सब लोग तो इसी स्वचालित तरीक़े से ही अपना जीवन बिता रहे हैं।

सिस्टर शिवानी : नहीं, यह बात केवल संतों के लिए नहीं है। आपको इस बात के प्रति जागरूक रहना है कि हम इंसान हैं। लोग बटन दबा रहे हैं परंतु हमारे पास चुनने का विकल्प भी है।

सुरेश ओबेरॉय : आप प्रतिदिन जो ध्यान करती हैं, उसके बारे में कुछ कहें। संभवतः इसी ध्यान के अभ्यास के बल पर आप बेहतर तरीक़े से समझ पाती हैं कि बाहर की दुनिया में जो घट रहा है या हम अपने भीतर जो रचते हैं, उनमें क्या अंतर है? कोई व्यक्ति आपकी तरह ध्यान का अभ्यास कैसे कर सकता है? प्रायः लोग यही समझते हैं कि ध्यान का मतलब है, एक कोने में बैठ जाओ और कुछ भी सोचना बंद कर दो। लोगों के लिए यह सब करना कितना कठिन है। उनके लिए तो इसे एक क्षण के लिए भी करना मुश्किल है। क्या आप इसे हमारे लिए थोड़ा सरल, थोड़ा आसान बना सकती हैं?

सिस्टर शिवानी : मैं आपको एक बहुत सीधी-सी बात बताना चाहती हूँ : ध्यान का अर्थ आपकी चिंतन प्रक्रिया को रोकना नहीं है, बल्कि आपको इस बारे में सजग होना होगा कि आप क्या सोच रहे हैं और यह चुनाव करना होगा कि आप आगे क्या सोचेंगे।

सुरेश ओबेरॉय : तो मुझे इस बात का ध्यान रखना होगा कि मैं क्या सोच रहा हूँ...

सिस्टर शिवानी : जी हाँ, ठीक उसी तरह जिस तरह हम इस बात का ध्यान रखते हैं कि हम क्या बोल रहे हैं।

सुरेश ओबेरॉय : मैं तो इस बारे में सजग नहीं हूँ।

सिस्टर शिवानी : आप किसी स्वचालित तरीक़े से नहीं बोल रहे। आप यह चुनाव करते हैं, कि आपको क्या बोलना चाहिए। आप चुनते हैं कि आपको क्या करना चाहिए - कब बैठना है, कब उठना है, कब चलना है, कब सोना

है। हम अपने कर्म और शब्दों का चुनाव कर रहे हैं। बेशक़, कई बार विचार इतनी तेज़ी से सामने आते हैं कि हमें लगता है कि शब्द अपने-आप ही मुँह से निकल गए, और हम कहते हैं, 'मैं ऐसा कहना नहीं चाहता था।' अब एक क़दम आगे बढ़ते हुए, हमें सिर्फ़ अपने बोल नहीं बल्की अपनी सोच के बारे में भी सजग होना होगा कि हम क्या सोच रहे हैं। जब हम अपने विचारों को चुनेंगे तो हमारे लिए अपनी प्रतिक्रिया का चुनाव करना भी सरल होगा। हम प्रतिदिन सुबह, यह सरल क्रिया कर सकते हैं और दिन में किसी भी समय कर सकते हैं - बस, आपको अपने विचारों के प्रति सजग रहना है।

• • •

विश्रांत होकर इन विचारों पर मनन करें :

अपने मन में उठ रहे विचारों को देखें... यह आपके काम, आपके मित्रों, आपके परिवार या आपके बारे में हो सकते हैं। अपने विचारों को देखें... आज के अपने पूरे दिन को देखें... मैं सुबह काम पर जाता हूँ, वहाँ लोगों से बातचीत करता हूँ... मैं हर काम करते हुए यह चुनाव कर रहा हूँ कि मुझे क्या काम करना चाहिए और यह चुनाव भी करता हूँ कि मुझे हर कार्य करने के दौरान किस स्थिति में रहना है... मैं जो भी काम बाहरी तौर पर कर रहा हूँ, मेरे पास विकल्प है कि मैं उसके लिए कैसा महसूस करता हूँ... हालात, लक्ष्य, लोग - ये सब बाहरी हैं... अब मुझे खुद को देखना होगा : मैं कैसे सोचता हूँ, मैं कैसे काम करता हूँ, मैं क्या महसूस करते हुए अपनी प्रतिक्रिया देता हूँ... यह मेरा अपना चुनाव है... मैं स्वयं ही अपनी प्रतिक्रिया को रचता हूँ।

आनंद प्राप्ति के मंत्र

- प्रसन्नता भौतिक वस्तुओं पर निर्भर नहीं है।
- वस्तुएँ, संपत्ति, गैजेट (यंत्र) आदि हमें आराम और सुविधा देने के लिए बने हैं।
- भौतिक सुख-सुविधा, भावात्मक सुख से अलग है।
- प्रसन्नता हमारी आंतरिक रचना है और इसे आप बाहरी सुख-सुविधा के बिना भी पा सकते हैं।
- हम प्रतिक्रिया पैदा करने के लिए वस्तुओं को कारणों के तौर पर चुनते हैं, परंतु प्रतिक्रिया तो हमारा अपना चुनाव है। विभिन्न प्रकार के लोग, एक ही कारण के लिए विभिन्न प्रकार की प्रतिक्रियाएँ देते हैं।
- समस्याएँ सामने आएँगी, चुनौतियाँ भी हमारे सम्मुख होंगी, परंतु हम उन्हें देखकर निराश होंगे या उनका सामना करेंगे, यह चुनाव हम पर ही निर्भर करता है।

विचार की रचना व यात्रा के शुभारंभ के लिए

सुरेश ओबेरॉय : हम प्रसन्नता में निर्भरता की बात करते आए हैं – हम प्रसन्नता के लिए बहुत सारी बातों पर कैसे निर्भर करते हैं। सिस्टर शिवानी, आपने कहा कि हम ही प्रसन्नता को रचते हैं, हम ही उदासी को रचते हैं। अंत में, केवल हम ही ज़िम्मेवार हैं। हालाँकि, जब आपने जीवन में कुछ हासिल न किया हो तो प्रसन्न होना बहुत कठिन होता है।

सिस्टर शिवानी : यहाँ हम दो पहलू देख सकते हैं : एक, अगर हमने इसे प्राप्त कर लिया तो हमे ख़ुशी होगी और दूसरे, इसे प्राप्त करने के दौरान हमारा मन ख़ुश होगा। मानो हम किसी यात्रा पर हैं, जहाँ हमें सड़क, रेल या वायु मार्ग से जाना है। जब हम यात्रा का आरंभ करते हैं तो सभी हमें सुरक्षित यात्रा के लिए शुभकामनाएँ देते हैं, वे हमें यह नहीं कहते, 'किसी तरह अपने लक्ष्य तक पहुँचो।' यहाँ केवल लक्ष्य तक पहुँचना ही मायने नहीं रखता, आपकी यात्रा की गुणवत्ता भी बहुत मायने रखती है।

सुरेश ओबेरॉय : सही कहा आपने, हममें से कितने लोग तो यही सोचते हैं कि हमें अपनी मंज़िल तक पहुँचना है, भले ही कोई भी अच्छा या बुरा तरीक़ा क्यों न अपनाना पड़े।

सिस्टर शिवानी : चलिए ठीक है, इस बात को इस तरह समझते हैं। मान लीजिए आपने अपने लिए एक लक्ष्य तय किया है, फिर भले ही एक छात्र के रूप में अंक लाने का लक्ष्य हो या फिर संगठन में कोई व्यावसायिक पद, या यह संबंधों से भी जुड़ा हो सकता है। हम अपने जीवन को किसी लक्ष्य के बिना चला ही नहीं सकते, क्योंकि किसी लक्ष्य के अभाव में हम निष्क्रिय हो जाएँगे। हम यह जानते ही नहीं हैं कि हम किस दिशा में जा रहे हैं। जब हम खुद से कहते हैं कि जब मैं लक्ष्य तक पहुँच जाऊँगी तो मुझे बहुत ख़ुशी होगी। इस लक्ष्य को पूरा होने में छह माह या फिर छह साल भी लग सकते हैं। तो हम आगे बढ़ने लगते हैं, और सोचते हैं कि आने वाले दो साल में, हमें अपने संगठन में इस पद तक आकर दिखाना है। अब हम अपनी यात्रा आरंभ करते हैं। हम कैसे काम करते हैं अपने सहकर्मियों के साथ कैसे पेश आते हैं, अपने काम का कैसा प्रदर्शन करते हैं, यहाँ यह सब बहुत मायने रखता है। हमारे मन में लगातार एक ही बात चलती रहती है कि जब हम अपना लक्ष्य पा लेंगे, तो हमें बहुत ख़ुशी होगी। अब अगर हमारे काम करने में ज़रा-सी भी चूक होती है, अगर हमारे आस-पास के लोग सहयोग देना बंद कर दें, अगर रास्ते में कुछ निश्चित बाधाएँ आ जाएँ, तो मेरा क्या होगा?

सुरेश ओबेरॉय : तो हम ख़ुश नहीं होंगे।

सिस्टर शिवानी : हम खुद तनाव पैदा करेंगे, और अपने लिए व्याकुलता और बेचैनी पैदा करेंगे। क्यों? क्योंकि लोग हमारी प्रसन्नता के आड़े आ रहे हैं। हम उन्हें न केवल अपने लक्ष्य बल्कि अपनी प्रसन्नता के लिए भी बाधा के तौर पर देख रहे हैं। अब मान लेते हैं कि हम यहाँ से वहाँ सैर कर रहे हैं और हमारा मन कहता है कि प्रसन्नता वहाँ है। हम चलना आरंभ कर देते हैं। हम चल रहे होते हैं तो कोई हमारे रास्ते में आ जाता है चूँकि वह आपके रास्ते में आ रहा है इसलिए आप उसे ऐसे व्यक्ति के रूप में देखते हैं जो आपकी प्रसन्नता की राह में बाधा बन रहा है। अब आपकी उस जगह से हटाने के लिए कुछ भी करेंगे। अगर वह आपका जूनियर हैं तो आप उस पर गुस्सा करेंगे और तेज़ी से काम करने का आदेश देंगे। अगर वह आपका सहकर्मी हैं और आपको लगता है कि वह आपको अपने लक्ष्य तक जाने की राह में

बाधा हैं, तो आप उसे अपनी राह से हटाने के लिए कोई भी साज़िश भी रच सकते हैं। हो सकता है कि आप अपने मूल्यों के साथ भी समझौता कर लें। मान लेते हैं कि आप ईमानदार है, यात्रा के दौरान कोई आपसे कहते हैं कि अगर आप ईमानदार हैं, तो आपको एक सप्ताह तक यहाँ रुकना होगा, परंतु अगर आपने झूठ कहा, तो आप अपने लक्ष्य तक और भी तेज़ी से पहुँच सकते हैं। अब, हममें से बहुत से लोग तो अपने लिए दूसरा रास्ता चुनने से पहले, सोचेंगे तक नहीं। हो सकता है कि आप भी झूठ बोलें और इस तरह अपनी यात्रा के दौरान अपने मूल्यों और उसूलों के साथ समझौता करने लगे। आपको ऐसा लगने लगेगा कि आपके उसूल और नियम ही आपकी प्रसन्नता पाने की प्रक्रिया में बाधा डाल रहे हैं।

सुरेश ओबेरॉय : परंतु अगर आपको प्रसन्नता मिलने जा रही है और आपको इसके लिए झूठ बोलना पड़े तो यह बात इतने मायने नहीं रखती।

सिस्टर शिवानी : फ़िलहाल हम यात्रा में ही हैं। हम अभी मंज़िल तक नहीं पहुँचे। हम अपनी यात्रा के दौरान तनाव और ग़ुस्सा पैदा कर रहे हैं, और अपने उसूलों और नियमों के साथ समझौता कर रहे हैं। इस तरह हम अपनी यात्रा के दौरान नकारात्मक भावों को जन्म दे रहे हैं। छह माह तक हम तनाव और गुस्से को पालते हैं, जो कि बदले में हमारे संबंधों को अस्त-व्यस्त करते हुए, कार्यस्थल पर और लोगों के साथ समस्याएँ खड़ी कर सकता है। हमारे मन की अंदरूनी व्यवस्था गड़बड़ा जाएगी और इससे हमारे शारीरिक स्वास्थ्य पर भी बुरा असर होगा। आख़िर में, जब छह माह बाद आप अपने लक्ष्य तक पहुँचेंगे तो आपको क्या महसूस होगा?

सुरेश ओबेरॉय : तो क्या आपको नहीं लगता कि हमें इससे .ख़ुशी मिलेगी?

सिस्टर शिवानी : अगर हमने राह में इन सभी नकारात्मक भावों को जन्म दिया है... ऐसे भावों को अनुभव करने के बाद, अपने आस-पास के सभी लोगों के बीच इनका ही प्रचार किया है, तो यह सब हमारी यात्रा के दौरान हुआ है। मानो हमने ख़ुद को नीचे गिराया हो, ख़ुद को ठेस पहुँचाई हो और फिर

कहीं जाकर यहाँ तक आए हों। यहाँ आने की प्रक्रिया के दौरान हम बहुत दर्द से गुज़रते हैं पर हमें यहाँ पहुँचने की ख़ुशी होती है। अब आपकी कंडीशनिंग कहती है कि ख़ुशी किसी उपलब्धि या प्राप्ति पर ही निर्भर करती है, हमारी प्रसन्नता हमारी उपलब्धि पर ही आश्रित है।

सुरेश ओबेरॉय : तब हम और पाना चाहते हैं, 'और प्राप्त करो, और प्राप्त करो, और प्राप्त करो' बस यही हमारे जीवन का मूलमंत्र हो जाता है। हम इसके जाल में उलझ कर रह जाते हैं। हम घर जाकर कहते हैं, 'माफ़ करना, मैं इस तरह बर्ताव कर रहा हूँ, रात को देर से घर आ रहा हूँ, सबकी परेशानी का कारण बन रहा हूँ पर मेरे लिए इस लक्ष्य को पाना बहुत ज़रूरी है।'

सिस्टर शिवानी : यदि आपने छह माह का कोई लक्ष्य तैयार किया है, तो पूरे छह माह तक आप लगातार खुद को कष्ट देते रहे हैं, भावात्मक तौर पर ठेस देते पहुँचाते रहे हैं।

सुरेश ओबेरॉय : इसका मतलब तो यह हुआ कि हम केवल प्रसन्नता को ही स्थगित नहीं कर रहे, हम इस दौरान अपने लिए अप्रसन्नता या उदासी को भी न्यौता देते रहे हैं। यह सब कई गुना होकर सामने आने वाला है।

सिस्टर शिवानी : बिलकुल ठीक, पहले छह माह में अपने लक्ष्य तक जाने के लिए मैं कई बार आहत हुई, मैंने अपने आस-पास नकारात्मक भावनाओं को जन्म दिया, लोगों के दिल को चोट पहुँचाई। अब अगले लक्ष्य की यात्रा के दौरान, हमारी ताक़त पहले से बहुत कम हो चुकी है। अब भी वही वातावरण है, वही लोग, वही हालात पर दुर्बल भावात्मक अवस्था का मतलब होगा कि हम फिर से ख़ुद को आहत करने, दुःख देने के लिए तैयार हैं।

सुरेश ओबेरॉय : क्या यह भावात्मक ताक़त है?

सिस्टर शिवानी : यह हमारी परिस्थितियों का सामना करने की शक्ति है। हम बहुत आसानी से आहत हो जाएँगे, अधिक प्रतिक्रियात्मक हो जाएँगे। खीझ जाएँगे।

सुरेश ओबेरॉय : आपको नहीं लगता कि ये सब बातें हमें शारीरिक तौर पर भी कमज़ोर बनाती हैं?

सिस्टर शिवानी : यह आपके शरीर पर भी बहुत बुरा असर डालती हैं, पर जब हम युवावस्था में होते हैं तो हमें इसका ज़्यादा असर दिखाई नहीं देता और हमें लगता है कि यह बिलकुल उचित है, यही स्वाभाविक है, यही जीने का एक तरीक़ा है। आगे चलकर, हमारे शरीर में हाइपरटेंशन, डाइबिटीज़ और इसके जैसे अन्य रोगों के लक्षण उभरने लगते हैं। चूँकि हम तनाव को अपने जीवन का अंग मान लेते हैं इसलिए ये शारीरिक लक्षण भी हमें ज़रूरी लगने लगते हैं।

सुरेश ओबेरॉय : हम अभी तक इस बात की तह में नहीं जा पा रहे कि किसी इंसान को अपना लक्ष्य पाए बिना भी ख़ुशी कैसे मिल सकती है? वह तो अपनी असफलता और बहुत सारी समस्याओं के साथ घर लौटता है।

सिस्टर शिवानी : मान लेते हैं कि आप नौकरी की तलाश में हैं और आप पिछले छह माह से इसकी तलाश कर रहे हैं। आपको कहीं काम नहीं मिल रहा, आपका मन बहुत हताश और निराश है। एक दोस्त होने के नाते, आप ऐसी ही स्थिति में किसी को क्या दिलासा देंगे?

सुरेश ओबेरॉय : चिंता मत करो, ऐसा होता है। एक दिन आपको नौकरी अवश्य मिलेगी। इस दौरान अगर किसी मदद की ज़रूरत हो तो मुझे ज़रूर बताना।

सिस्टर शिवानी : अगर आपको जवाब मिले कि मैं चिंता कैसे न करूँ, मुझे पिछले छह माह से काम नहीं मिल रहा, तब आप क्या कहेंगे?

सुरेश ओबेरॉय : क्या चिंता करने से नौकरी मिल जाएगी?

सिस्टर शिवानी : सही जवाब, बस यही जवाब हमें अपने-आप को देना होगा। क्या चिंता करने से मुझे नौकरी मिल जाएगी?

सुरेश ओबेरॉय : पर ये बात कहना बड़ा आसान है...

सिस्टर शिवानी : पर यही तो इसका समाधान है। हम जितनी अधिक चिंता

करेंगे, हमारा मन उतना ही कमज़ोर होता जाएगा, यह हमारी शारीरिक भंगिमा और हाव-भाव में भी दिखाई देने लगेगा; हमारा सारा उत्साह जाता रहेगा और मन में लगातार यही सोच घूमती रहेगी कि नौकरी कैसे मिलेगी? अगर हमें नौकरी पानी है तो इसके लिए हममें आत्मविश्वास चाहिए, हमें अपने भीतर जोश लाना होगा, अपनी नई नौकरी से मिलने वाली चुनौतियों का सामना करने के लिए तैयार रहना होगा। इस बात से फ़र्क़ नहीं पड़ता कि क्या हुआ, फ़र्क़ इस बात से पड़ेगा कि अब आपको क्या करना है - हमारे मन की अवस्था कैसी होनी चाहिए। हमें इन सभी बातों का ध्यान रखना होगा वरना हम नकारात्मकता के दुष्चक्र में घिर कर रह जाएंगे। अब किसी ऐसे व्यक्ति को काम पर कौन रखना चाहेगा, जिसने ज़िंदगी में सारी आस ही छोड़ दी हो या जिसके मन में काम के लिए कोई उत्साह ही न हो? आपके हिसाब से क्या कोई ऐसे व्यक्ति को नौकरी देना चाहेगा जिसने अपनी सारी अंदरूनी ताक़त और सहनशक्ति गँवा दी हो, जो लोगों का साथ न निभा सकता हो, जिसमें लोगों के साथ मिलकर काम करने की सामूहिक भावना ही समाप्त हो गई हो? ऐसे आदमी को भला कौन काम पर रखना चाहेगा? तो चाहे जो भी हालात हों या कितनी भी चुनौतीपूर्ण स्थिति क्यों न हो, जब तक हम अपना ख़याल स्वयं नहीं रखते, तब तक हमें किसी भी समस्या का हल नहीं मिलने वाला। हमारा काम-धंधा सही नहीं चल रहा इसलिए हमारा चिंता करना स्वाभाविक है, पर अगर हम चिंता ही करते रहेंगे तो बाक़ी बचे काम भी सही तरह से नहीं कर पाएंगे। अगर हम चाहते हैं कि बाहरी तौर पर हमारे सारे काम सही तरह से पूरे हों तो हमारी आंतरिक अवस्था का सही होना बहुत मायने रखता है। पर इससे भी अहम बात यह है कि भले ही हमारी हालात बुरे क्यों न चल रही हो, कम से कम हम अपना ध्यान तो रख ही सकते हैं।

सुरेश ओबेरॉय : मेरे एक गुरु थे, जिन्होंने मुझे एक ऐसे आदमी का क़िस्सा सुनाया था, जिसे एक मुक़दमे के चक्कर में बहुत लंबा संघर्ष करना पड़ा। इस दौरान वह अपनी बीमार पत्नी के लिए भी बहुत परेशान रहा। आख़िरकार, पंद्रह साल बाद वह मुक़दमा जीत गया और उसकी पत्नी भी रोगमुक्त हो गई। फिर वह स्वयं बीमार पड़ा और चल बसा। यह प्रसंग जानने-बूझने के बावजूद, मेरे

लिए वह समझना इतना कठिन क्यों हो रहा है, जो आप अभी बता रही हैं?

सिस्टर शिवानी : यह सारी बात जीवन की प्राथमिकताओं से जुड़ी है। जीवन में आपकी ज़िम्मेवारियाँ क्या हैं? आमतौर पर आप इस सूची में अपने परिवार, नौकरी, काम, घर, दोस्तों, संबंधियों, समाज, संबंधों व अपने देश का नाम लेंगे...

हम अपने पूरे परिवार की ज़िम्मेवारी लेते हुए, सारे देश के बारे में बात कर सकते हैं, परंतु अपने बारे में ज़िम्मेवारी की बात नहीं करते। मान लेते हैं कि हमारे परिवार में पाँच लोग हैं और उनमें से चार बेहतर महसूस नहीं कर रहे। आप उन सबकी देख-रेख की ज़िम्मेवारी लेना चाहते हैं, उन्हें स्वास्थ्य लाभ देना चाहते हैं, पर यह सब तो तभी संभव हो सकेगा, जब आप स्वयं पूरी तरह से ठीक और स्वस्थ रहेंगे। यह तो हुई शारीरिक स्वास्थ्य की बात, अब आप यही बात अपनी भावात्मक और मानसिक सेहत पर भी लागू कर सकते हैं; आप अपने बच्चों की देखरेख/अपनी पत्नी, अपने माता-पिता सब का ख़याल रखना चाहते हैं। आपको उनकी खुशी सुनिश्चित करनी है... पर आप स्वयं दुःखी हैं।

सुरेश ओबेरॉय : जब आपके बच्चे कक्षा में अच्छा प्रदर्शन नहीं कर पाते हैं, तब हम उदास हो जाते हैं। हम चाहते हैं कि वे तैराकी के चैंपियन बनें, टेनिस के अच्छे खिलाड़ी बनें या फिर ऐसा ही कुछ और।

सिस्टर शिवानी : आप यह सब क्यों करना चाहते हैं? केवल इसलिए न कि इस तरह उन्हें ख़ुशी मिलेगी! आप यह चाहते हैं कि आपके आस-पास के लोगों की ख़ुशी बनी रहे।

सुरेश ओबेरॉय : और अगर वे .ख़ुश होंगे, तभी हम भी .ख़ुश रह सकेंगे।

सिस्टर शिवानी : हम सोचते हैं कि हम हर चीज़ सँभाल लेंगे। फिर वे सब ख़ुश रहेंगे, जब वे ख़ुश रहेंगे तो हमें भी ख़ुशी का एहसास होगा। आध्यात्मिकता हमें सिखाती है कि जब आप प्रसन्न होते हैं तो उनकी देखरेख करने के लायक़ बन सकते हैं और उन्हें ख़ुशी दे सकते हैं।

सुरेश ओबेरॉय : तो जब हम प्रसन्न होते हैं, तो हम अपने आस-पास के माहौल में भी उसी प्रसन्नता का संचार करते हैं। हम जहाँ भी जाते हैं, हम .ख़ुशी से सराबोर होते हैं और दूसरे लोगों को भी .ख़ुश कर देते हैं।

सिस्टर शिवानी : क्योंकि आप उन्हें मज़बूत बना रहे हैं। चलिए देखते हैं कि ये प्रसन्नता क्या है? यह एक अंदरूनी ताक़त है। इसका अर्थ उत्साह या उत्तेजना से नहीं है, आप सारा दिन उछलते हुए नाच नहीं सकते। आपके पास नौकरी नहीं है और इस बात के लिए आपके मन में कोई उमंग या उत्साह नहीं है।

सुरेश ओबेरॉय : प्रसन्नता एक ताक़त है... हम इस बात की तह तक नहीं जा पा रहे।

सिस्टर शिवानी : देखिए, किसी भी समय के दौरान, मन में केवल एक ही विचार प्रधान हो सकता है। एक विचार केवल एक ही गुणवत्ता या ख़ूबी रखता है। वह एक ख़ूबी उसकी सही या ग़लत ख़ूबी हो सकती है। अगर हम एक शुद्ध, शक्तिशाली और सकारात्मक सोच को अपने मन में स्थान दे देते हैं, तो यह एक अच्छी ख़ूबी है। अगर हम किसी नकारात्मक सोच को अपने मन में स्थान देते हैं, किसी उदासी से भरी सोच को स्थान दे देते हैं, किसी बेचैनी, पीड़ा या चिंता को अपने मन के कोने में स्थान दे देते हैं, तो यह एक अनुचित सोच होगी। अगर यह उचित सोच होगी, तो हमें बेहतर महसूस होगा; अगर यह सोच अच्छी न हुई तो हमारा मनोबल टूट जाएगा। अच्छी सोच के साथ हमें बेहतरी और स्थिरता का एहसास होगा। अगर सोच अच्छी न हुई, तो हम ख़ुद को हताश महसूस करेंगे, और यह हमारी कमज़ोरी और हार होगी।

सुरेश ओबेरॉय : तो आप कहना चाहती हैं कि स्थिरता ही शक्ति है?

सिस्टर शिवानी : अगर आप स्थिर रह सकते हैं तो जान लें कि आप ताक़तवर हैं। तब यह ताक़त आपकी उन प्रतिक्रियाओं को एक नया रूप देगी, जिनके माध्यम से आप विभिन्न हालात के लिए प्रतिक्रिया करते हैं। मान लेते हैं कि आपने कहा, मैं चाहता हूँ कि मेरा बच्चा अच्छे अंकों से पास हो। ठीक है, यह अच्छी बात है कि आप अपने बच्चे को अच्छे अंकों के साथ देखना

चाहते हैं पर ऐसा हमेशा संभव हो, यह ज़रूरी तो नहीं है। जब वह आपकी या अपनी अपेक्षा के अनुसार अंक नहीं ला पाता, तो उस समय आपके मन की क्या अवस्था होती है? आप परेशान हो जाते हैं। क्या ऐसा करना आपके लिए अच्छा है? नहीं। क्या यह आपके बच्चे के लिए अच्छा है? नहीं। तो आप अपने मन में ऐसी सोच को जगह ही क्यों दे रहे हैं? उन अंकों ने आपके मन में इस सोच को जन्म नहीं दिया, आपने जो भी महसूस किया, उस भावना को जन्म भी आपने ही दिया है।

सुरेश ओबेरॉय : पर हम तो यही सोचते आए हैं कि परेशान होना या उदास महसूस करना एक सहज और स्वाभाविक भाव है।

सिस्टर शिवानी : जब आप परेशान और व्याकुल हो जाएँगे, तो आपके इस भाव का असर बच्चे पर भी होगा। आपके बच्चे का मनोबल टूटेगा और आप उससे उम्मीद कर रहे हैं कि वह अपनी हताश मानसिकता के साथ भी अच्छा प्रदर्शन करके दिखाए। आप अपने आस-पास के लोगों को सकारात्मक ऊर्जा नहीं दे रहे, इसलिए कह सकते हैं कि आप सही तरीक़े से अपनी ज़िम्मेवारी भी नहीं निभा पा रहे। जब आपका बच्चा कम अंक लाता है, तो आपका सबसे पहला दायित्व यह होना चाहिए कि आप अपने मन को सँभालें; आपको शांत और सहज बने रहना होगा ताकि आप उस पर उसी समय चिल्लाकर अपनी प्रतिक्रिया प्रकट न करें। इसके बाद आपकी ज़िम्मेवारी बनती है कि आप उसके मन की अवस्था का ध्यान रखें। आख़िर में, आप उसे बहुत सावधानी के साथ यह समझाएँ कि उसे पूरी ज़िम्मेवारी के साथ पढ़ना चाहिए और अगली बार अच्छे अंक लाने का प्रयत्न करना चाहिए।

सुरेश ओबेरॉय : जबकि अक्सर होता यह है कि हम अपने बच्चे के साथ इससे ठीक विपरीत बर्ताव करते हैं। हम उसकी ऊर्जा को सोख़ लेते हैं, उसके आत्मविश्वास को घटा देते हैं और उसे छोटा महसूस करवाते हैं। शायद यही वजह है कि आजकल के बच्चों में आत्महत्या करने की प्रवृत्ति इतनी बढ़ती जा रही है।

सिस्टर शिवानी : जब कोई बच्चा आत्महत्या करता है तो उसकी एक बड़ी वजह यही होती है कि वह नाक़ामयाब होने के बाद अपने माँ-बाप का सामना नहीं कर सकता। ऐसा इसलिए नहीं है कि वह असफल हो गया है, दरअसल वह अपने माता-पिता को अप्रसन्न नहीं देखना चाहता और वह स्वयं को उनकी अप्रसन्नता के लिए दोषी पाता है। उसके माता-पिता पूरे साल उस पर लगातार यही दबाव डालते आए हैं कि अगर वह सफल होगा, तभी वे ख़ुश हो सकेंगे।

सुरेश ओबेरॉय : मैं सोचता था कि यह देखना भी मेरी ज़िम्मेवारी है कि मेरा बच्चा अपना लक्ष्य प्राप्त करे - भले ही वह पढ़ाई हो, खेल-कूद हो या फिर कोई और गतिविधि हो। मुझे लगता है कि मुझे जो करना चाहिए, मैं तो आज तक उसका विपरीत करता आ रहा हूँ।

सिस्टर शिवानी : हर व्यक्ति का जीवन चार पक्षों पर टिका है : भौतिक, बौद्धिक, भावात्मक व आध्यात्मिक। यह आपके शारीरिक स्वास्थ्य, बौद्धिक विकास, मन की भावात्मक अवस्था और आध्यात्मिक स्वास्थ्य से संबंध रखता है। अगर आप जीवन में सफल होना चाहते हैं और चाहते हैं कि आपके बच्चे भी जीवन में सफल हों - सही मायनों में पूरी तरह से सफल, तो इन चारों पक्षों को समान रूप से संतुलित बनाना होगा। जब आप अपने बच्चे के लिए अपनी ज़िम्मेवारियों के बारे में विचार करते हैं तो आप उसके शैक्षिक प्रदर्शन और पाठ्येतर गतिविधियों के बारे में सोचते हैं और उसकी सेहत का ध्यान रखते हैं। आपके बच्चे को एक अच्छा घर, सबसे अच्छा भोजन, अच्छा व्यायाम आदि मिलना चाहिए। उसके सामाजिक हित को ध्यान में रखते हुए, आप चाहते हैं कि वह अच्छे दोस्तों के बीच रहे और पढ़ाई के अलावा अन्य गतिविधियों में भी हिस्सा ले, पर आपका बच्चा मन ही मन क्या महसूस कर रहा है? हम सही मायनों में इस पक्ष के लिए तो कभी विचार ही नहीं करते। हो सकता है कि वह शारीरिक और शैक्षिक रूप से बहुत बेहतर हो पर आपके लगातार दबाव, अन्य व्यक्तियों के साथ लगातार की जा रही तुलना और माता-पिता की ओर से मिल रही लगातार आलोचना, उसकी भावात्मक ऊर्जा को सोख़ लेती हो। आपको अपने-आप से यह पूछना होगा कि क्या मैं अपने

दायित्व को पूरी तरह से निभा रहा हूँ? हो सकता है कि वह कल बड़ा होकर एक अच्छा डॉक्टर या वकील बने, हो सकता है कि उसका शारीरिक स्वास्थ्य भी उत्तम हो परंतु अगर वह भावात्मक रूप से मज़बूत न हुआ तो क्या वह एक अच्छा इंसान बन सकेगा? अगर वह एक अच्छा इंसान नहीं बन सकेगा, एक शक्तिशाली मनुष्य नहीं होगा, तो क्या वह सही मायनों में प्रसन्नता का अनुभव कर सकेगा?

सुरेश ओबेरॉय : अगर वह भावात्मक रूप से बहुत ताक़तवर नहीं है, तो क्या होगा?

सिस्टर शिवानी : अगर आप एक अच्छे डॉक्टर हैं, तो तकनीकी रूप से आपको एक अच्छा डॉक्टर ही कहा जाएगा। पर अगर आप भावात्मक रूप से ताक़तवर न हुए, तो आप बहुत आसानी से खीझ जाएंगे, और आप बहुत आसानी से अपनी प्रतिक्रिया देंगे, अपने माता-पिता या साथ काम करने वालों के साथ सहानुभूति का रवैया नहीं रखेंगे। लोगों के साथ अच्छे संबंध नहीं रख सकेंगे क्योंकि आपके अंदर सहनशक्ति का अभाव होगा। क्या अब भी आपको एक अच्छा डॉक्टर कहा जा सकता है?

जब हम बड़े हो रहे होते हैं, तो हमें केवल लिखना, पढ़ना और बोलना सिखाया जाता है। पर कैसे सोचना है, यह कोई नहीं सिखाता।

सुरेश ओबेरॉय : पर सिस्टर शिवानी, ऐसा ही तो होता आया है। हमें अब तक आईक्यू के बारे में ही सिखाया गया है, आईक्यू तो बहुत बाद में सामने आया।

सिस्टर शिवानी : इसमें कोई संदेह नहीं कि आपका आईक्यू अच्छा होना चाहिए पर आपकी भावात्मक ताक़त भी तो मायने रखती है। भावात्मक रूप से मज़बूत व्यक्ति जीवन के सारे संघर्षों व चुनौतियों से पार पा सकता है। हमें एक मज़बूत आईक्यू के साथ-साथ भावात्मक ताक़त भी चाहिए, उसके बाद ही हम जीवन में सफल हो सकते हैं।

सुरेश ओबेरॉय : जिन दिनों मैं बच्चा था, मुझे आज भी याद है, वयस्क अक्सर

बच्चों को कुछ सिखाने के लिए थप्पड़ भी जड़ दिया करते थे, यहाँ तक कि स्कूलों में भी ऐसा ही होता था। अगर बच्चों के अंक कम आते तो उन्हें भय होता था कि वे कम अंकों के साथ अपने घरवालों को क्या मुँह दिखाएँगे।

सिस्टर शिवानी : ठीक कहा आपने, हमें अपने-आप से पहले पूछना होगा कि क्या हम उचित रूप अपने दायित्व का पालन कर रहे हैं। केवल उन्हें उचित प्रदर्शन के लिए तैयार करके ही हमारा सारा दायित्व पूरा नहीं हो जाता। बच्चे को एक मज़बूत इंसान बनाने की हमारी दूसरी ज़िम्मेवारी का क्या होगा? जीवन में तो बहुत सारी चुनौतियाँ सामने आती हैं। आज आपका बच्चा अच्छे अंकों के साथ कक्षा में भरपूर अंक ले आएगा पर क्या उसके अंक, उसे जीवन की चुनौतियों का सामना करने की ताक़त दे सकेंगे?

सुरेश ओबेरॉय : हो सकता है कि वह भावात्मक रूप से इतना कमज़ोर रह जाए कि वह जीवन में दूसरी बातों के लिए प्रतियोगिता ही न कर सके।

सिस्टर शिवानी : सही कहा, अगर उसे छोटी-सी भी चुनौती का सामना करना पड़ा तो शायद वह उसे नहीं निभा सकेगा। अगर उसे ऐसे लोगों के साथ काम करना पड़ा, जिनके साथ वह अच्छी तरह नहीं निभा सकता, तो वह क्या करेगा? हम उस पहलू के बारे में तो विचार तक नहीं करते। क्यों? इसकी अहम वजह यही है कि हमने अपने जीवन में कभी उस पहलू के बारे में विचार नहीं किया। हम सदा से ही भावात्मक तौर पर प्रसन्न रहने की आवश्यकता को नकारते आए हैं। हमने सोचा कि बाहरी तौर पर जो भी दिख रहा है, हमें केवल उसे ही सँवारने की ज़रूरत है; फिर चाहे वह हमारे जीवन में हो या उनके जीवन के लिए हो, जिनके लिए हम ज़िम्मेवारी रखते हैं।

सुरेश ओबेरॉय : अधिकतर पुरुषों को यही लगता है कि केवल पैसा कमाना ही उनकी ज़िम्मेवारी है और अगर उन्होंने ऐसा कर लिया है तो मानो उनका सारा काम पूरा हो गया।

सिस्टर शिवानी : पति को लगता है कि उसने घर और परिवार की सारी आवश्यकताओं को पूरा कर दिया है। उसे लगता है, कि उसने इतना कुछ दिया

है, इसलिए पूरे परिवार को ख़ुश हो जाना चाहिए क्योंकि उसके अनुसार तो प्रसन्नता बाहरी साधनों से आती है।

सुरेश ओबेरॉय : हम उन्हें अच्छे खिलौने, अच्छे कपड़े और अच्छा भोजन वगैरह देकर सोचते हैं कि हमने अपना फ़र्ज़ अदा कर दिया। अब, अगर वे फिर भी अच्छी तरह पढ़ाई नहीं करते, तो ये उनकी समस्या है। हम बड़ी आसानी से सारी ज़िम्मेवारी उनके संस्कारों, स्कूल और साथियों की ओर से पड़ने वाले दबाव पर डाल देते हैं। हम दूसरे लोगों को दोषी ठहराने का सिलसिला जारी रखते हैं।

सिस्टर शिवानी : क्योंकि आप स्वयं वह ज़िम्मेवारी लेने को तैयार नहीं हैं। अपनी अच्छी कमाई के बल पर बच्चे को अच्छे स्कूल में पढ़ने भेजना, उसे सबसे बेहतर घर, बेहतर खान-पान और हर बेहतर चीज़ देना कहीं आसान है परंतु अपने बच्चे को भावात्मक रूप से मज़बूत बनाना किसी बड़ी चुनौती से कम नहीं है।

सुरेश ओबेरॉय : मुझे जिस अहम बात का एहसास हुआ है, वह यह है कि पहले मुझे भावात्मक रूप से मज़बूत बनना होगा। सिस्टर शिवानी, क्यों न थोड़ा-सा ध्यान का अभ्यास कर लिया जाए?

सिस्टर शिवानी : चलिए, अब ध्यान करने का समय हो गया है। हमें अपने बच्चों की देखरेख करते समय, इस बात को हमेशा ध्यान में रखना चाहिए कि भले ही हम किसी अच्छे स्कूल में पढ़ने न गए हों पर हम अपने बच्चे को अच्छे स्कूल में भेज सकते हैं। हम यह सुनिश्चित कर सकते हैं कि वह अच्छी तरह खाए, भले ही हम ख़ाली पेट सो जाएँ। पर यह संभव नहीं कि हम स्वयं प्रसन्न हुए बिना, अपने बच्चे को प्रसन्न रख सकें। अगर आप स्वयं भावात्मक रूप से मज़बूत नहीं हैं तो आप अपने बच्चे को भी भावात्मक मज़बूती नहीं दे सकते, तो यह ज़िम्मेवारी यहीं से आरंभ होती है - पहले आपको इसे अपने भीतर तलाश करना होगा।

• • •

अब विश्रांत भाव से इन विचारों पर मनन करें :

हमें शांति से बैठकर, अपने जीवन की यात्रा को देखना है... लक्ष्य, उद्देश्य और उपलब्धियाँ... तय किए जाने वाले रास्ते... यह मेरी यात्रा है... मैं इस यात्रा के दौरान अपने-आप को देखता हूँ... एक बदली हुई चेतना के साथ आगे बढ़ता हुआ यात्री... प्रसन्नता किसी मंज़िल पर जाकर नहीं मिलती... प्रसन्नता इस यात्रा के दौरान मेरे मन की अवस्था है... मैं प्रसन्न हूँ... शांत और पूरी तरह से नियंत्रण में हूँ... इस यात्रा के दौरान पूरी तरह से मज़बूत बना रहता हूँ... राह में अनेक बाधाएँ हैं... पर मेरी सबसे पहली ज़िम्मेवारी यही बनती है कि मैं अपनी अवस्था का ख़याल रखूँ... अपनी प्रतिक्रिया पर ध्यान दूँ... यह मेरा अपना दायित्व है। ओम शांति!

आनंद प्राप्ति के मंत्र

- प्रसन्नता आपके मन की वह सहज अवस्था है, जो मंज़िल की ओर जाते वक़्त आप स्वयं रचते हैं। यह वह अनुभव नहीं, जो किसी लक्ष्य के पूरे होने पर सामने आता है।
- अगर हम ऐसा मानते हैं कि किसी उपलब्धि को पाने के बाद ही प्रसन्नता पाई जा सकती है, तो हम इसे पाने के दौरान तनाव, गुस्से और भय को जन्म देते हैं। इस तरह, आख़िरकार हम प्रसन्नता का अनुभव नहीं कर पाते।
- अपने आस-पास के लोगों की ज़िम्मेवारी लेने से पूर्व, मुझे अपनी सोच और भावनाओं की ज़िम्मेवारी लेनी होगी। जब मैं प्रसन्न हूँ और दूसरों की देखरेख करता हूँ, तब वे भी प्रसन्न होंगे।
- जब तक आप स्वयं भावात्मक रूप से मज़बूत नहीं होंगे, तब तक आप अपने बच्चे को भी भावात्मक रूप से मज़बूत नहीं बना सकते।

सबसे पहले, मैं अपना ध्यान रखूँगा

सुरेश ओबेरॉय : मैं अपने कुछ दोस्तों के साथ बात कर रहा था तो बातचीत के दौरान उन्होंने यू-स्ट्रेस का नाम लिया यानी कि अच्छा स्ट्रेस या तनाव। उन्होंने कहा कि हमें उस तरह के तनाव या दबाव की ज़रूरत होती है। मेरे दोस्तों में से एक का दावा है कि वह उस पल तक प्रतीक्षा करता है, जब समय बहुत कम रह जाता है और वह गहरे दबाव में आ जाता है, क्योंकि तब वह कहीं बेहतर तरीक़े से काम कर पाता है। इस बात को कैसे समझा जा सकता है?

सिस्टर शिवानी : यह एक विश्वास तंत्र है। हम अपने आस-पास हर व्यक्ति को यही कहते हुए सुन रहे हैं - जब तक तनाव नहीं होगा, हम काम ही नहीं कर सकते। हम आलस से भरकर निढाल हो जाएँगे। वे इसे अच्छा प्रदर्शन करने और कुछ पाने के लिए प्रेरक बल का नाम देते हैं। तो हमें अपने-आप से पूछना होगा : क्या यह वास्तव में सच है? इसके लिए हमें अपने-आप से पूछना होगा कि तनाव क्या है और जब हम इसे अनुभव करते हैं तो आपको क्या महसूस होता है? कल्पना करें कि आपको घुटने में अचानक तकलीफ़ होती है और इसमें दर्द होने लगता है। आप अब भी चल रहे हैं पर क्या अब भी यह वही चाल है, जो घुटने में दर्द होने से पहले थी?

सुरेश ओबेरॉय : नहीं, अब चलते समय दर्द का एहसास हो रहा है।

सिस्टर शिवानी : बेशक़ अब आपको चलते समय थोड़ी परेशानी होगी। हालाँकि, हम यही कहेंगे कि सब ठीक है या इसे बढ़ती उम्र से जुड़ा एक लक्षण ही मान लेंगे। हम लगातार चलना जारी रखेंगे और चूँकि न तो आप उस दर्द का इलाज करवा रहे हैं और न ही उसकी ओर ध्यान दे रहे हैं इसलिए दर्द लगातार बना हुआ है और कभी-कभी असहनीय भी हो जाता है। हालाँकि आप किसी तरह, अब भी अपने सारे काम और जीवन को सँभाल रहे हैं। अब अचानक किसी वजह से आपको दौड़ना पड़ जाता है। क्या आप उस दर्द के साथ भाग सकते हैं? आप ऐसा नहीं कर पाएंगे। तनाव के साथ भी यही तो होता है। तनाव हमारे मन में हैं; यह हम कैसा महसूस करते हैं उसमें थोड़ा दर्द है। जब हम तनाव अनुभव करते हैं हम कैसा महसूस करते हैं? भले ही हम ख़ुद को भावात्मक स्तर पर नहीं जाँच सकते पर हम अपने-आप को भौतिक स्तर पर तो माप ही सकते हैं - जब हमारे दिल की धड़कन और नब्ज़ तेज़ हो जाती है, हमारा मुँह बार-बार सूखने लगता है, पेट में अजीब-सी बेचैनी का एहसास होता है, हमारा सिर भारी हो जाता है, वगैरह-वगैरह। ऐसा तब होता है, जब मन के दर्द ने शरीर पर प्रभाव डालना शुरू कर दिया है, और यह अवस्था थोड़ी देर बाद नज़र आती है। कुछ बच्चे अपनी परीक्षा वाले दिन बीमार हो जाते हैं, उनका जी मिचलाने लगता है या उन्हें बुखार हो जाता है। कुछ लोगों को पसीना आने लगता है या किसी सार्वजनिक भाषण से पहले, उनका मुँह सूखने लगता है। यह है मन का शरीर पर प्रभाव।

सुरेश ओबेरॉय : पर मैं तो यही सोचता था कि यह सब स्वाभाविक रूप से होता ही है। जब मैं पहली बार कैमरे का सामना कर रहा था तो वाक़ई मेरा मुँह और होंठ सूख गए थे।

सिस्टर शिवानी : क्या इससे आप बेहतर प्रदर्शन कर सके?

सुरेश ओबेरॉय : नहीं, वह बहुत ख़राब था।

सिस्टर शिवानी : मान लेते हैं कि एक बच्चे को परीक्षा देने बैठना है। परीक्षा

एक लक्ष्य और दबाव है। अब वह बेचैन और व्याकुल हो जाएगा तो क्या वह बेहतर प्रदर्शन दे सकेगा? मुझे याद है, जब हम परीक्षा दे कर आते थे तो ख़ुद अपने प्रदर्शन का मूल्यांकन किया करते। हम ख़ुद को उन सभी स्थानों पर भूल करने के लिए कोसते, जहाँ हमसे सब जानते-बूझते हुए भूल हो जाती थी। हम उन्हें लापरवाही में की गई भूल कहते थे। लापरवाही से की गई भूल किसे कहते हैं? जब आप जवाब जानते हैं और उत्तरपुस्तिका में कुछ और लिखते हैं। तो हम ऐसा क्यों करते हैं? क्योंकि उस समय हमारे पास स्पष्टता का अभाव होता है, और यह मन की व्याकुलता के कारण होता है।

यहाँ बात लापरवाही की नहीं है। ऐसा इसलिए हुआ क्योंकि हमने अपने मन का ध्यान नहीं रखा। तो जब हमारी सोच में स्पष्टता नहीं होती, तो निर्णय लेने की क्षमता पर बुरा असर होता है। हमारे प्रदर्शन पर बुरा असर होता है। हाथ काँपने लगते हैं और लिखने की गति भी धीमी हो जाती है। कई बार तो यह नौबत तक आ जाती है कि परीक्षा भी पूरी नहीं हो पाती।

सुरेश ओबेरॉय : तो लोग ऐसा क्यों कहते हैं कि वे तनाव और दबाव में बेहतर तरीक़े से काम कर पाते हैं, जब उनके सिर पर डेडलाइन होती है तो वे काम को सही तरह से निभा पाते हैं?

सिस्टर शिवानी : डेडलाइन का मतलब है कि आपको एक लक्ष्य दिया गया है और यह लक्ष्य आपके लिए दबाव बन सकता है। लक्ष्य या टार्गेट का मतलब है कि आपको अमुक समय तक यह कार्य समाप्त करना है। अगर आप उस काम की डेडलाइन नहीं रखते तो शायद आपको उसे करने में छह दिन भी लग सकते हैं पर डेडलाइन रखते ही आपके काम में तेज़ी आ जाती है। अब अगर आप पूरी गति से काम करते हुए, अपने मन में सोचना शुरू करते हैं – "मैं इसे कल शाम तक कैसे पूरा करूँगा; अगर मैंने कल शाम तक काम न निपटाया तो मुझे क्या नतीजे भुगतने पड़ सकते हैं? क्या मुझे नौकरी से निकाल दिया जाएगा? क्या बॉस मुझसे नाराज़ होंगे? अगर किसी ने मुझसे पहले इस काम को पूरा कर लिया तो क्या होगा? क्या इसका मतलब होगा कि उसके पास पदोन्नित के लिए बेहतर अवसर होंगे? क्या मेरा करियर हमेशा के लिए तबाह हो जाएगा?" तो आपके मन की स्थिति कैसी हो जाएगी? अब

ऐसी स्थिति में हम अपना काम अब भी कर रहे हैं, लेकिन मन में क्या चल रहा है? हमारे मन में तनाव चल रहा है, यह नकारात्मक तनाव है क्योंकि यह हमारे मन में व्याकुलता के भाव को जन्म दे रहा है। लक्ष्य या डेडलाइन रखना ठीक है। दो लोगों को एक से लक्ष्य दिए जाते हैं : दोनों को ही कल शाम तक काम निपटाना है, दोनों ही इसे पाने के लिए प्रस्तुत हैं और वे इसे पाकर रहेंगे। इसका मतलब होगा कि वे दोनों ही मंज़िल तक तो जाएँगे पर इस दौरान उनकी यात्रा अलग-अलग होगी। एक सोचेगा, 'हाँ, मुझे कल शाम तक अपना काम पूरा करना है, मेरे मन में इस काम के सिवा और कुछ नहीं होना चाहिए और मैं इसे हर हाल में पूरा करने वाला हूँ।' दूसरा सोचेगा, 'अगर ऐसा हो गया तो क्या होगा; अगर मैं काम न कर सका तो क्या होगा?' तो एक व्यक्ति पूरी स्थिरता के साथ अपने लक्ष्य तक आया और दूसरा तनाव पैदा करते हुए, अपने लक्ष्य तक गया। दोनों के नतीजे भले ही एक से हैं क्योंकि प्रदर्शन तो दोनों ने ही दिया। पर आंतरिक रूप से, दूसरा व्यक्ति बुरी तरह से थका हुआ है। वह व्यक्ति भीतर से पस्त है। वह बड़ी आसानी से दबाव पर सारा दोष डाल देगा और उसे एहसास तक नहीं होगा कि उसने दबाव में आकर, अपने लिए ऐसी अवस्था को स्वयं जन्म दिया है।

तनाव के लिए विज्ञान में एक साधारण सा सूत्र है :

तनाव = दबाव ÷ लोच

दबाव में वह सब कुछ शामिल है, जो बाहरी तौर पर आ रहा है; आपके लक्ष्य, परीक्षा, संबंध, परिस्थितियाँ, यातायात जाम होना, डेडलाइन आदि। उस दबाव का सामना करने के लिए आपकी आंतरिक ताक़त ही लोच है। औद्योगिक रूप से प्रयोग में आने वाली धातु की चादरों के बारे में विचार करें। विभिन्न प्रकार की धातुओं की चादरों को एक सा दबाव दिया जाता है, परंतु सबके लिए तनाव का कारक अलग है क्योंकि प्रत्येक धातु की चादर के पास उस दबाव को सहन करने की शक्ति व क्षमता अलग-अलग है।

अब तनाव = दबाव ÷ लोच में हम बहुत ही सरलता से लोच को भुला देते हैं और यह मान लेते हैं : *तनाव = दबाव*।

हम लोच की उपेक्षा इसलिए करते हैं क्योंकि हम अपनी आंतरिक शक्ति के लिए ज़िम्मेवारी लेने को तैयार नहीं हैं। इस प्रकार हमारे लिए तनाव का दूसरा नाम दबाव ही हो जाता है। अगर हमारी परीक्षा होगी तो निश्चित रूप से हमें तनाव होगा। अगर हमारे बॉस बहुत गुस्सैल हैं, तो बेशक़ यह हमारे लिए एक बड़ी चुनौती बन जाएगी, क्योंकि हमारे लिए *तनाव = दबाव* है।

सुरेश ओबेरॉय : क्या लोगों को तनावग्रस्त होना भाता है? हम इसे इतनी आसानी से स्वीकार क्यों कर लेते हैं?

सिस्टर शिवानी : जब हम इससे पार नहीं पा सकते, तो हम मान लेते हैं कि इसका आना तो स्वाभाविक है या इसका आना टाला नहीं जा सकता।

सुरेश ओबेरॉय : क्या इसका यह अर्थ होगा कि किसी भी हालात में .ख़ुश रहने और तनावग्रस्त न होने के लिए हमें प्रयत्न करना होगा?

सिस्टर शिवानी : जी हाँ! मान लेते हैं कि आपने मुझसे कुछ ऐसा कहा जो सुनकर, जिसे सुनकर मुझे अच्छा नहीं लगता। ऐसे में उदास होना और आपको अपनी उदासी का कारण मानना, यह तो बहुत सहज है।

सुरेश ओबेरॉय : इस आयु में आने के बाद भी, मैं यही सोचता हूँ कि हम जो भी महसूस करते हैं, उसके लिए दूसरों को दोषी ठहराना एक स्वाभाविक प्रक्रिया है।

सिस्टर शिवानी : मौसम बदलता है। आज गर्मी है और आज से कुछ माह बाद सर्दी का मौसम होगा। जब मौसम बदलेगा तो सर्दी हो जाएगी। क्या आप कहेंगे कि मौसम बदलने के समय बीमार पड़ना स्वाभाविक है? नहीं! आप अपनी अलमारी खोलकर गर्म व ऊनी वस्त्र पहनेंगे और ठंड से अपना बचाव करेंगे।

क्या हम इसके लिए मौसम को दोष देते हैं? नहीं। हम सर्दी से अपना बचाव कर लेते हैं। बाहरी तौर पर तो घटनाएँ घटती ही रहती हैं पर चूँकि हमने अपने बचाव का तंत्र नहीं सीखा इसलिए हम कह सकते हैं सर्दी के मौसम में बीमार पड़ना आम बात है। उदास होना आम बात है, तनाव में घिर जाना भी आम बात है।

आध्यात्मिकता विभाजक पर केंद्रित होती है, जो कि लोच है। दबाव या परिस्थिति पर हमारा कोई वश नहीं है। इसलिए हम कह सकते हैं कि अंश हमारे वश में नहीं है। किसी भी हालात में, हम यह भार केवल दस प्रतिशत तक ही अंश के नाम कर सकते हैं, बाक़ी 90 प्रतिशत तो हमारी सामना करने की ताक़त पर ही निर्भर करता है। क्योंकि जब दबाव नहीं होगा, तो कोई तनाव भी नहीं होगा। तो हम दबाव को केवल दस प्रतिशत ज़िम्मेवार मानते हैं। बाक़ी 90 प्रतिशत तो उस सीमा पर निर्भर करता है, जिस तक जाकर हम उस दबाव को सँभाल सकते हैं।

सुरेश ओबेरॉय : तो किसी चीज़ के लिए मेरी प्रतिक्रिया नब्बे प्रतिशत की श्रेणी में आ जाती है। किसी ने हाल ही में मेरी कार में टक्कर दे मारी - यह एक पुरानी कार है इसलिए मुझे बहुत बुरा नहीं लगा पर अगर यह नई कार होती तो बेशक़ मैं प्रतिक्रिया देता। क्या ऐसा नहीं होता?

सिस्टर शिवानी : हमारी प्रतिक्रिया हमारा अपना चुनाव है। किसी ने आपकी कार में टक्कर मार दी और यह स्थिति आपके वश में नहीं थी। अब, आपके पास अपनी प्रतिक्रिया देने के दो तरीक़े हो सकते हैं : 1. कार से बाहर आकर, तमाशा खड़ा कर दें, उस पर चिल्लाएँ, अपशब्द कहें व उस पर हाथ उठा दें, वह भी आपके साथ इसी तरह पेश आएगा और देखते ही देखते दस लोग तमाशे का हिस्सा बन जाएँगे, या 2. उसे शुभ प्रभात या शुभ दिवस कहकर आगे बढ़ जाएँ।

सुरेश ओबेरॉय : दूसरा चुनाव कहता है कि मैं उसे मुस्कराकर कहूँ, कोई बात नहीं, सब ठीक है। जो भी हो, मेरी कार का तो बीमा हो चुका है जो मेरे नुक़सान की पूर्ति कर देगा।

सिस्टर शिवानी : जी हाँ! यहाँ हमारे मन का बीमा ज़्यादा मायने रखता है। आप शांत बने रहे और आपकी कार की मरम्मत हो गई। पर जब भी ऐसे हालात आने पर, हम तीख़ी प्रतिक्रिया के साथ अपने मन को जो चोट पहुँचा देते हैं, उसका बीमा कहाँ होता है या उसकी मरम्मत कौन कर पाता है?

सुरेश ओबेरॉय : इसका मतलब हुआ कि हमें अपने मन की शांति से ज़्यादा अपनी कार की टूट-फूट की चिंता है।

सिस्टर शिवानी : हमारे दायित्वों की सूची में कार, हमारी प्रसन्नता से कहीं अधिक मायने रखती है क्योंकि हमें लगा था कि कार ही हमारी प्रसन्नता का स्रोत है। जब हम अपनी मानसिक अवस्था को अपनी प्राथमिकता बना लेंगे, तब हम अपना ध्यान रखना भी सीख लेंगे। पहले हमें यह देखना होगा कि क्या हम ठीक हैं, फिर हमें यह देखना होगा कि क्या हमारे बाहर भी सब ठीक है।

सुरेश ओबेरॉय : अगर आप अपनी ही मदद नहीं कर सकते, तो ऐसे में आप दूसरों की मदद कैसे कर सकते हैं? क्या इसमें थोड़े से स्वार्थ की बू नहीं आती?

सिस्टर शिवानी : अगर हम अपना ध्यान नहीं रख पाते, तो क्या हम किसी और की मदद कर सकते हैं? हमारा सारा समय और ऊर्जा, दूसरों की देखरेख में जा रहा है। इसका नतीजा क्या होगा? आज हम और हमारे बच्चे गहरे दबाव में हैं। पहले, अवसाद या डिप्रेशन वगैरह का नाम तब सुनने में आता था, जब कोई साठ से अधिक आयु का हो जाता था। आज हमारे स्कूली बच्चे भी कई तरह के मसलों, मनोवैज्ञानिकों और सलाहकारों से घिरे दिखते हैं। अगर हम अपनी ज़िम्मेवारियों को पूरा कर रहे होते, तो यह नौबत न आती।

सुरेश ओबेरॉय : हम अक्सर सारा दोष अध्यापकों व नेताओं आदि दूसरे व्यक्तियों के मत्थे मढ़ कर कहते हैं, वे लोग ग़ैर-ज़िम्मेवार हैं। पर अगर मन ही मन सोचें तो दरअसल हम ही सबसे ज़्यादा ग़ैर-ज़िम्मेवार हैं क्योंकि हम अपने प्रति ज़िम्मेवारी को पूरी तरह से नहीं निभा रहे।

सिस्टर शिवानी : पहले तो हमें ज़िम्मेवार बनना होगा। प्रतिक्रिया देने की योग्यता ही *ज़िम्मेवारी* है। हर परिस्थिति में हमारी प्रतिक्रिया देने की ज़िम्मेवारी है : *प्रतिक्रिया + योग्यता = ज़िम्मेवारी*।

ज़रा जीवन की इस विडंबना की कल्पना तो करें - हम हमेशा उन चीज़ों को अपने वश में करने का प्रयास करते हैं, जो हमारे वश में नहीं हैं, जबकि हम उन सभी बातों को उपेक्षित करते चलते हैं, जो हमारे वश में हो सकती

हैं। हम कहते हैं, 'ओह, मेरा मन मेरे वश में नहीं है।' पर केवल वही एक चीज़ तो है जो आपके वश में है। अगर हम कारों की आपसी टक्कर वाले मामले पर दोबारा जाएँ - अगर आप लोगों को सलाह दें कि किसी कार की टक्कर के बाद वे सहज भाव से, बात को मुस्कराहट के साथ निपटा कर आगे बढ़ जाया करें, तो वे आपकी बात कभी नहीं मानेंगे। उन्हें लगता है कि ऐसे हालात में, कार से बाहर आकर, भूल करने वाले को अपशब्द सुनाना या उस पर चिल्लाना बहुत ज़रूरी होता है। अगर आप उन्हें यह समझाने की कोशिश करते हैं कि इससे उनकी ही हानि होगी, इससे उन्हें ही ठेस लगेगी, तो वे कहेंगे कि अगर उन्होंने ऐसा न किया तो वे दूसरे व्यक्ति को उनकी भूल का एहसास कैसे दिला सकेंगे।

सुरेश ओबेरॉय : वह टक्कर मारने वाला उस भूल को फिर से न दोहराए, इसलिए मैं तो उसके भले के लिए ऐसा कर रहा हूँ।

सिस्टर शिवानी : आपको अपना ध्यान रखने की अपेक्षा, दूसरों को समझाने में ज़्यादा दिलचस्पी है। भले ही परिस्थिति छोटी हो या बड़ी, आपके पास यह चुनाव हमेशा होता है कि आपको क्या प्रतिक्रिया देनी है। आपको आराम से बैठकर, हर हालात के लिए पूरी तरह से सजग होना चाहिए। अगर आप उससे कह देते हैं कि 'चलो सब ठीक है, कोई बात नहीं,' तो उस दिन आपको कैसा महसूस होता है?

सुरेश ओबेरॉय : मुझे तो बहुत अच्छा महसूस होगा।

सिस्टर शिवानी : ऐसा इसलिए होगा क्योंकि आपने अपनी ऊर्जा को बचा लिया और अपनी कमज़ोरी पर जीत हासिल की। इसलिए आपको ऐसी घटनाओं के साथ प्रयोग अवश्य करना चाहिए।

सुरेश ओबेरॉय : एक दिन मैं एयरपोर्ट जा रहा था और किसी ने मेरी कार में टक्कर दे मारी। मेरा ड्राइवर गाड़ी से बाहर निकलकर, उससे लड़ने ही जा रहा था, पर मैंने उससे कहा कि वह अपना दरवाज़ा बंद करे, शांत रहे और

उस आदमी को उपेक्षित कर दे। ऐसा करने से मुझे बहुत अच्छा लगा। अब, आपके साथ बात करते हुए मुझे एहसास हो रहा है कि मैंने उस दिन अपनी एक कमज़ोरी पर जीत हासिल की थी इसलिए मुझे बेहतर महसूस हुआ। वह एक ऐसी कमज़ोरी थी जो सालों से मेरे भीतर जड़ें जमाए बैठी थी।

सिस्टर शिवानी : उस समय आपके विचार भी बहुत उत्तम थे, इसलिए भी आपने बेहतर महसूस किया। अगर आपके मन में यह विचार आये, 'सब ठीक है। यह तो एक दुर्घटना मात्र है, चलो अब आगे बढ़ें,' तो यह एक सकारात्मक सोच है। यह एक अच्छी भावना है पर अगर आपके मन में विचार हो कि उसने गाड़ी चलाते समय ध्यान से क्यों नहीं देखा; उसे आराम से गाड़ी चलानी चाहिए थी; इसको गाड़ी चलाने का लाइसेंस किसने दिया; इन्हें लगता है कि इन्होंने सड़क ख़रीद ली है - अगर आपके मन में ऐसे विचार आते हैं तो आपको कैसा महसूस होता? आपके मन में जो भी विचार होते हैं, वही आपकी भावनाओं को तय करते हैं।

सुरेश ओबेरॉय : इस तरह का मूड और खीझ फिर कितनी देर तक बना रहेगा?

सिस्टर शिवानी : मान लेते हैं कि कार्य स्थल तक जाने में आधे घंटे का समय लगता है, तो इस दौरान आपका मूड बिगड़ा ही रहेगा। हालाँकि, बदक़िस्मती से अगर अगले आधे घंटे के दौरान, किसी और परिस्थिति का सामना यदि फिर से हो जाता है, तो उस समय आपकी भावात्मक प्रतिरोधक क्षमता पहले से ही कम होगी, इसलिए आपके द्वारा ग़लत प्रतिक्रिया की सम्भावना अधिक होगी। जब आप ऑफ़िस पहुँचते हैं तो पता चलता है कि रिसेप्शनिस्ट अपने स्थान पर नहीं है... वह सही समय पर ऑफ़िस नहीं आई। अब आपके सामने एक और परिस्थिति आ गई है। आप डेस्क पर जाकर देखते हैं कि आपकी मेज़ को अच्छी तरह साफ़ नहीं किया गया। एक और हालात आपके सामने है। आपके जूनियर ने वह काम पूरा नहीं किया, जो आपके हिसाब से सुबह दस बजे आपकी मेज़ पर होना चाहिए था। इसलिए एक के बाद एक नई परिस्थिति सामने आती जाती है और आप बार-बार अपनी प्रतिक्रिया देते

चले जाते हैं। जब भी आप अपनी कठोर प्रतिक्रिया के लिए हर बार सफ़ाई देते हुए आप कहेंगे... यह सब इसलिए हुआ क्योंकि आज...।

सुरेश ओबेरॉय : ऐसा हुआ... ऐसा हुआ... ऐसा हुआ। मैंने कुछ नहीं किया पर वह सब मेरे साथ हो गया और यह तो स्वाभाविक है। ऐसा होता रहता है।

सिस्टर शिवानी : अगर आप नकारात्मक प्रतिक्रिया देते हैं तो आप अपनी ऊर्जा और समय को नष्ट कर रहे हैं; आप अपनी भावात्मक शक्ति घटा रहे हैं। इसके बाद जब आप अगली परिस्थिति का सामना करेंगे, तब तक आप भावात्मक रूप से और कमज़ोर हो चुके होंगे।

सुरेश ओबेरॉय : कुछ समय के बाद इस तरह पेश आना आपकी आदत में शुमार हो जाता है। फिर हमें उच्च रक्त चाप या हृदय रोग से जुड़ी समस्याएँ होने लगती हैं। इससे हमारी सेहत पर बहुत बुरा असर होता है।

सिस्टर शिवानी : आज हम कहते हैं कि उच्च रक्तचाप का होना एक स्वाभाविक बात है क्योंकि तनाव भी तो स्वाभाविक है, और इस तनाव के कारण उपजे रोग भी स्वाभाविक ही कहलाएँगे। इसलिए जो कुछ भी अस्वाभाविक हुआ करता था, अप्राकृतिक हुआ करता था, उसे स्वाभाविक और आम बात मान लिया गया है। फिर हम कहते हैं कि हम प्रसन्नता पाना चाहते हैं।

सुरेश ओबेरॉय : मुझे आप बताएँ, असीमित से आपका क्या अभिप्राय है?

सिस्टर शिवानी : ऐसा कुछ भी जो किसी भी सीमित वस्तु, व्यक्ति या परिस्थिति पर निर्भर नहीं है, वही असीमित है, अनलिमिटेड है। यह आपके मन की एक सहज अवस्था है, जो असीमित है, बिना किसी कंडीशनिंग या शर्तों के, पूरी तरह से आज़ाद है। यह हर तरह की निर्भरता से आज़ाद है, इसलिए इसमें असफलता या नाकामयाबी का भय भी नहीं छिपा है। जब भी किसी वस्तु या व्यक्ति पर निर्भरता का भाव होता है तो उसके मन में, सबसे पहले भय का ही विचार आता है। अगर हमें यह नहीं मिला तो क्या होगा? हमारे मन में तुरंत भय पैदा होगा, ज्यों ही मन में भय पैदा होगा, हमारी सारी ख़ुशी ग़ायब

हो जाएगी। आपने देखा होगा कि लोग ख़ुशी से भी भयभीत रहते हैं - जब घर में सभी ख़ुश होते हैं, तो कोई कहता है, 'इतना ख़ुश मत हो, कुछ पता नहीं, अगले ही पल क्या हो जाए।' वे इतने भयभीत रहते हैं कि उन्हें अपनी ख़ुशी से भी डर लगने लगा है।

सुरेश ओबेरॉय : सब कुछ अस्थायी है।

सिस्टर शिवानी : क्योंकि यह सब कुछ परिस्थितियों और हालात पर निर्भर करता है। आज सारे हालात हमारे पक्ष में हैं, हम ख़ुश हैं, पर हम यह नहीं जानते कि हमारे सामने आगे कौन-से हालात आने वाले हैं। परंतु अगर हमारी प्रसन्नता हर तरह के हालात की पकड़ से आजाद होगी तो हम चौबीसों घंटे प्रसन्न बने रह सकते हैं।

सुरेश ओबेरॉय : क्या सचमुच हमारी .ख़ुशी चौबीसों घंटे बनी रह सकती है?

सिस्टर शिवानी : यह संभव है और हम ऐसा कर सकते हैं, परंतु पहले हमें अपना ध्यान रखना होगा और अपनी ज़िम्मेवारी लेना सीखना होगा। अगर यह बाहरी कारकों पर निर्भर करती है तो इसे आप कभी-कभी ही पा सकते हैं। आपकी परिस्थितियाँ जितनी चुनौतीपूर्ण होती जाएँगी, लोगों के व्यवहार के बारे में कुछ भी कहना, उतना ही कठिन होता जाएगा। इस तरह यह एक संघर्ष बन जाता है और यही वजह है कि हम तनाव को भी अपने जीवन का एक स्वाभाविक अंग मानने लगते हैं, जबकि केवल प्रसन्नता ही स्वाभाविक होती है।

सुरेश ओबेरॉय : सिस्टर शिवानी! हमें यह समझाने के लिए बहुत-बहुत आभार कि तनाव का होना कोई स्वाभाविक घटना नहीं है - प्रसन्नता स्वाभाविक होती है। हम इस बिंदु पर अपने विचारों को एकाग्र करने के लिए कुछ क्षणों का ध्यान करेंगे।

• • •

विश्रांत भाव से इन विचारों पर मनन करें :

आराम से बैठें... अपने आपको देखें... मैं एक शक्ति हूँ... हर विचार और भावना की सर्जक हूँ... जीवन की यात्रा में दबाव हैं लक्ष्य पाने हैं... सीमारेखा लाँघनी है... लेकिन यह सिर्फ़ एक बाहरी दबाव है... इन सबका सामना करने वाली मैं शक्ति हूँ... अपने लक्ष्य को पूरा करते हुए मुझे अपने आपका ध्यान रखना है... अपनी हर सोच और भावना को देखना है... किसी भी प्रकार का तनाव... किसी भी प्रकार की चिंता... मुझे पहले इन विचारों को बदलना होगा... मैं शक्तिशाली जीव हूँ... मैंने जो लक्ष्य तय किया है, मैं उसे पा सकता हूँ... पर मुझे पहले अपना ध्यान रखना है... कोई भी... मैं शक्तिशाली हूँ... पूरी तरह से सुरक्षित और संरक्षित... अब मैं अपने लक्ष्य की ओर बढ़ रहा हूँ। यह मेरी यात्रा है, प्रसन्नता से परिपूर्ण एक यात्रा... ओम शांति!

आनंद प्राप्ति के मंत्र

- तनाव एक ऐसी पीड़ा है, जो हमें एहसास दिलाता है कि कुछ तो है, जिसे बदलना होगा।
- तनाव हमारे नकारात्मक विचारों की उपज है, जो हमारी योग्यता, स्मरण शक्ति, निर्णय लेने की क्षमता और प्रदर्शन पर अपना प्रभाव डालता है।
- तनाव हमारे भौतिक व भावात्मक स्वास्थ्य को हानि पहुँचाता है इसलिए किसी भी प्रकार का तनाव हमारे लिए हानिकारक हो सकता है।
- लक्ष्य, दबाव, डेडलाइन व परीक्षा आदि तो स्वाभाविक हैं परंतु तनाव हमारा अपना चुनाव है।
- *तनाव = दबाव ÷ लोच*, अर्थात् आंतरिक बल। किसी भी हालात में मेरा पहला दायित्व यही बनता है कि मैं पहले ख़ुद को, अपने मन को सँभालूँ, क्योंकि केवल यही एक चीज़ मेरे वश में है।

मैं शांति नहीं चाहता, मैं तो स्वयं शांति हूँ

सुरेश ओबेरॉय : *हाल ही में किसी समाचार-पत्र में प्रकाशित एक लेख में लिखा था, 'शांति प्रसन्नता का अनुभव करती है।' पहले क्या मिलता है, शांति या प्रसन्नता? अगर आप .खुश नहीं हैं तो क्या आपके मन को शांति मिल सकती है? इन प्रश्नों के उत्तर इस बात पर निर्भर करते हैं कि आप प्रसन्नता कहते किसे हैं, यह आपको बाहरी कारकों से मिलती है या आपके भीतर से पैदा होती है।'*

सिस्टर शिवानी : हम अक्सर इसके बारे में पढ़ते और सुनते हैं, परंतु व्यावहारिक रूप से लागू करने की अवस्था तक आते-आते क्या होता है? हम प्रतिदिन अख़बारों के आध्यात्मिक स्तंभों या आत्मविकास से जुड़ी पुस्तकों में इस बारे में पढ़ते हैं। आजकल सकारात्मक सोच, आत्म-विकास व आत्म-प्रेरणा व आध्यात्मिकता आदि विषयों पर बड़ी संख्या में पुस्तकें बिक रही हैं। प्रायः कई सेमीनार और कार्यशालाएँ भी आयोजित की जाती हैं परंतु फिर भी कौन-सी चीज़ें बढ़ रही हैं - तनाव, गुस्सा और उद्वेग - और असीमित अप्रसन्नता। हालाँकि चारों ओर ज्ञान की कमी नहीं है, लोगों में जागरूकता भी बढ़ी है, पर अब भी हम ख़ुशी को कहीं बाहर ही तलाश रहे हैं। जिसका मतलब है कि हमने अभी ज्ञान को आंतरिक रूप से ग्रहण करना आरंभ नहीं किया। हम

क्या जानते हैं, पढ़ते हैं, और व्यावहारिक जीवन में क्या लागू करते हैं, इसमें महान अंतर हो जाता है।

सुरेश ओबेरॉय : इसका अर्थ हुआ कि हम जो भी पढ़ते हैं, उन बातों पर विश्वास नहीं करते।

सिस्टर शिवानी : यह अभी तक हमारे विश्वास तंत्र का एक हिस्सा नहीं बना है। हमारा विश्वास कहता है कि तनाव हमारे जीवन का सहज और स्वाभाविक हिस्सा है, यह एक ऐसा विश्वास तंत्र है, जो हमारे बाल्यकाल से लेकर, आज तक धीरे-धीरे विकसित होता आया है। जब हम बालक थे, तो हमारे माता-पिता कहते, 'कल तुम्हारी परीक्षा है, क्या तुम्हें चिंता नहीं, मुझे तो समझ नहीं आता कि तुम इतने आराम से कैसे बैठे हो?' तो इस तरह हमारे बड़े होने की प्रक्रिया के दौरान, यह विश्वास तंत्र भी इसी तरह फलता-फूलता रहा है और समाज ने इसे हम पर बार-बार थोपते हुए कहा, 'तुम्हारे आस-पास कितनी कड़ी प्रतियोगिता है और ऐसे में तनाव का होना स्वाभाविक ही है।' तो यह विश्वास हमारी जड़ों में कहीं गहराई तक समाया है और हम इसके साथ ही जीते आ रहे हैं।

फिर हमने कहीं पढ़ा, 'प्रसन्नता तो हमारे जीवन का आंतरिक स्वरूप है, यह हमारी आंतरिक जीवनशैली है, जो हमारे चुनाव पर टिकी है।' परंतु इसे पढ़ने के बाद भी हमारे विश्वास तंत्र पर कोई असर नहीं हुआ। हमने इसे पढ़ा पर हम अपने जीवन को उसी तरह चलाते रहे, जैसे अब तक चलाते आये थे। हम सोचते हैं कि यह बात व्यावहारिक जीवन में मायने नहीं रखती और यहीं से कार्यशालाएँ, आध्यात्मिकता और धर्म, हमारे व्यावहारिक जीवन से अलग हो जाते हैं। हम किसी प्रबंधन कार्यशाला या आध्यात्मिक कार्यक्रम में हिस्सा लेते हैं और कुछ ऐसा सुनते हैं, जो बहुत ही शुद्ध और शक्तिशाली प्रभाव रखता हो। जब हम इस बात को सुन रहे हैं तो पूरी तरह से सहमत हैं कि यह सब पूरी तरह से सच है। जब हम अपने ढर्रे पर वापस आते हैं तो फिर से पहले जैसे बन जाते हैं और कहते हैं कि वे सब बातें आम ज़िंदगी में लागू नहीं होतीं। यह ठीक है, जिन लोगों ने ऐसी बातें कही हैं, उन्होंने सही ही कहा है पर उनके जीवन में वे हालात नहीं थे, जिनका सामना हम

कर रहे हैं। हम तो ऐसी बातों को अपनाने की कोशिश तक नहीं करते, उनके साथ कोई प्रयोग नहीं करना चाहते। हमें लगता है कि यह सब अपने-आप ही हो जाएगा। ख़ैर, ऐसा कभी नहीं होगा। हमने चाहे जो भी पढ़ा हो, या जो भी समझा हो, उसे अपने जीवन में लागू करने के लिए थोड़ी-सी कोशिश तो अपनी ओर से करनी ही होगी। अब हम समझ गये हैं कि गुस्सा आना कोई स्वाभाविक भाव नहीं है, यह एक प्रतिक्रिया है जिसे हम खुद रचते हैं तो जब हम अपने कार्यस्थल पर जाते हैं या अपने परिवार के साथ कुछ समय बिताते हैं, तो हमें यह ध्यान देना होगा कि जब कोई ऐसा काम करे जो हमें सही न लगे, हमें उस समय अपनी प्रतिक्रिया नहीं देनी है।

सुरेश ओबेरॉय : आपकी बातों से मुझे अपनी गुरु का स्मरण हो आया। मैं उनसे अक्सर पूछता था कि शांति कैसे पाई जा सकती है परंतु उन्होंने कभी प्रत्यक्ष रूप से कोई जवाब नहीं दिया। मैं उन लोगों में से था, जिन्हें शांति शब्द का अर्थ तक पता नहीं था। जब मैं लिफ़्ट के लिए इंतज़ार करता, तो उसके मेरे पास आने तक, लगातर बटन दबाता चला जाता। मैं हमेशा बेचैनी से घिरा रहता और उनसे कहता था कि मैं अपने लिए शांति चाहता हूँ। आपके शब्दों से मुझे उन पंक्तियों की याद आ गई, जो वे अक्सर मुझसे कहती थीं, 'तुम मुझसे हमेशा शांति के बारे में पूछते रहते हो परंतु क्या तुम कभी शांतिपूर्ण कर्म भी करते हो?' मैं उनके शब्दों का असली अर्थ नहीं समझ सका। फिर जब मैं बाहर गया और यह देखा कि किसी ने मेरी कार के आगे अपनी कार पार्क कर दी है तो दिल में आया कि उसकी कार को ठोकर मारूँ। मैं अपनी कार में बैठा और हॉर्न बजाने ही वाला था कि मुझे उनके कहे शब्द याद आ गए, मुझे याद आया कि उन्होंने मुझसे अभी-अभी शांतिपूर्ण कर्मों की बात की थी।

सिस्टर शिवानी : हम शांति पाना चाहते हैं पर हमें लगता है कि इसे कहीं बाहर से ही पाया जा सकता है। ठीक इसी तरह, हम अपने लिए प्रेम चाहते हैं, हमारे लिए प्रसन्नता चाहते हैं और इस तरह एक अंतहीन सिलसिला जारी है। माँगने का अर्थ है कि कहीं न कहीं, किसी न किसी व्यक्ति को, कुछ न कुछ करना होगा ताकि हम इसे पा सकें। वहीं दूसरी ओर, आध्यात्मिकता हमें सीख देती है कि हम स्वयं ही शांति हैं। हमें हर काम को करते समय, पूरी

तरह से शांत रहना होगा। हम एक परमानंद से पूर्ण अस्तित्व हैं; हम आनंद से भरपूर चेतना हैं। हम प्रेम से भरपूर हैं।

सुरेश ओबेरॉय : परंतु यदि मैं ऐसा हूँ तो मैं इतनी इच्छा क्यों रखता हूँ?

सिस्टर शिवानी : आप ऐसी इच्छा इसलिए रखते हैं क्योंकि आप भूल गये हैं कि आप ऐसे हैं। मानो चाबियाँ आपकी जेब में हैं या चश्मा आपके माथे पर चढ़ा है। आप इन्हें हर जगह खोज रहे हैं और अन्य व्यक्तियों को भी खोज में शामिल कर रहे हैं। 'सभी लोग जल्दी आओ, आकर मुझे चाबियाँ खोज कर दो।' आप अपनी चाबियों को हर जगह खोज रहे हैं, केवल वहीं नहीं देखते, जहाँ आपने उन्हें रखा है।

सुरेश ओबेरॉय : किसी व्यक्ति को यह एहसास कैसे हो सकता है या वह इसे महसूस करना कैसे आरंभ कर सकता है कि वह स्वयं ही शांति है? इसे कैसे प्रमाणित किया जा सकता है?

सिस्टर शिवानी : प्रयोग करते हुए, ऐसा किया जा सकता है। हर चीज़ एक विश्वास ही तो है और हम इसके साथ प्रयोग करते हैं। अगर हम इससे परिणाम पाते हैं तो हम इसे सच मान लेते हैं। 'हमेशा शांति की तलाश करते रहें क्योंकि यही जीवन का उद्‌देश्य है।' अगर शांति की तलाश करना ही जीवन का उद्‌देश्य है, तो हमें हमारा यह उद्‌देश्य कब प्राप्त होगा?

पर अब हम समझ गए हैं कि यह हमारा स्वभाव है। हम एक प्रयोग करते हैं - मैं एक शांत स्वरूप चैतन्य शक्ति हूँ। अब हम हर काम करते हुए, व्यक्तियों के साथ मेल-जोल के दौरान सजग रहेंगे, यह कार्य करने वाली शक्ति है, करने वाली शक्ति शांतिस्वरूप है। एक डॉक्टर के बारे में विचार करें। वह जानता है कि वह एक डॉक्टर है और ज्यों ही कोई दुर्घटनाग्रस्त होकर बिस्तर पर आता है, तो वह तुरंत उसे इलाज देने की प्रक्रिया में जुट जाएगा। पर अगर डॉक्टर ही यह भूल जाए कि वह एक डॉक्टर है, तो भले ही उसके आस-पास पड़े व्यक्ति दम ही क्यों न तोड़ रहे हों, वह अपनी ओर से किसी को चिकित्सा नहीं दे सकेगा। तो यह सब हमारी स्मरण शक्ति से संबंध

रखता है। हम यह भूल गये थे कि हम एक शांतिपूर्ण जीव हैं। चूँकि हम इसे भूल गये थे इसलिए हम कहीं बाहर इसकी तलाश कर रहे थे। अब एक नए विश्वास तंत्र को आजमाते हैं, अभी इसे सत्य नहीं मानते, सिर्फ़ प्रयोग करते हैं। अगर हमें नतीजा मिले तब ही इसे सत्य मानेंगे।

सुरेश ओबेरॉय : यह प्रयोग कैसे करेंगे?

सिस्टर शिवानी : आप अपने कार्य-स्थल पर जाकर देखते हैं कि वहाँ कोई अप्रिय परिस्थिति है। आप केवल ख़ुद को इतना स्मरण दिलाते हैं कि आप एक शांतिस्वरूप जीव हैं और उसके बाद ही कोई क़दम उठाएँगे।

सुरेश ओबेरॉय : मैं इसे एक मंत्र की तरह दोहराता हूँ। मैं एक शांतिस्वरूप आत्मा हूँ। एक चपरासी आकर कुछ ग़लत कहता है, मैं उत्तेजित होकर उस पर चिल्ला देता हूँ और फिर से अपने मंत्र को दोबारा रटने लगता हूँ।

सिस्टर शिवानी : यह कोई मंत्र नहीं, यह एक दृढ़ विश्वास है। आप अपने-आपको बता रहे हैं कि आप कौन हैं और फिर इसके लिए अपने-आप को तैयार करते हैं। अब आप जो भी कार्य करेंगे, वह आपकी इसी सजगता पर टिका होगा। यही तो मैं हूँ, यह बहुत सरल और स्वाभाविक हो जाएगा। मान लेते हैं कि हमारे मन में कोई स्थान ख़ाली है। आप सोचते हैं कि वह रिक्त है और कहते हैं कि मुझे प्रसन्नता चाहिए, शांति चाहिए, प्रेम चाहिए। आप प्रत्येक व्यक्ति के पास इसी अपेक्षा के साथ जाते हैं कि वह आपके मन के उस ख़ाली कोने को भर देंगे। कृपया ऐसा करें ताकि मेरे मन को ख़ुशी मिल सके। कृपया मुझसे आराम से बात करें ताकि मैं शांति का अनुभव कर सकूँ। यह जीवन जीने का एक तरीक़ा है, यह एक अलग विश्वास तंत्र है। दूसरा विश्वास तंत्र कहता है कि सब भरपूर है, मैं शांति, खुशी, प्यार से भरपूर हूँ। पर मुझे पूरे दिन के दौरान यह ध्यान देना है कि कहीं इससे कुछ छलक न जाए। बस इतना ही ध्यान रखना है, इसे सँभालना है। यही तो यात्रा है; यही तो है 'अवेकनिंग विद ब्रह्मा कुमारी।' यह इस गहरी समझ पर निर्भर करता है कि हम कौन हैं और हम शांति से भरपूर हैं, शांति से ओत-प्रोत हैं। आपको

केवल इतना ही याद रखना है कि किसी से बातचीत के दौरान कहीं मन के उस भरे हुए कोने से कहीं कुछ बाहर न छलक जाए।

सुरेश ओबेरॉय : मैं शांतिस्वरूप हूँ। जब मैं अशांत होता हूँ तो मेरे अंदर की शांति बाहर छलक जाती है।

सिस्टर शिवानी : एक तरीक़ा कहता है : मैंने ऐसा इसलिए किया ताकि मैं प्रसन्न हो सकूँ। दूसरा तरीक़ा कहता है : मैं प्रसन्न हूँ और अब मैं इसे करूँगा।

सुरेश ओबेरॉय : हम .खुश हैं और अपनी ओर से कोशिश करेंगे कि दूसरों को भी .ख़ुशी दे सकें।

सिस्टर शिवानी : हम यह नहीं जानते कि हम दूसरों को ख़ुशी दे सकेंगे या नहीं क्योंकि यह भी एक विश्वास तंत्र है, जिसने बहुत गहराई तक जड़ें जमा रखी हैं।

सुरेश ओबेरॉय : जब आप किसी .ख़ुशहाल व्यक्ति के आस-पास होते हैं तो आप स्वयं भी ख़ुशी का अनुभव करते हैं क्योंकि उसके आस-पास का सारा माहौल .ख़ुशनुमा है।

सिस्टर शिवानी : सच कहा, पर ऐसा भी हो सकता है कि कोई किसी ख़ुशहाल इंसान के आस-पास रहने पर भी उदासी महसूस कर रहा हो क्योंकि उसने अभी तक अपने विचारों व भावनाओं की ज़िम्मेवारी नहीं ली है। यह भी एक गहरी पैठ रखने वाला विश्वास तंत्र है कि हम दूसरों को प्रसन्न कर सकते हैं, उन्हें ख़ुशियाँ दे सकते हैं; लेकिन जब तक कोई स्वयं प्रसन्न होने की इच्छा नहीं रखता, तब तक दूसरा उसे किसी भी हाल में ख़ुशी नहीं दे सकता।

सुरेश ओबेरॉय : फिर तो कोई दूसरा आपको उदासी भी नहीं दे सकता।

सिस्टर शिवानी : ठीक कहा आपने, इसका मतलब होगा कि हम अपनी भावनाओं व भावों के लिए दूसरों पर निर्भर नहीं करते। सबसे अधिक स्थापित

विश्वास तंत्र तो यही कहता है – प्रसन्नता दूसरे व्यक्तियों पर निर्भर करती है।

सुरेश ओबेरॉय : जो लोग एक-दूसरे के प्रेम में होते हैं, उनके साथ क्या होता है? उसके साथ रहने से मुझे .ख़ुशी मिलती है, उसका साथ मुझे बहुत पसंद है।

सिस्टर शिवानी : जब आप किसी व्यक्ति के साथ होते हैं, आपके मन में अच्छे विचार आते हैं और यही कारण है कि आप ख़ुद से कहते हैं कि जब मैं इस व्यक्ति के साथ होता हूँ तो मेरे मन को बहुत प्रसन्नता होती है। फिर आप ख़ुद से कहते हैं कि यह व्यक्ति मुझे बहुत ख़ुशी देता है। इस तरह हम वस्तुओं पर निर्भर होते चले जाते हैं – भले ही वह कार हो या कोई गहना – ये हमारे मन में इसी तरह की सोच को जन्म देते हैं। हम उस ख़ास तरह की सोच को पाने के लिए उन्हें प्रेरक की तरह प्रयोग में लाते हैं।

उस प्रेरक और उत्तर के बीच, आप अपने लिए उत्तर चुनने की आज़ादी रखते हैं। आपके पास यह तय करने की आज़ादी है कि आप कैसे उत्तर देने वाले हैं। आज आपने मुझसे अच्छी तरह बात की, मुझे बहुत अच्छा लगा; कल आपने कुछ ऐसा कर दिया, जो मेरे हिसाब से ठीक नहीं था और मैं उदास हो गई। पर आप तो आज भी वही हैं न!

सुरेश ओबेरॉय : मैं आज वैसा नहीं हूँ, जैसा मैं कल था। मैं आपसे बहुत अच्छी तरह बात कर रहा था। मैं वही आदमी तो हूँ पर मेरे बर्ताव में अंतर आ गया है, तो आप मेरे इस बदले हुए बर्ताव से चकित रह जाएँगी।

सिस्टर शिवानी : तो मेरी प्रतिक्रिया या उत्तर, आपके बर्ताव पर निर्भर कर रहा है। क्या आप हमेशा उसी तरह पेश आते रहेंगे, जैसा कि मैं आपसे उम्मीद रखती हूँ?

सुरेश ओबेरॉय : नहीं, मैं अलग-अलग दिन और समय के अनुसार, अलग-अलग मूड में हो सकता हूँ।

सिस्टर शिवानी : क्या आप ग़लत हैं?

सुरेश ओबेरॉय : नहीं, ये एक सामान्य बर्ताव है।

सिस्टर शिवानी : क्या आप ग़लत हैं?

सुरेश ओबेरॉय : मैं बिलकुल ठीक हूँ।

सिस्टर शिवानी : किसके अनुसार?

सुरेश ओबेरॉय : मेरे अपने अनुसार।

सिस्टर शिवानी : पर किसी और के हिसाब से, आप ग़लत हो सकते हैं। हमें अपनी कंडीशनिंग के हिसाब से ख़ुद ही तय कर लिया है कि क्या सही है और क्या ग़लत। हम चाहते हैं कि लोग सही रहें ताकि हमें ख़ुशी मिल सके।

सुरेश ओबेरॉय : हम दूसरों के बर्ताव को वश में करने की कोशिश करते रहते हैं, जिससे लोग हमारे साथ बहुत अच्छे से पेश आते रहें। हम दरअसल चाहते हैं कि लोग ठीक उसी तरह पेश आते रहें जैसा हम चाहते हैं।

सिस्टर शिवानी : जी हाँ, क्योंकि ऐसा करने से हमारे मन को ख़ुशी मिलेगी।

सुरेश ओबेरॉय : तो हम दूसरों को नियंत्रित कर रहे हैं?

सिस्टर शिवानी : हाँ, हम हर रोज़, हर व्यक्ति के साथ यही तो कर रहे हैं। हम अपने नन्हे बच्चों के साथ यही कर रहे हैं, अपने आस-पास के हर इंसान के साथ ऐसे ही पेश आ रहे हैं। हम चाहते हैं कि वे हमसे एक ख़ास तरीक़े से पेश आएँ या किसी काम को एक ख़ास तरीक़े से करें क्योंकि उनके वैसा करने से हमें ख़ुशी मिलेगी।

हमें जो सही लगता है, वही सही है और काम को उसी तरह से किया जाना चाहिए। हमें लगता है कि हम जो सोचते हैं, वही सही है और बाक़ी लोग जो भी सोचते हैं, वह ग़लत है और इस तरह हमारी ख़ुशी उस पर आश्रित हो जाती है।

सुरेश ओबेरॉय : तो फिर ये संबंध किसलिए हैं? क्या आप किसी दोस्त पर निर्भर नहीं रह सकते? अगर मुझे कोई समस्या है तो मैं चाहूँगा कि आप मेरी मदद करें।

सिस्टर शिवानी : वो तो है, पर जब हमारी मानसिक अवस्था दूसरों के व्यवहार पर आश्रित होती है तो हमें कभी प्रसन्नता कभी पीड़ा अनुभव होती है। मान लेते हैं कि आप चाहते थे कि कल शाम आपको किसी मित्र की ओर से फ़ोन आता, उसका फ़ोन नहीं आया और आप उदास हुए। क्यों? क्योंकि आपकी खुशी अपने दोस्त के व्यवहार निर्भर थी।

सुरेश ओबेरॉय : ईमानदारी से कहूँ, तो यह सब ठीक ही लगता है। अगर मेरी पत्नी मुझसे बात न करे और बाक़ी सबसे बात करती रहे, तो बेशक़ मेरे दिल को ठेस लगना स्वाभाविक है।

सिस्टर शिवानी : आपके पास अब भी विकल्प है।

सुरेश ओबेरॉय : यही तो मैं सीखना चाहता हूँ।

सिस्टर शिवानी : आपके पास एक चुनाव है। ठीक है, उसने मुझे फ़ोन नहीं किया, हालाँकि उसे करना चाहिए था। लेकिन अब भी आप अपनी सोच को बदलकर, स्वयं को स्थिर रख सकते हैं। आप यह सोच सकते हैं, कि वह व्यस्त रही होगी या उस समय उसका मुझसे बात करने का मन नहीं होगा।

सुरेश ओबेरॉय : ऐसा लगता है कि मुझे मेरी बात का उत्तर मिल गया। मेरा एक मित्र मुझे इस घटना के बारे में बता रहा था। वह अपने घर पहुँचा और देखा कि घर पर ताला लगा था। वह एक बहुत अच्छे सेमीनार से लौटा था, जिसमें जीवन के विविध पक्षों पर चर्चा की गई थी। जब उसने घर पर ताला लगा देखा तो वह हमेशा की तरह खीझा, ताला तोड़ने की नौबत आ सकती थी पर उसने संयम से काम लिया। वह अपनी बेटी के पास गया, जिसका घर पास ही था। उसने उससे दूसरी चाबी लेकर घर का ताला खोला। ज्यों ही वह भीतर गया, उसकी पत्नी भी आ गई। वह उससे बहस करना चाहता था कि वह घर में ताला

लगाकर क्यों निकली, पर उसने उससे पूछा कि वह कहाँ गई थी। उसकी पत्नी ने बताया कि वह बाज़ार तक सामान लेने गई थी और उसने उसे फ़ोन करके बताना चाहा पर उसका फ़ोन बंद था। तब उस व्यक्ति को एहसास हुआ कि उसने सेमीनार के दौरान अपना फ़ोन स्विच ऑफ़ कर दिया था। इसका मतलब था कि उसकी पत्नी सही बोल रही थी और वह भी सही था।

सिस्टर शिवानी : हर व्यक्ति हमेशा सही ही होता है। यह बात इतनी मायने नहीं रखती कि वे सही होते हैं या ग़लत। सबसे पहले तो आपको ख़ुद ही सही होना होगा - न केवल सही होना होगा बल्कि सही बनना होगा। इसका मतलब होगा कि सबसे पहले हमें अपने मन की स्थिति का ध्यान रखना होगा और यह तभी संभव है जब आप धीरे-धीरे अपने-आप को इस मानसिक सोच से बाहर निकाल सकें कि आपकी मानसिक अवस्था दूसरों पर निर्भर करती है। हम कितने लोगों को अपनी तकलीफ़ों के लिए दोषी ठहराएँगे? जब भी हम किसी दूसरे को दोषी ठहराते हैं, तो हम कह रहे होते हैं कि यह उनका दोष है और हम जैसे हैं, वैसे ही ठीक हैं। परंतु हमें यह समझना होगा कि लोगों को जो करना है, वे तो वह कर रहे हैं; हो सकता है कि वे हमारे साथ छल कर रहे हों पर ये पीड़ा तो आपकी अपनी ही रची हुई है। मान लेते हैं, आप मेरे बिज़नेस पार्टनर हैं और आपने मेरे साथ धोखा किया है, पर मुझे जिस द्वेष, पीड़ा और नफ़रत का एहसास हो रहा है, वह तो मेरी अपनी उपज है। आपने नैतिक व आर्थिक रूप से मेरे साथ छल किया, और यहीं तक आपकी शक्ति समाप्त हो जाती है। किसी भी बाहरी व्यक्ति की शक्ति बस यहीं पर समाप्त हो जाती है, भले ही वह व्यापार में साझेदार हो, आपका साथी हो या आपकी संतान।

हमारे विचार, भावनाएँ और प्रतिक्रियाएँ हमारे अपने चुनाव हैं।

सुरेश ओबेरॉय : पर एक ही बात मुझे अंदर ही अंदर परेशान कर रही है... उस व्यक्ति ने मेरे साथ जो भी किया, उसके लिए मैं उससे बदला क्यों नहीं ले सकता?

सिस्टर शिवानी : मान लेते हैं कि आपके साझेदार ने व्यवसाय में आपसे धोखा किया और आप दोनों अलग हो गए हैं। परंतु अब आप वही व्यवसाय आरंभ

करना चाहते हैं और आपकी सोच है, 'मैं बाज़ार में उसके प्रतियोगी के रूप में उतरना चाहता हूँ और अपना बदला लेना चाहता हूँ। मुझे लगता है कि मैं बिलकुल ठीक कर रहा हूँ।' आपने अपने साझेदार से नाता इसलिए तोड़ा था क्योंकि आपके अनुसार, उसका आचरण नैतिक नहीं था और अब आप ही बदले की भावना के साथ अपना व्यवसाय आरंभ करना चाहते हैं - क्या आप अपने व्यवसाय को इस तरह की नकारात्मक ऊर्जा के साथ आरंभ करना चाहेंगे? क्या अपने नए काम को शुरू करते समय, आपकी सोच ऐसी होनी चाहिए? आपको अपने-आप से ही यह सवाल पूछना होगा। आप क्या सोचेंगे और कैसा अनुभव करेंगे, यह मर्ज़ी आपकी होगी। आपको दर्द हुआ और आप कितने समय तक उस पीड़ा के साथ रहना चाहेंगे, यह आपका अपना चुनाव होगा। आप अपनी पीड़ा के साथ दस मिनट, दस दिन या दस वर्ष तक रहना चाहते हैं, चुनाव आपको ही करना है। आप घटना घटने के कई साल बाद भी उन्हीं हालात को मन में दोहराते हुए, उसी पीड़ा को बार-बार जीवित कर सकते हैं। इन भावों को जन्म देने वाला कौन है? यह आप हैं। उसी परिस्थिति में, अलग-अलग लोग, अलग-अलग तरह से अपनी प्रतिक्रिया देंगे। तो हर क़दम पर हमें यह प्रयोग करना होगा।

सुरेश ओबेरॉय : अगर मेरी पत्नी ने मेरी अपेक्षा के अनुसार मुझे फ़ोन नहीं किया, तो हो सकता है कि वह किसी काम में व्यस्त रही हो या मेरा फ़ोन ही उस समय बंद रहा हो, पर मन बार-बार उसके बारे में ही सोचता रहता है। ऐसा क्यों होता है?

सिस्टर शिवानी : यह किसका मन है?

सुरेश ओबेरॉय : यह मेरा मन है।

सिस्टर शिवानी : विचारों को कौन रच रहा है?

सुरेश ओबेरॉय : यह काम मैं नहीं, मेरा मन कर रहा है।

सिस्टर शिवानी : यह किसका मन है?

सुरेश ओबेरॉय : मेरा मन है।

सिस्टर शिवानी : तो इन विचारों को जन्म कौन दे रहा है?

सुरेश ओबेरॉय : मैं कहूँगा कि मेरा मन इन विचारों को जन्म दे रहा है।

सिस्टर शिवानी : परंतु यह तो मेरा मन है, तो ये विचार कौन पैदा कर रहा है? मैं कर रही हूँ। अपने-आप को उन विचारों को जन्म देते हुए देखें। उसे मुझे फ़ोन करना चाहिए था, मैं उसके कॉल की प्रतीक्षा कर रही थी। अब आप बैठकर, धीरे-धीरे अपनी सोच में बदलाव लाएँ। उसे उस समय मुझसे बात करना अच्छा नहीं लग रहा होगा। यह उसका चुनाव था।

सुरेश ओबेरॉय : मेरा मन कहता है, उसे तो मुझसे बात करते समय ख़ुशी महसूस होनी चाहिए।

सिस्टर शिवानी: हाँ, क्योंकि जब लोग हम पर निर्भर होते हैं, तो हमें अच्छा लगता है। हम भी तो निर्भर हैं। यह नियंत्रण ही तो हमें ताक़त देता है। हम अपने भीतर से ख़ाली हैं और जब लोग हम पर निर्भर होते हैं तो हमें बहुत अच्छा लगता है। हमें लगता है कि हम सबसे अधिक शक्तिशाली हैं क्योंकि लोग बेहतर महसूस करने के लिए, हम पर ही निर्भर करते हैं; जब हम उससे बात किए बिना अप्रसन्नता अनुभव कर रहे हों तो वह हमसे बात किए बिना प्रसन्न कैसे हो सकते हैं? उससे बात नहीं हो पा रही, तो हमारा मन प्रसन्न नहीं है। हम ख़ुद तो जाल में उलझे ही हुए हैं, दूसरों को भी अपने जाल में उलझा कर, उन्हें अपने पर निर्भर बना देना चाहते हैं। यह सब प्यार, सम्मान और भरोसे के नाम पर हो रहा है, जिसे बिलकुल निःस्वार्थ या बिना किसी शर्त के होना चाहिए था।

सुरेश ओबेरॉय : धन्यवाद सिस्टर शिवानी, आपने बिलकुल सटीक शब्दों का प्रयोग किया - प्यार, भरोसा और निःस्वार्थ प्यार। अब ध्यान करना ठीक होगा।

• • •

विश्रांत भाव से इन विचारों पर मनन करें :

मुझे अपने आस-पास के लोगों को देखना है... मेरा परिवार, मेरे मित्र और मेरे निकट संबंध... घर व कार्यस्थल में मेरे आस-पास के सभी लोग... वे ठीक वैसे ही पेश आ रहे हैं और काम कर रहे हैं, जैसा उन्हें सही लगता है... उनका व्यवहार तथा शब्द, उत्प्रेरक की तरह बाहर से आ रहे हैं... मैं अपना प्रत्युत्तर स्वयं चुनता हूँ... मेरा अपना प्रत्युत्तर किसी के वश में नहीं है... यह उनके वश में नहीं है... यह मेरा चुनाव है... मुझे स्वयं को उनके साथ देखना है... वे इस तरह पेश आ रहे हैं, जो मेरे लिहाज़ से ठीक नहीं है... अब मुझे अपने-आपको देखना होगा... उन पर... या हालात पर... मेरा बस नहीं... पर मेरे मन की अवस्था... वह मेरे वश में है... मैं उचित समय पर उचित विचार उत्पन्न कर रहा हूँ... मैं स्वयं मालिक हूँ... एक स्वतंत्र... एक शक्तिशाली आत्मा। ओम शांति!

आनंद प्राप्ति के मंत्र

- विश्वास तंत्र ही हमारी जीवन शैली निर्धारित करते हैं; हम अपने विश्वास तंत्रों में बदलाव लाने के लिए जो भी सीख रहे हों, हमें उनके साथ प्रयोग करने की आवश्यकता होती है।
- हम शांत नहीं रहना चाहते। पर हम स्वयं ही शांति हैं। अब हम पूरी तरह से शांत रहते हुए, बाहरी तौर पर बाक़ी कार्य करेंगे।
- एक नया विश्वास तंत्र आज़माएँ। इसके साथ प्रयोग करें। जब आप नतीजे का अनुभव कर लेते हैं, तो यह सत्य बन जाता है।
- हम जो भी कार्य करते हैं; हम उसे पूरी सजगता के साथ करेंगे क्योंकि हम शांतिपूर्ण जीव हैं।
- असीम प्रसन्नता व्यक्ति, वस्तुओं या परिस्थितियों पर निर्भर नहीं करती; कोई भी मुझे प्रसन्न नहीं कर सकता। हम किसी को भी प्रसन्न नहीं कर सकते, जब तक कि वे स्वयं प्रसन्न न होना चाहें।
- कोई भी हमारे मन की पीड़ा, भय, क्रोध या दुःख के लिए उत्तरदायी नहीं है। यह उनके व्यवहार के उत्तर में, हमारी अपनी रचना है और हमारे पास अन्य विकल्प भी हैं। हमारे पास प्रसन्न बने रहने का विकल्प है।

भाग 2

सजगता का चुनाव

पहले मुझे प्रसन्न होना होगा

सुरेश ओबेरॉय : सिस्टर शिवानी, मैं अपने-आप से कहता हूँ कि मैं अपनी भावनाओं के लिए ज़िम्मेवार हूँ। मैं अब दूसरों पर दोष नहीं लगा सकता। पर मेरे हिसाब से यह समझना बहुत मुश्किल है कि किसी के कुछ कहने पर, प्रतिक्रिया कैसे न दी जाए। क्या ऐसा करना संभव है?

सिस्टर शिवानी : हम यह नहीं कह रहे कि आपसे कोई कुछ कहे और आप किसी पत्थर की दीवार की तरह ऐसे खड़े हो जाएँ मानो आपके भीतर कोई विचार, भावनाएँ या भाव ही न हों। ऐसा करना उचित नहीं है। सवाल यह पैदा होता है कि कौन-से भाव? कौन-सी भावनाएँ या कौन-से विचार? ऐसा नहीं कि हमें किसी तरह की प्रतिक्रिया या उत्तर ही नहीं देना चाहिए। दरअसल, उस समय आपकी प्रतिक्रिया स्वचालित न होकर, बहुत सोची-समझी होनी चाहिए। हमारी प्रतिक्रिया ऐसी न हो जिसके लिए हमें पछताना पड़े। कितनी बार हमें इसी भूल के कारण लोगों से क्षमा माँगनी पड़ती है।

सुरेश ओबेरॉय : कई बार ऐसा होता है कि मुझे से पछतावा महसूस होता है।

सिस्टर शिवानी : हम किस बात का पछतावा करते हैं?

सुरेश ओबेरॉय : अनुचित प्रतिक्रिया देने का पछतावा होता है।

सिस्टर शिवानी : तो हम अपनी ही प्रतिक्रिया के लिए पछतावा करते हैं। लोगों

का व्यवहार हमें पसंद नहीं आता और हम उस कारण ग़लत प्रतिक्रिया देते हैं, और फिर हमें उनसे माफ़ी माँगनी पड़ती है।

सुरेश ओबेरॉय : क्योंकि मैंने दूसरे व्यक्ति के बर्ताव की तुलना में, अपनी आवश्यकता से अधिक प्रतिक्रिया दी।

सिस्टर शिवानी : आपकी प्रतिक्रिया कितनी तीव्र रही, उससे अंतर नहीं पड़ता। आप जिस तरह से पेश आए, अभी बात आपको भीतर ही भीतर खाने लगती है। सामान्यतः जो भी होता है, हम उसे मापते हैं, और आपके शब्दों में 'आवश्यकता से अधिक प्रतिक्रिया' देते हैं। इसका अर्थ होगा कि हम हमेशा अपनी प्रतिक्रिया को दूसरे व्यक्तियों के व्यवहार के संदर्भ में मापते हैं। अगर कोई आप पर चिल्लाता है, तो आप उस पर दोगुनी तेज़ी से चिल्लायेंगे, क्यों? हम हमेशा इसे दूसरे लोगों के संदर्भ में रख रहे हैं। हमारा व्यक्तित्व हमारा अपना ही होना चाहिए, हमारी प्रतिक्रिया हमारी अपनी ही होनी चाहिए, आपके बात करने का तरीक़ा भी आपका ही होना चाहिए, भले ही दूसरा व्यक्ति किसी भी तरीक़े से पेश क्यों न आ रहा हो। अगर आप अपने हर मिलने वाले व्यक्ति के अनुसार ही अपने-आपको बदलते रहे, तो आपके पास ऐसा कुछ नहीं बचेगा, जिसे आप अपना कह सकें।

सुरेश ओबेरॉय : कोई आपसे हलो नहीं कहना चाहता, वह आपके पास से निकल जाता है। आपको लगता है कि 'ठीक है, जब उसने हलो नहीं कहा, तो मैं क्यों कहूँ?'

सिस्टर शिवानी : मान लेते हैं कि शिष्टाचार आपका गुण है; आप स्वाभाविक तौर पर सबसे बहुत ही स्नेह और मैत्रीपूर्ण भाव से मिलते हैं; यह आपका स्वभाव है। तो आप एक बरामदे से निकल रहे हैं और आप मुझे बहुत स्नेह से 'गुड मॉर्निंग' कहने ही वाले थे, पर मैं वहाँ से आपको अनदेखा कर निकल जाती हूँ। इस क्षण में मैं आपके प्रति उदासीनता दिखा रही हूँ, जिसकी कोई भी वजह हो सकती है - यह मेरा स्वभाव हो सकता है या फिर किसी घटना के कारण मेरी मानसिक अवस्था भी हो सकती है। हो सकता है कि मेरे अंदर इतना शिष्टाचार ही न हो और मेरी वजह से आप अपनी ख़ूबी भी छोड़ देते

हैं। इसके बाद, आप किसी ऐसे व्यक्ति से भेंट करते हैं, जो बहुत अलग तरीक़े से पेश आता है और फिर आप अपनी एक और ख़ूबी छोड़ देते हैं। आप किसी ऐसे व्यक्ति से मिलते हैं, जो आप पर चिल्लाता है, आप भी अपनी मधुरता का त्याग कर देते हैं। हम अपनी ख़ूबियों का त्याग करते हुए, उनकी नकारात्मकता को अपने भीतर सोखते चले जाते हैं।

सुरेश ओबेरॉय : कोई व्यक्ति अपनी ख़ूबियों या गुणों को कैसे बनाए रख सकता है?

सिस्टर शिवानी : बस, हमें यह याद रखना होगा कि यह हमारा अपना व्यक्तित्व है और पूरे दिन के दौरान, लोगों से भेंट करते हुए, उनका व्यवहार हमारे व्यक्तित्व के अनुसार हो। तो यदि हम अपनी एक ख़ूबी को भी इस तरह सँभाल सकें, जैसे कि शिष्ट आचरण करना; तो ऐसा कर पाना बहुत आसान होगा।

सुरेश ओबेरॉय : तो ठीक है, आज के लिए मेरा यही मंत्र होगा। कैसे, क्यों, कहाँ और कब; हालात जो भी हों, मैं शिष्टता का दामन नहीं छोड़ूँगा।

सिस्टर शिवानी : बस हमें ख़ुद से इतना ही तो कहना है। मेरा स्वभाव मेरा है, भले ही उसके आगे कितने भी किंतु-परंतु और कब, क्यों, कहाँ या कैसे क्यों न आ जाएँ।

सुरेश ओबेरॉय : जिस दिन हमें किसी रेस्त्राँ या किसी दावत में जाना हो, उस दिन भी हम एक उपवास रख सकते हैं। ठीक उसी तरह, हम इतने मज़बूत हो सकते हैं कि आज से ही शिष्टाचार को अपना बना सकें।

सिस्टर शिवानी : बिलकुल ठीक कहा आपने! आज हम एक ख़ूबी को ही लेते हैं। मान लेते हैं कि शिष्टाचार आपका गुण है। नम्रता आपका गुण है। सबसे मिठास से बात करना आपका स्वभाव है। यह आपका गुण है। इसे किसी के भी प्रभाव में आकर, नष्ट न होने दें।

सुरेश ओबेरॉय : जब लोग अलग-अलग लोगों के साथ होते हैं, तो मैंने उनके बर्ताव में बदलाव आते देखा है। दरअसल, कई लोग ऐसे भी होते हैं जो अपनी पत्नी के साथ प्यार से बात नहीं करते, लेकिन औरों के साथ, मेहमानों के साथ बहुत मिठास से बात करते हैं। उनके बर्ताव में ऐसा बदलाव क्यों होता है?

सिस्टर शिवानी : हम एक ही दिन में अपने व्यक्तित्व के इतने रंग बदलते हैं कि अंत में आकर, हम यह तक भूल जाते हैं कि हमारा सच्चा स्वभाव क्या है। आप अपनी पत्नी से कहते हैं, 'मेरे लिए एक गिलास पानी ला' किसी दूसरे से कहते हैं, 'मेहरबानी करके, एक गिलास पानी दे दीजिए।' इन दोनों में से मेरा मूल स्वभाव कौन सा है? दरअसल, अपने साथी के साथ बात करते समय, हमारे ऊपर उसे प्रसन्न रखने की ज़िम्मेवारी नहीं है। इसी वजह से हम उसका नाजायज़ लाभ लेते हैं।

सुरेश ओबेरॉय : तो इन दोनों बर्तावों में बनावटी किसे माना जाए?

सिस्टर शिवानी : यह सवाल तो आपको अपने-आप से ही पूछना होगा।

सुरेश ओबेरॉय : इसका अर्थ हुआ कि अगर मैं अपनी पत्नी से भी उसी शिष्टता व मधुरता के साथ बात करूँगा तो उसे अच्छा लगेगा?

सिस्टर शिवानी : इससे भी अहम बात यह है कि जब आप उससे इस तरह प्यार से बात करेंगे, तो आपको भी अच्छा लगेगा। हमारा बर्ताव दूसरों के लिए नहीं होता, यह उनसे पहले हमारे लिए होता है। मैं आपसे इसलिए मधुरता से बात करूँ ताकि मेरा मन खुश रहे, न कि आपको खुश करने के लिए।

सुरेश ओबेरॉय : बचपन से ही मैं अपनी बहनों, भाईयों, संबंधियों व अपने आस-पास के लोगों को केवल बाहरी दुनिया के लिए ही कुछ न कुछ करते देखता आया हूँ।

सिस्टर शिवानी : यह अच्छी बात है, पर हम इसमें एक और कसौटी जोड़ दें। पहले हम अपने मन का ध्यान रखें और फिर दूसरों के लिए जो करते हुए खुद को अच्छा लगे वो करें। ऐसे भी बहुत से लोग हैं, जो दूसरों के लिए

कुछ करते हैं और जब बदले में उन्हें कुछ नहीं मिलता, तो वे अपना काम छोड़कर कहते हैं, "मैंने उसके लिए कितना कुछ किया, मुझे तो बदले में कुछ नहीं मिला।" तो क्या हम जो करते हैं, हमें इसलिए करना है क्योंकि बदले में हमें कुछ पाना है।

सुरेश ओबेरॉय : मान लेते हैं कि आपको बदले में आलोचना मिलती है, तो ऐसे में आप क्या महसूस करेंगी?

सिस्टर शिवानी : सबसे पहले तो हमें यह जाँच करनी होगी कि जब हम उस काम को कर रहे थे तब हमारे मन में क्या भावना थी। हमें अच्छा लगा। ठीक है। अब अगर हमें इस काम के लिए आलोचना का सामना करना पड़ रहा है, तो हम सिर्फ़ यही जाँच करेंगे कि आलोचना उचित है या नहीं?

सुरेश ओबेरॉय : मुझे अपनी भतीजी से एक ई-मेल मिला जिसमें लिखा था - 'अंकल, आपने हमारे लिए कितना कुछ किया है। पर जब आप मेरे साथ रुख़ाई से पेश आते थे तो मुझे बहुत बुरा लगता था।' उसने मुझे इस बात से जुड़ी दो घटनाएँ भी बताईं और मैंने सफ़ाई देते हुए कहा, 'मैंने ऐसा बर्ताव इसलिए किया था क्योंकि मैं थका हुआ था।' सच कहूँ तो उसने ग़लत नहीं कहा था, वह ठीक कह रही थी। मैं उससे रूखेपन से पेश आया था।

सिस्टर शिवानी : अब भी आप उससे माफ़ी माँग सकते हैं। पर ऐसा तभी होगा जब आप अपने-आप को देखना आरंभ करेंगे। अगर हम अपने कड़े बर्ताव के लिए सफ़ाई पेश करने लगें तो बहानों की तो कोई कमी नहीं है। हम अपने अधूरेपन की सफ़ाई देना चाहते हैं और अपनी कमज़ोरी को छिपाना चाहते हैं।

सुरेश ओबेरॉय : यहाँ भी मैं अपने मन को दोषी ठहराता हूँ। मैं कहता हूँ कि मेरा मन ही मेरे साथ खेल खेल रहा है, मैं तो कुछ भी नहीं कर रहा।

सिस्टर शिवानी : आपका मन आपका ही है। यह आपकी ही ज़िम्मेवारी है, आप सर्जक हैं। हम अपने मन के बारे में ऐसे बात करते हैं मानो यह हमसे

कोई अलग चीज़ हो। हम अपने ही मन का दायित्व नहीं लेना चाहते। हम कहते हैं कि यह हमारे वश में नहीं है। मानो किसी माता-पिता ने अपने बच्चे से हर आस छोड़ दी हो। कोई आकर कहता है, 'आपका बच्चा सही तरह से पेश नहीं आ रहा। इस पर ध्यान दीजिए।' आप उसे उत्तर देते हैं, 'माफ़ करें, मेरा बच्चा मेरे वश में नहीं रहा। मेहरबानी करके आप इसकी देख-रेख करें।' चूँकि हमारा मन आपके वश में नहीं है, इसलिए हम दूसरों के मन को वश में करने की कोशिश करते हैं। अगर कोई हमें कुछ कहता है और हम अपने मन का ध्यान नहीं रख पाते ऐसे में हम दूसरों को अपने अनुसार चलाने की कोशिश करते हैं। हम कहते हैं, 'क्या यह बात करने का तरीक़ा है?' क्योंकि हम अपने मन को यह नहीं कह पा रहे कि क्या यह सोचने का तरीक़ा है? इसलिए हम इस बात पर केंद्रित हो जाते हैं कि पहले हम दूसरों को बोलना सिखा दें। क्योंकि जब दूसरे अच्छी तरह बात करेंगे, तभी हमारा मन ख़ुश रहेगा।

एक और चीज़ आज़माते हैं। आइए देखें - हम प्रत्येक संबंध में क्या सोचना और महसूस करना चाहते हैं।

सुरेश ओबेरॉय : मैं प्रत्येक संबंध में क्या महसूस करना चाहता हूँ और क्या सोचना चाहता हूँ?

सिस्टर शिवानी : हमें इस बात पर बहुत एकाग्रचित्त नहीं होना चाहिए कि वे क्या सोचेंगे या क्या महसूस करेंगे। हमारा ध्यान चौबीसों घंटे इसी बात पर लगा रहता है कि दूसरों को प्रसन्न कैसे किया जाए।

सुरेश ओबेरॉय : यह कितना थकाने वाला काम है।

सिस्टर शिवानी : पर क्या आपको नहीं लगता कि हम तो दिन-रात, सबके साथ यही कर रहे हैं? हम चाहते हैं कि हमारे साथी ख़ुश रहें, हमारे बच्चे ख़ुश रहें, हमारे सहकर्मी ख़ुश रहें, हमारे माता-पिता ख़ुश रहें। इसलिए हम इस तरह बात करते हैं, और इसी तरह काम करते हैं। यह प्रयास बहुत भला है, मनोभाव है - हम चाहते हैं कि लोग हमसे प्रसन्न रहें क्योंकि जब वे हमसे

प्रसन्न होंगे, तब ही हमें प्रसन्नता होगी।

सुरेश ओबेरॉय : या तो हम दूसरों को ख़ुश करना चाहते हैं या हम ऐसा भी कहते हैं, 'छोड़ो न! मुझे किसी दूसरे की ख़ुशी से क्या लेना-देना है। मुझे इस बात से कोई अंतर नहीं पड़ता कि कोई मुझसे प्रसन्न है या नहीं' हम इन दो बातों के बीच संतुलन कैसे बना सकते हैं?

सिस्टर शिवानी : भारत में जब किसी लड़की का विवाह होता है, तब वह अपने पिता का घर छोड़कर अपने पति के घर आती है, तो कुछ परिवर्तनों में उससे यही उम्मीद की जाती है कि वह अपनी नौकरी छोड़कर घर सँभालेगी। हम ऐसी बहुत-सी महिलाओं से मिलते हैं, जिन्होंने अपनी नौकरी और करियर का त्याग कर दिया। क्योंकि उनके पति और उनके परिवार को लगता था कि उन्हें नौकरी नहीं करनी चाहिए। उन्हें ख़ुश रखने के लिए वे अपना करियर त्याग देती हैं; ऐसी स्थिति कभी-कभी बीस बर्षों तक चलती है, पर उन्हें लगता है कि लोग उनसे अभी भी प्रसन्न नहीं हैं। उसने कितना त्याग किया, अपनी सारी पढ़ाई उनकी ख़ुशी के लिए भुला दी; बीस साल से उनके लिए घर बैठी है पर घर के लोग अब भी उससे प्रसन्न नहीं हैं। वह महिला कुंठित हो चुकी है। जब वह बीस साल पहले, विवाह के बाद घर आई तो उसे बताया गया कि अगर वह नौकरी नहीं करेगी तो परिवार को बहुत प्रसन्नता होगी। उन्हें प्रसन्न करने के लिए उसने अपनी नौकरी छोड़ दी, पर भीतर ही भीतर, वह अपने इस फ़ैसले से ख़ुश नहीं थी।

सुरेश ओबेरॉय : उन लोगों को ये लगा कि अगर उनकी बहू काम नहीं करेगी तो उन्हें ख़ुशी मिलेगी। हो सकता है कि वे किसी दूसरी वजह से अप्रसन्न हों।

सिस्टर शिवानी : वे किसी अन्य कारण से अप्रसन्न नहीं हैं। बहू ने उन सबको ख़ुशी देने के लिए वह क़दम उठाया लेकिन जिस दिन उसने उनकी ख़ुशी के लिए यह सब किया, उसी दिन से वह नाख़ुश है। वह उसी घर में पिछले बीस साल से रह रही है; उसने अपनी मर्ज़ी से नहीं बल्कि अपने घरवालों की ख़ुशी के लिए नौकरी छोड़ी थी। उसने यह चुनाव अपने-आप नहीं किया। उसने

वही किया, जो ससुराल वाले चाहते थे, परंतु वह यह सब करके प्रसन्न नहीं है, तो वह उन्हें पिछले बीस साल से, अपनी ओर से क्या ऊर्जा दे रही है? 'मैं अप्रसन्न हूँ, मैं उन सब लोगों के कारण उदास हूँ।' तो वे लोग प्रसन्न कैसे हो सकते हैं?

सुरेश ओबेरॉय : इसका अर्थ हुआ कि जब वह उन्हें लगातार नकारात्मक ऊर्जा दे रही है तो वे लोग प्रसन्न कैसे हो सकते हैं?

सिस्टर शिवानी : बस इसी बात में तो सारा राज़ छिपा है। हम दूसरे लोगों के लिए कुछ करके, उन्हें प्रसन्नता नहीं दे सकते। अगर हम उनके लिए कुछ करना चाहते हैं तो पहले हमें यह सुनिश्चित कर लेना होगा कि क्या उस काम को करते हुए हम खुश हैं? अगर हमारा मन ख़ुश न हो, तो हमें यह काम नहीं करना चाहिए।

सुरेश ओबेरॉय : परंतु भले ही हम .ख़ुश हों या न हों, कुछ काम तो हमें करने ही पड़ते हैं, क्योंकि वे हमारे कर्तव्यों का हिस्सा होते हैं?

सिस्टर शिवानी : हम काम तो करते हैं, पर उसे उचित ऊर्जा नहीं दे पाते। मान लेते हैं, कि हमने किसी को कोई तोहफ़ा दिया, उसे उपहार देना हमारा कर्तव्य था, परन्तु जब हमने वह तोहफ़ा दिया, तब हम बहुत परेशान और व्याकुल थे। ऐसे में जिसे हमने तोहफ़ा दिया, वह खुश नहीं होगा, क्योंकि उपहार के साथ उसे हमारी नकारात्मक ऊर्जा भी मिल रही है। हम दूसरों के लिए करते तो बहुत कुछ हैं, पर इस दौरान हम किस ऊर्जा का संप्रेषण करते हैं? संबंध अर्थात् सिर्फ़ वो नहीं जो हम एक-दूसरे के लिए करते हैं, संबंध अर्थात् वो ऊर्जाएँ, जो हम इन क्रियाओं के दौरान आपस में बाँटते हैं। तो अगर ऐसा करना हमारा कर्तव्य है, तो पहले आप अपने मन को समझाएँ कि आप ऐसा क्यों कर रहे हैं और फिर अपने मन से कहें, 'मैंने ऐसा करने का चुनाव किया है। मैं ऐसा इसलिए कर रहा हूँ क्योंकि वे लोग मेरे लिए बहुत मायने रखते हैं' कोई भी काम करने से पहले, अपने मन में उचित सोच और उचित ऊर्जा को पैदा करें, अन्यथा बेहतर होगा कि आप उस काम को करें ही नहीं।

सुरेश ओबेरॉय : कर्तव्य शब्द का क्या अर्थ है?

सिस्टर शिवानी : ज़िम्मेवारी। हम लोगों के बीच रह रहे हैं और उनकी हमसे कुछ अपेक्षाएँ हो सकती हैं, वे हमें किस रूप में देखना चाहते हैं, हमें क्या करते देखना चाहते हैं। हम इसे अपनी ज़िम्मेवारी समझते हैं और हमारी इच्छा है कि हम उन्हें ख़ुशी दें, तो हम वो करते हैं, जो वे हमसे करवाना चाहते हैं परंतु अगर हमने वह काम अपनी ख़ुशी से न किया तो हमें मनचाहे नतीजे नहीं मिल सकते। इसके अलावा, यह भी होगा क्योंकि वो काम हम उनके लिए कर रहे हैं, बहुत जल्द, हम भी उनसे अपेक्षा करने लगेंगे कि वे भी हमारे लिए कुछ करें।

सुरेश ओबेरॉय : यह बात समझना बहुत कठिन रहा है।

सिस्टर शिवानी : ऐसा इसलिए है क्योंकि हमने अपना सारा ध्यान काम करने पर केंद्रित कर रखा है। हम सारा दिन अपनी प्राथमिकताओं को ध्यान में रखते हैं, हमें ऐसा करना है, हमें वैसा करना है पर हम अपनी प्राथमिकता की सूची में कभी इस बात को शामिल नहीं करते कि हमें कैसा बनना है।

सुरेश ओबेरॉय : चलिए बच्चों के होमवर्क की ही बात लेते हैं, बच्चे कहते हैं - मुझे कितना काम करना पड़ेगा। क्या यह सही नहीं है?

सिस्टर शिवानी : जी हाँ, उन्हें इसे करना ही होगा, परंतु ध्यान तो इस बात पर दिया जाना चाहिए कि वे इसे करते समय कैसा महसूस कर रहे हैं। उन्हें शांत, सहज व प्रसन्नचित्त रहकर काम करना चाहिए। मान लेते हैं कि मुझे यहाँ-वहाँ भाग-दौड़ का काम करना है, तो इसके लिए मेरा स्वस्थ होना आवश्यक है। अगर हम स्वस्थ नहीं हैं और इसके बावजूद भागने का काम करते हैं तो हमारी यात्रा थकान, पीड़ा और संघर्ष का दूसरा नाम बनकर रह जाएगी। हम अपने सारे दिन में जो भी कर रहे हैं, सारे जीवन में जो भी कर रहे हैं, अगर उसमें हम भावात्मक रूप से स्वस्थ हुए, तो हम जो भी काम करेंगे, वह सुंदर ही होगा।

सुरेश ओबेरॉय : तो हमें भावात्मक रूप से स्वस्थ कैसे होना चाहिए?

सिस्टर शिवानी : यह समझना बहुत महत्त्व रखता है कि यह हमारे जीवन का एक ऐसा पहलू है, जिसे हम आज तक अनदेखा ही करते आए हैं; जिसके लिए हम सोचते आए हैं कि यह अपने-आप ही घटित होगा; जिसके बारे में हमारी धारणा थी कि इसका ध्यान तो दूसरे लोग रखेंगे। हम हमेशा यही सोचते थे - हमें दूसरों को खुश करना है और वो मुझे खुश करेंगे।

सुरेश ओबेरॉय : हम अक्सर लोगों को यह कहते सुनते हैं, 'जब मेरा विवाह होगा तभी मुझे ख़ुशी मिलेगी, मैं तो अपनी माँ, बहनों और भाईयों से तंग आ गया हूँ।' फिर पता चलता है कि वे अपने विवाह के बाद भी ख़ुश नहीं रह पाते, और वहीं के वहीं रह जाते हैं। इसी वजह से यह प्रश्न उठता है : हम लगभग हर परिस्थिति में भावात्मक रूप से संतुलित, स्थिर व प्रसन्न बने रहने के लिए क्या और कैसे करें?

सिस्टर शिवानी : बहुत से लोग ऐसे होते हैं जो अपने वैवाहिक संबंध से प्रसन्न नहीं होते और अपने विवाह से बाहर संबंध बनाना चाहते हैं।

सुरेश ओबेरॉय : फिर वे उस संबंध को भी तोड़ देते हैं और किसी तीसरे संबंध की शरण लेते हैं।

सिस्टर शिवानी : क्योंकि हमें लगता है कि हमें किसी दूसरे व्यक्ति के माध्यम से ही प्रसन्नता मिल सकती है। इसलिए हम लगातार तलाश करते चले जाते हैं।

सुरेश ओबेरॉय : तो आख़िर में हम इस नतीजे पर पहुँचे हैं कि प्रसन्नता को, किसी भी क़ीमत पर, किसी भी हाल में, किसी बाहरी साधन से नहीं पाया जा सकता। हम सभी ग़लत दिशा में ही कार्य करते आ रहे हैं। हम मंदिरों में जाते हैं, समाज सेवा करते हैं, ख़रीदारी करते हैं, फ़िल्में देखते हैं, दावतों में शामिल होते हैं और शराब का सेवन करते हैं। बस हम किसी भी तरह अपने लिए ख़ुशी चाहते हैं। अब हमें थोड़े अलग तरीक़े से काम करना होगा।

सिस्टर शिवानी : जब भी हम अपने मन को किसी ओर चीज़ पर केन्द्रित करते हैं, तो क्या होता है। हमारे मन में जो भी चल रहा था, वह कुछ समय के लिए शांत हो जाता है। मान लेते हैं कि आपके दाँत में दर्द हो रहा है, आप एक मूवी देखने लगते हैं, जल्दी ही आप अपना दर्द भूल जाते हैं। जब आप टी.वी. बंद करते हैं, तो आपके दाँत में फिर से दर्द होने लगता है। क्या हुआ? क्या इसका मतलब है कि दाँत ठीक हो गया था, अब फिर से दर्द होने लगा है? नहीं, दर्द तो पहले से ही था पर मन को दूसरी जगह लगा दिया गया। आपके दाँत में दर्द है और आपको दर्द के बारे में पता है। दर्द के बारे में किसे पता है? मन को पता है। फिर आप अपने मन को कहीं और ले जाते हैं - उसे बातों में लगा देते हैं, ख़रीदारी पर ले जाते हैं या कोई टी.वी. कार्यक्रम दिखाने बैठा देते हैं। आपको लगता है कि दर्द ठीक हो गया, ऐसा नहीं है, बस आपको उस दर्द का एहसास नहीं हो रहा। फिर टी.वी. बंद होते ही, और आपका दर्द फिर से उभर आता है। यह फिर से महसूस होने लगता है। यह तो शारीरिक पीड़ा की बात हुई, भावात्मक पीड़ा के साथ भी यही होता है। सारा दिन बहुत काम रहा, आप तनाव और उद्वेग से घिरे रहे; फिर आप खुद से कहते हैं, 'चलो कोई मूवी देख आएँ, चलो अवकाश मनाने चलें या यहाँ से अवकाश लेकर कहीं बाहर पंद्रह दिन बिताकर आते हैं।'

सुरेश ओबेरॉय : क्या हम इसे तनाव से भागना कहेंगे?

सिस्टर शिवानी : नहीं, हम केवल अपने मन को बहलाने के लिए ऐसा कर रहे हैं।

सुरेश ओबेरॉय : क्या हम इसे अस्थायी प्रसन्नता कहेंगे?

सिस्टर शिवानी : नहीं, यह अस्थायी प्रसन्नता नहीं है, हम अपने मन को कुछ देर के लिए सच्चाई से दूर ले जा रहे हैं। यह प्रसन्नता नहीं है क्योंकि हम कुछ देर बाद, दोबारा इसके पास ही लौटेंगे, अगर हमारे मन के तनाव का समाधान हो जाता तो हम इसे प्रसन्नता का नाम दे सकते थे; हमारा दाँत ठीक

तो नहीं हुआ, बस हम उस दर्द के एहसास से कुछ समय के लिए दूर हो गए।

सुरेश ओबेरॉय : तो हम अवकाश या पिकनिक मनाने या मूवी वगैरह देखने के लिए क्यों जाते हैं?

सिस्टर शिवानी : यह एक बदलाव है, यह एक मनोरंजन है; यह हमें हमारी दिनचर्या से थोड़ा अलग ले जाता है इसलिए अच्छा लगता है।

सुरेश ओबेरॉय : सिस्टर शिवानी, कृपया हमें ध्यान के विषय में थोड़ी जानकारी दें ताकि हम भी चौबीसों घंटे प्रसन्नता का अनुभव करते हुए, प्रसन्नता को पाने के लिए कम से कम किसी दूसरे पर आश्रित या निर्भर न रहें।

सिस्टर शिवानी : हमें अपने विचारों के लिए सजग रहना चाहिए और यह ध्यान देना चाहिए कि प्रसन्नता या आनंद की तलाश में हमारा मन कहीं और भटक न जाए। हम बार-बार भटकते हुए मन का दमन करते हैं और फिर सोचते हैं कि हमें प्रसन्नता मिलेगी। जिस क्षण यह व्यवधान हटेगा, हमारा सजग मन भी उसी स्थान पर वापस आ जाएगा और संभवतः इसे पहले से अधिक पीड़ा का अनुभव होगा। तो हमें स्वयं भार लेना होगा; यह कोई हल नहीं है, हम केवल समस्या से दूर भागने की चेष्टा कर रहे हैं। परंतु हम कितने समय तक इससे दूर जा सकते हैं? हम कितने समय तक अवकाश मना सकते हैं? आख़िरकार हमें काम पर लौटना ही होगा।

• • •

विश्रांत भाव से इन विचारों पर मनन करें :

अब अपने भीतर झाँकिए... कल काम पर जाने के बाद... मेरे हालात चाहे जो भी हों... मैं किसी को भी दोष नहीं दूँगा... मैं अपनी भावनाओं के लिए आज के बाद किसी दूसरे को ज़िम्मेवार नहीं ठहराऊँगा... क्योंकि मैं समझता हूँ कि मैं ही तो इनका सर्जक हूँ... मैं ही इनकी रचना कर रहा

हूँ... ज्यों ही मेरा मन यह कहे कि यह सब उनके कारण हो रहा है... मुझे उसी समय अपने पर रोक लगाते हुए, अपनी ओर देखना होगा... क्या मेरे पास किसी और तरीके से प्रतिक्रिया देने का विकल्प है... मेरा स्वभाव क्या है, मेरा व्यक्तित्व... इसे दूसरे व्यक्तित्वों के व्यवहारों से प्रभावित नहीं होना चाहिए... भले ही मेरे आस-पास कुछ भी क्यों न घटता रहे, मुझसे मेरी ही खूबियाँ आलोकित होंगी... इसे ही अपना उत्तरदायित्व लेना कहते हैं... ओम शांति!

आनंद प्राप्ति के मंत्र

- लोगों के प्रति हमारी प्रतिक्रिया, उनके व्यवहार के आधार पर नहीं, बल्कि हमारे व्यक्तित्व के आधार पर होनी चाहिए।
- हम जिस तरह से सोचते हैं या पेश आते हैं, वह दूसरे व्यक्तियों के लिए नहीं होता। यह पहले हमारे लिए होता है क्योंकि सबसे पहले हमें ही इसका अनुभव होगा।
- हमें यह नहीं सोचना चाहिए कि अगर हम दूसरों को नियंत्रण में कर लेंगे तो उनके बदलने से हमारा मन भी हमारे वश में आ जाएगा, इसकी बजाय हमें अपनी मनोस्थिति की ज़िम्मेवारी लेनी है।
- हमें यह चुनाव स्वयं करना होगा कि हम हर संबंध में क्या सोचना, महसूस करना या बनना चाहते हैं। हमने सदैव दूसरों को प्रसन्न करने की चेष्टा की है क्योंकि हमें लगता है कि जब वे प्रसन्न होंगे, तो हमें भी प्रसन्नता मिलेगी।
- जब भी हम दूसरों के लिए कुछ करने जा रहे हों तो हमें पहले यह बात समझ लेनी चाहिए कि हम ऐसा इसलिए कर रहे हैं क्योंकि वे हमारे लिए मायने रखते हैं और हम इसे अपने लिए कर रहे हैं। तभी हम प्रसन्न हो सकेंगे।
- यदि हम अपने मन को समस्याओं से परे ले जाने के लिए टी.वी. देखने, ख़रीदारी के लिए जाने जैसे विकल्पों का प्रयोग करते हैं तो ये पीड़ा से स्वयं को कुछ समय तक दूर रखने के अस्थायी साधन हैं; यह प्रसन्नता नहीं है क्योंकि यहाँ किसी तरह का लाभ या समाधान नहीं हुआ है।

केवल एक विचार की दूरी पर

सुरेश ओबेरॉय : ***किसी किताब में लिखा था कि शांति और प्रसन्नता लगभग साथ-साथ ही चलते हैं। लेखक कहते हैं कि किसी बच्चे की मुस्कान में, किसी माँ के स्नेहमयी स्पर्श में शांति छिपी है; इसका धर्म या भगवान से कोई संबंध नहीं है, पर सब कुछ हमारे मन की अवस्था पर निर्भर करता है।***

सिस्टर शिवानी : दोनों ही दशाओं में, लेखक अस्तित्व के स्पंदनों की बात कर रहा है। बच्चे की मुस्कान से शुद्धता और भोलेपन का स्पंदन प्रकट होता है; माँ के प्यार भरे स्पर्श में स्नेह और निःस्वार्थ स्वीकृति का स्पंदन छिपा है। जब हम इन स्पंदनों का अनुभव करते हैं, तो उस समय हम उस कार्य की अपेक्षा, उस स्पंदन की ऊर्जा को महसूस करते हैं और तभी हमें शांति का एहसास होता है। जहाँ भी शांति होगी, वहाँ निश्चित रूप से प्रसन्नता भी होगी।

सुरेश ओबेरॉय : ***माँ और बच्चा सहज रूप से प्राकृतिक हैं। लेकिन रिश्तों में, लोगों के साथ हमें प्रयास करना होगा।***

सिस्टर शिवानी : और रिश्तों में भी हमें इसे सहज और स्वाभाविक बनाना है। अगर हम दूसरों के लिए करते हैं तो मेहनत महसूस होगी, लेकिन अगर हम यह समझें कि यह हमारा स्वभाव है तो यह सहज हो जाएगा। अगर हम यह सोचकर कुछ करें कि हमें दूसरे को खुश करना है, तो मेहनत है; अगर हम अपने सहज स्वभाव से करें तो सरल हो जाएगा।

सुरेश ओबेरॉय : इसका अर्थ हुआ कि अपने स्वभाव में स्थित होना ही शांति, प्रेम और प्रसन्नता है?

सिस्टर शिवानी : हाँ, हमें बस इसी सजगता को बनाए रखना होगा कि ये हमारी क़ुदरती ख़ूबियाँ हैं। ये वह ख़ूबियाँ नहीं हैं, जो हमें कोई काम करने पर प्राप्त होंगी; यह हमारा स्वाभाविक व्यक्तित्व है; हमारा स्वाभाविक संस्कार है। यह हमारा मूल अस्तित्व है; हमें बस इसे स्मरण करना है और इसके प्रवाह में बहना है - इसे कहीं बाहर तलाशने की आवश्यकता ही नहीं है।

सुरेश ओबेरॉय : आजीवन हम लोगों से यही सुनते आए हैं, 'देखो, मेरा जन्म जनवरी का है।' 'मैं दिसंबर में पैदा हुआ था।' 'मैं तुला राशि से हूँ।' 'मेरी राशि वृश्चिक है।' 'मैं ये हूँ, मैं वो हूँ। मैं बहुत ग़ुस्से वाला हूँ, मेरे पति तो ऐसे हैं, मेरी बीबी बहुत प्यारी है।' किसी के जन्म के साथ कुछ बातों का मेल करते हुए, एक बात बना लेना कितना आसान है। 'मैं तो ऐसा हूँ' अब हमें सीखना होगा कि यह सब ग़लत है, अनुचित है।

सिस्टर शिवानी : एक बहुत ही सुंदर शब्द है, संस्कार। यह व्यक्तित्व का एक गुण है। प्रत्येक आत्मा के भीतर पाँच तरह के संस्कार होते हैं और तभी इस अस्तित्व को समझना बहुत महत्त्वपूर्ण हो जाता है क्योंकि यह पाँच तरह के संस्कारों के मेल से तैयार हुआ है। पहले तरह के संस्कार हमें हमारे परिवार से मिलते हैं। हम अपने परिवार के सदस्यों के स्पंदनों के बीच हैं इसलिए वह ऊर्जा अपने-आप हम पर प्रभाव डालती है। दूसरी तरह के संस्कार हमारे परिवेश, हमारे देश, हमारे धर्म, जाति, शहर, स्कूल या मित्रों से प्राप्त होते हैं। हम हमेशा से सुनते आए हैं - हम जिस संगति में रहेंगे, उसी के रंग में रंग जाएँगे। हमारे आस-पास का परिवेश और लोग, हमारे आस-पास की ऊर्जा, हमारे आस-पास के विश्वास तंत्र ये सभी संस्कार रचते हैं।

तीसरे प्रकार के संस्कार वे होते हैं, जो हमारे अतीत से जुड़े संस्कार हैं। जब हम यह समझ लेते हैं कि हम एक आध्यात्मिक जीव हैं और हमारी मृत्यु नहीं होगी - हम केवल चोला बदलते हैं और हर तरह का चोला धारण करते हुए हमारी यात्रा जारी रहती है। हमारे पास कुछ निश्चित प्रकार के संस्कार

हैं, जिन्हें हमने पिछले चोलों के दौरान एकत्र किया है। आज हम इस चोले में हैं और बहुत से कर्म कर रहे हैं, इससे एक संस्कार बन रहा है। भले ही शरीर त्याग करने का समय आ जाए परंतु संस्कार इतनी आसानी से नहीं मिटते मानो आपने किसी सी.डी. में गाने रिकॉर्ड किए और आप सी.डी. को ले जाकर, किसी दूसरे प्लेयर पर चला देते हैं, अब भी आपके पास वही गाने हैं।

सुरेश ओबेरॉय : हमें पिछले जन्म के बारे में बात नहीं करनी चाहिए क्योंकि हम नहीं जानते कि हममें से कितने लोग इस पर विश्वास करते हैं।

सिस्टर शिवानी : यह केवल इस पर भरोसा करने वाली बात नहीं है : हम इसे समझ नहीं पाते, तभी तो आज हमारे जीवन में इतना संघर्ष है। आप जानते हैं, आज परिवारों में सबसे बड़ा संघर्ष यही है कि माता-पिता अपने सभी बच्चों को एक से रूप में देखना चाहते हैं, 'अरे! मैंने तो अपने दोनों बच्चों को एक जैसा ही पाला-पोसा था, फिर ये दोनों इतने अलग-अलग तरह से पेश क्यों आते हैं?' माता-पिता वही हैं, परिवार वही है, माहौल भी वही है इसलिए वे स्वाभाविक तौर पर यही उम्मीद रखते हैं कि उनके बच्चों के संस्कार भी एक से ही होंगे। हालाँकि, दो बच्चे भले ही आपस में जुड़वाँ क्यों न हों, एक ही ग्रह-नक्षत्र में क्यों न जन्मे हों, एक ही दिन और एक ही स्थान पर क्यों न जन्मे हों, एक ही स्कूल में क्यों न गए हों, एक ही माहौल में क्यों न पले हों, परंतु उनके व्यक्तित्व बिलकुल अलग होंगे। क्योंकि कुछ साल पहले, जब वे दो अलग-अलग चोलों में थे, तो वे एक ही परिवार से नहीं थे, वे एक ही वातावरण और एक ही माहौल में नहीं थे। उन दोनों के अतीत अलग-अलग हैं, और दोनों अपने पिछले चोले में बने संस्कारों को अपने साथ लेकर आए हैं। हम पिछले जन्मों के संस्कारों के इस तथ्य को झुठला नहीं सकते क्योंकि वे हमारे वर्तमान को रचने में एक अहम भूमिका निभाते हैं। हम लोगों को समझ नहीं पाते क्योंकि हम उन्हें केवल उनके वर्तमान चोले के बीच देख रहे हैं, हम उस अतीत को नहीं देख पाते, जो वे अपने साथ लेकर आए हैं।

सुरेश ओबेरॉय : यह माता-पिता के लिए, अपने बच्चों को समझने का एक बेहतर और अच्छा तरीक़ा होगा।

सिस्टर शिवानी : हम कहते रहते हैं, 'अपने भाई को देखो, तुम्हें भी इसकी तरह बनना चाहिए।' हम यह नहीं समझ पाते कि दो अलग-अलग रिकॉर्डिंग वाली सी.डी. की तरह दो अलग-अलग व्यक्तित्व हैं, जो हमारे घर में आए हैं और हम उन्हें एक जैसा बनाने की कोशिश कर रहे हैं।

सुरेश ओबेरॉय : मैंने अक्सर माताओं को कहते सुना है, 'दूसरे लड़के को देखो और अपने-आप को देखो; मुझे तो कभी-कभी शक़ होने लगता है कि तुम मेरे बेटे हो भी या नहीं; कहीं मैं अस्पताल से किसी दूसरे बच्चे को तो घर नहीं ले आई?' ऐसे शब्द बालक के दिल पर कैसी चोट करते होंगे।

सिस्टर शिवानी : वह यह नहीं समझ पाती कि अगर उसने अपने बच्चे को ऐसे संस्कार नहीं दिए, तो उसने कहाँ से ग्रहण किए हैं। यह बच्चे के लिए बहुत मुश्किल होता है क्योंकि वह स्वयं नहीं जानता कि उसके ऐसे संस्कार क्यों हैं? मिसाल के तौर पर, एक बच्चे में चोरी करने का संस्कार हो सकता है। वह एक धनी परिवार से है और उसके घर में कोई कमी नहीं है, परंतु फिर भी वह अक्सर स्कूल से बच्चों की पेंसिलें चुरा लाता है। मानो यह चीज़ उसके स्वभाव में है; वह इसे जान-बूझ कर या तार्किक रूप से नहीं कर रहा। ऐसा इसलिए है कि उसके अस्तित्व, आध्यात्मिक ऊर्जा तथा आत्मा के साथ ऐसे कुछ संस्कार आ गए हैं। जब हम सजग नहीं होते, तो संस्कार अपने-आप सामने आकर, कर्म में आ जाते हैं।

सुरेश ओबेरॉय : सिस्टर शिवानी, सजगता के ऐसे स्तर तक आना बेहद कठिन है। प्रायः घटने वाली घटना और हमारी प्रतिक्रिया के बीच अंतराल बहुत कम होता है। उस क्षणांश के बीच हम यह कैसे याद रखेंगे कि हमें इस तरह प्रतिक्रिया नहीं देनी चाहिए। मैंने अनेक गुरुओं को देखा है, दीवाली के दिन कितना भी धूम-धड़ाका क्यों न होता रहे, फिर भी कई गुरुओं की पलक तक नहीं झपकती। हम उस अवस्था तक कैसे पहुँच सकते हैं?

सिस्टर शिवानी : इसे पाने के लिए ध्यान व अभ्यास की आवश्यकता होगी। पहले-पहल, जब मैं किसी कार्यशाला में जाती थी तो किसी का मोबाइल फ़ोन बजते ही मेरी तल्लीनता भंग हो जाती। यहाँ मैं लोगों को स्थिरमन होने का ज्ञान बाँट रही होती परंतु भीतर ही भीतर मैं ख़ुद अशांत और व्याकुल हो जाती।

सुरेश ओबेरॉय : तो इस तरह धीरे-धीरे अवस्था बनानी पड़ती है। पहले जब आप परेशान होती थीं, तो आपने कभी कहा होगा, 'ठीक है, कोई बात नहीं। ये तो बस यूँ ही चलता है।' अगली बार आप ध्यान तक नहीं देतीं कि वे 'ऐसे हैं' या नहीं; दरअसल आपको इससे कोई अंतर ही नहीं पड़ता। अब ऐसी बातों से आपका ध्यान भंग नहीं होता। क्या ये सभी अवस्थाएँ नहीं हैं? व्यक्ति को इन सभी अवस्थाओं को पार करना ही होता है, वह सीधा आपकी अवस्था तक नहीं आ सकता।

सिस्टर शिवानी : कुछ लोग कहेंगे, 'यह सब होने में तो सालों निकल जाएँगे।' नहीं, यह सब होने में अनेक वर्षों का समय नहीं लगता, बस आपको अपने भीतर सजगता का एक विचार पैदा करना है - अन्यथा पूरा जीवन, केवल एक मोबाइल फ़ोन के कारण ही हम परेशान हो सकते हैं। हो सकता है कि हम अपने आस-पास बज रहे मोबाइल की घंटियों से पैदा हुई खीझ के बीच ही जीते रहें।

सुरेश ओबेरॉय : सजगता के एक विचार से क्या तात्पर्य है?

सिस्टर शिवानी : एक विचार है - 'हम एक मामूली-सी रिंगटोन के कारण अपने मन को व्याकुल कैसे होने दे सकते हैं?' यह केवल एक सोच है। हम उस रिंगटोन के कारण परेशान नहीं हैं; उस रिंगटोन को सुनने के बाद हमारे मन में जो विचार पैदा हुए, वे ही हमारी परेशानी और व्याकुलता का कारण बने हैं। 'इन्होंने अपने मोबाइल फ़ोन बंद क्यों नहीं किए? क्या वे नहीं जानते कि वे सार्वजनिक समारोह में बैठे हैं?' शिष्टाचार के अनुसार आपको ऐसे कार्यक्रम में अपना मोबाइल बंद कर देना चाहिए। दरअसल हमें उस रिंगटोन को सुनकर चिढ़ नहीं होती; उस रिंगटोन को सुनकर दी गई प्रतिक्रिया के

कारण, हमारे मन में जो विचार आए, उनके कारण हमें खीझ और कुढ़न होती है। यह रिंगटोन तो एक ट्रिगर है मानो एक बहाना बन गई है। हमें इस बात का एहसास करना होगा कि हम किस बात से परेशान हो रहे हैं। ये हमारी अपनी ही सोच है। हमारी सोच है कि उन्हें विनम्रता के साथ अपने फ़ोन बंद कर देने चाहिए। अब हम अपनी सोच में बदलाव लाते हैं, 'यह उनका अपना चुनाव है, भले ही वे इसे बंद करें या न करें, और हम उनके चुनाव की क़द्र करते हैं।'

सुरेश ओबेरॉय : जब मैं कोई सीन शूट कर रहा होता था तो उस दौरान अगर कोई सामने से निकल जाता तो मेरा ध्यान टूट जाता था। अब मैं अपने आस-पास अनेक व्यक्तियों को मँडराते देख सकता हूँ, और इसे स्वीकार करना भी सीख रहा हूँ।

सिस्टर शिवानी : यहीं से हम चौथे प्रकार के संस्कार रचने की तैयारी कर रहे हैं। किसी बात पर खीझना, हमारा पिछला संस्कार था, भले ही वह पिछले जन्म से आया हो या वर्तमान परिवेश से हो। हम सजगता के माध्यम से अपने संस्कार को बदल सकते हैं। यहाँ हम अपनी इच्छा शक्ति के माध्यम से अपना संस्कार रच रहे हैं। हम बार-बार इस बात के लिए यह दोषारोपण नहीं कर सकते - अरे, हम इसमें कुछ नहीं कर सकते, यह हमारा कोई पिछला संस्कार होगा। यह सब तो आपकी सजगता पर निर्भर करता है।

सुरेश ओबेरॉय : इसका अर्थ हुआ कि सजगता लाने से इच्छा शक्ति का विकास होगा?

सिस्टर शिवानी : हाँ, आप इच्छा शक्ति के प्रयोग से ही एक नया संस्कार रचेंगे। देखिए, जब भी हम कहते हैं, 'यह तुम्हारी वजह से हुआ;' 'मुझे इसकी वजह से खीझ हो रही है;' तब हम इस बात का संकेत देते हैं कि हमारा अपने पर वश नहीं है, हम दुर्बल हैं और दूसरे हमें बड़ी आसानी से अपने अधीन कर लेते हैं। इच्छा शक्ति का अर्थ होगा कि हमारे पास चुनाव की शक्ति है और मनचाहा करने, बनने और पाने की शक्ति है। जब भी हम इस शक्ति

का प्रयोग करते हैं, तो वह हमारी इच्छा शक्ति है। कई बार हम ऐसा अनुभव करते हैं कि हमारे पास इच्छा शक्ति का अभाव है। यह शक्ति सबके पास होती है, सबके पास समान मात्रा में इच्छा शक्ति होती है; बस अंतर यही है कि हम उसे कितनी मात्रा में प्रयुक्त करने जा रहे हैं। यह इस बात पर निर्भर करता है कि हम किस तरह दूसरों को अपने मन की स्थिति का ज़िम्मेवार ठहराने की प्रवृत्ति पर रोक लगा सकते हैं। जब हम अपनी इच्छा शक्ति का प्रयोग नहीं करते तो यह घटने लगती है।

सुरेश ओबेरॉय : मैं किसी ऐसे व्यक्ति से मिला, जिसने अपनी शराब सेवन की तीस साल पुरानी आदत को केवल दो ही दिन में त्याग दिया। इसका अर्थ हुआ कि हमारे भीतर भी उतनी ही इच्छा शक्ति मौजूद है, जितनी उस व्यक्ति में रही होगी? यदि हाँ, तो ऐसा क्या कारण है, जिसकी वजह से हम उसे देख नहीं पाते या ऐसा क्या है, जो हमें उसे प्रयोग में नहीं लाने देता?

सिस्टर शिवानी : यह बहुत ही आसान-सी बात है : आप उसे प्रयोग में नहीं ला रहे। कोई भी मानवीय गुण तभी उपयोगी होता है जब आप उसे प्रयोग में लाते हैं।

सुरेश ओबेरॉय : परंतु यदि हमें यह पता ही न हो कि हमारे भीतर वह ख़ूबी है या नहीं, तो क्या होगा। हम नहीं जानते कि इस ख़ूबी को कैसे देखना है या इसे कैसे प्रयोग में लाना है?

सिस्टर शिवानी : इसी वजह से तो हम यह सब सीख रहे हैं। यह जीवन का वह क्षेत्र है, जिस पर हमने अब ध्यान देना आरंभ किया है। यदि हम कहते हैं कि हमारे पास अध्यात्मिकता के लिए समय नहीं है; हमारे पास ध्यान लगाने के लिए समय नहीं है; तब हम स्वयं ही यह चुन रहे हैं कि हमारे पास जो शक्तियाँ हैं, हम उन्हें प्रयोग में ही न लाएँ। हम चुनाव कर रहे हैं कि हम उन साधनों का प्रयोग ही न करें, जो हमें दिए गए हैं।

मान लेते हैं कि आपके लॉकर में बहुत-सी संपत्ति रखी है, परंतु आप उसे खोलकर, खुद के और दूसरों की मदद के लिए प्रयोग में लाने से इंकार

कर देते हैं; और आप लोगों के पास जाकर उनसे प्रेम, शांति और ख़ुशी की भीख माँगते हैं क्योंकि आपके पास इतना समय ही नहीं है कि आप अपने लॉकर या कोष तक जाएँ और अपनी संपत्ति का प्रयोग करें।

सुरेश ओबेरॉय : तो क्या ध्यान ही आपका लॉकर है?

सिस्टर शिवानी : यह हमारे मन के भीतर है और इसकी चाबी हमारे पास है, और केवल हम ही जानते हैं कि इसे खोलना कैसे है।

सुरेश ओबेरॉय : तो मुझे अपने इस लॉकर को खुलवाने के लिए, अपनी शक्तियों का विकास करने के लिए कहीं जाने की आवश्यकता नहीं है।

सिस्टर शिवानी : यदि हम कहीं जाते भी हैं तो हो सकता है कि कोई हमें यह बता दे कि इसे खोलना कैसे है, परंतु अंततः इसे हमारे लिए कोई खोल नहीं सकता। यह काम तो हमें स्वयं ही करना होगा। कोई भी हमारी इच्छा शक्ति को सक्रिय नहीं कर सकता; सामने वाला व्यक्ति केवल हमें भीतर छिपी इच्छा शक्ति की मौज़ूदगी का एहसास दिला सकता है। एक सादी-सी मिसाल है, जब हम कोई लत छोड़ना चाहते हैं। हो सकता है वह शराब की आदत हो, टी.वी. देखना या इंटरनेट सर्फिंग पर ज़्यादा समय बिताने की आदत हो। हम एक शक्तिशाली सकारात्मक विचार उत्पन्न करते हैं :

'आज मैं केवल एक ही घंटे के लिए टी.वी. देखूँगा।' हमने जो शक्तिशाली विचार उत्पन्न किया, हम उसके लिए सजग हैं, परंतु उसके साथ ही हम जो अन्य बहुत सारे नकारात्मक विचार भी उत्पन्न कर लेते हैं, उनका हमें ध्यान ही नहीं रहता, 'ऐसा करना तो मेरे लिए आसान नहीं है... मुझे टी.वी. देखना बहुत पसंद है... मैंने कई बार कोशिश की पर कभी कामयाब नहीं हो सका, ...यह तो मेरी आदत में शुमार है।... यह आदत एक दिन में नहीं छूट सकती।... निश्चित रूप से इसे छूटने में समय लगेगा।' अब हम अपने-आपको शक्तिशाली बनाने के लिए एक शक्तिशाली विचार पैदा कर रहे हैं और इसके साथ ही बहुत सारे नकारात्मक विचारों को भी पैदा कर लेते हैं, जो हमारी सारी शक्ति को सोख लेते हैं। जब आप कुछ करने का निर्णय

कर लेते हैं, तो बस एक शक्तिशाली सकारात्मक विचार को जन्म दें और उस पर काम करने में जुट जाएँ।

सुरेश ओबेरॉय : अगर हम सभी के पास एक जैसी मात्रा में इच्छा शक्ति है, तो ऐसा क्यों होता है कि कुछ लोग तो शीघ्र ही अपने व्यसनों से छुटकारा पा लेते हैं और कुछ लोगों को अपनी बुरी आदतों से छुटकारा पाने में इतना समय लग जाता है।

सिस्टर शिवानी : प्रत्येक व्यक्ति के भीतर समान मात्रा में इच्छा शक्ति पाई जाती है क्योंकि प्रत्येक व्यक्ति एक शक्तिशाली जीव है, हमें अपनी इच्छा शक्ति का एहसास है या नहीं, यह इस बात पर निर्भर करता है कि हम अपने शक्तिशाली अस्तित्व के बारे में कितनी जानकारी रखते हैं और हम उसे कितना प्रयोग में लाते हैं। निःसंदेह, हमारे आस-पास के लोग भी इस मुहिम में बहुत अहमियत रखते हैं।

आप जानते हैं, हम अपने आस-पास के लोगों की इच्छा शक्ति को घटाने के लिए भी काफ़ी हद तक ज़िम्मेवार होते हैं, ख़ासतौर पर अपने बच्चों की इच्छा शक्ति को। मान लेते हैं कि आपका बच्चा इंटरनेट पर बहुत समय बिताता है और आप उसे कहते हैं कि कल से उसे केवल एक ही घंटे के लिए इंटरनेट दिया जाएगा। आपके शब्द भले ही कुछ भी कहें परंतु आपको अपनी ही कही बात में संदेह है और आपको अपने भीतर से यक़ीन नहीं है कि वह अपनी इस लत को छोड़ भी पाएगा या नहीं।

सुरेश ओबेरॉय : हमें भीतर से यह बात अच्छी तरह पता होती है कि हमारा बच्चा ऐसा कर सकेगा या नहीं।

सिस्टर शिवानी : हम जिस भी विचार को जन्म देते हैं, उसे एक ऊर्जा के रूप में बच्चे को दे रहे हैं या उसे प्रेषित कर रहे हैं।

सुरेश ओबेरॉय : परंतु क्या बच्चों को माता या पिता की ऊर्जा से परेशान होना चाहिए?

सिस्टर शिवानी : हम किसी दूसरे व्यक्ति के विचारों, शब्दों व कर्मों से प्रेरित होते हैं। हमें बहुत मज़बूत और सुरक्षित बनना होगा और यह केवल तभी संभव है जब हम यह अभ्यास कर लें कि अपने आस-पास की ऊर्जा से प्रभावित नहीं होंगे। इस समय हम बहुत कमज़ोर हैं। हमारे आस-पास होती घटनाएँ हम पर प्रभाव डाल देती हैं। हमें अपना और अपने आस-पास के व्यक्तियों का ध्यान रखना चाहिए, यदि कोई कुछ करने का प्रयत्न कर रहा हो तो अपने मन में संदेह या नकारात्मकता के एक भी विचार को पैदा न होने दें। यदि हम बच्चे के लिए भय व संदेह के विचार पैदा करेंगे, तो इस तरह हम बच्चे की ताक़त घटा रहे हैं। हमें केवल शक्तिशाली और ताक़तवर सोच को ही आश्रय देना चाहिए, 'तुम ऐसा कर सकते हो, हमें तुम पर पूरा विश्वास है।' भले ही बच्चे के भीतर उतनी ताक़त न हो परंतु माता-पिता से मिली यह शक्ति उसे कामयाब होने में मदद करेगी। आज कार्पोरेट जगत के लोग कहते हैं कि हम अपने लोगों को प्रेरित करते हैं। प्रेरणा केवल शब्दों से नहीं आती। आपके अधीन काम करने वाला व्यक्ति हर रोज़ देर से आता है; आप उसे प्रेरित करते हुए कहते हैं, 'मुझे पूरा विश्वास है कि तुम इसे कर सकोगे।' परंतु आपकी सोच कहती है, 'मैं इसे जानता हूँ, ये कभी समय पर नहीं आ सकता; ये तो हमेशा ही ऐसा रहेगा।'

विचार और शब्द अलग-अलग होते हैं। तो जब हम कहते हैं कि हम एक परिवार हैं, हम दोस्त हैं और एक-दूसरे के हर सुख-दुःख में साथ हैं तो यह केवल शब्दों का खेल नहीं होना चाहिए। हमारे विचारों तथा शब्दों के बीच एक अच्छा तालमेल होना चाहिए। हम जो कह रहे हैं और हम जो सोच रहे हैं, उसके भीतर कोई संघर्ष न हो। जब संघर्ष होगा तो सामने वाले व्यक्ति के पास जो ऊर्जा जा रही है, वह भी निश्चित तौर पर विवादित ही होगी। याद रखें, विचार की ऊर्जा बेहद गतिशील होती है।

सुरेश ओबेरॉय : लेकिन क्या आज सारी ही दुनिया ऐसी ही नहीं है? हम कहते हैं, 'वाह! तुमने बहुत अच्छी कमीज़ पहन रखी है।' मन ही मन हम उसका मज़ाक उड़ाते हैं कि उसे कपड़े पहनने का शऊर नहीं है।

सिस्टर शिवानी : हमने ऐसा क्यों कहा, 'वाह! तुमने बहुत अच्छी कमीज़ पहन रखी है।'

सुरेश ओबेरॉय : बहुत से लोग इसी तरह बात करते हैं। हम अपने आस-पास के माहौल से ही ऐसी बातें उठाते हैं।

सिस्टर शिवानी : परंतु हमने किसी से ऐसा क्यों कहा कि आपकी कमीज़ बहुत अच्छी लग रही है?

सुरेश ओबेरॉय : लोगों को ख़ुश करने के लिए।

सिस्टर शिवानी : जी, लोगों को ख़ुश करने के लिए ऐसा कहा जाता है। यह बहुत ही मायने रखता है। हम सामने वाले व्यक्ति को प्रसन्न करने के लिए ऐसा कह रहे हैं। यह प्रसन्नता शब्दों में नहीं होती; यह प्रसन्नता तो ऊर्जा में प्रकट होती है, यह स्पंदनों व भावनाओं में बसती है। हम एक ओर तो किसी व्यक्ति की कमीज़ को अच्छा बताते हुए उसकी प्रशंसा कर रहे हैं और मन ही मन सोच रहे हैं, 'बेकार कमीज़, कैसी बुरी पसंद है, सुरुचि का अभाव है।' तो कुल मिलाकर उसके पास कैसी ऊर्जा जा रही है। दरअसल स्पंदन तो और भी तेज़ गति से पहुँचते हैं और शब्दों से कहीं अधिक बल रखते हैं।

सुरेश ओबेरॉय : उसे पता चल जाएगा कि हमें उसकी कमीज़ पसंद नहीं आई।

सिस्टर शिवानी : वह आपके विचारों को नहीं जान सकेगा। हम लोगों की सोच नहीं पढ़ सकते। अगर हम चाहते हैं कि लोगों की सोच पढ़ सकें तो हमारे मन को बहुत शांत होना होगा, किंतु हम भावनाओं व स्पंदनों को पहचान सकते हैं। यही वजह है कि कुछ लोगों से भेंट करने और उनसे स्नेह व विनयपूर्ण बातचीत करने के बावजूद हमें ऐसा लगता है, 'मुझे नहीं लगता कि वे जो कह रहे थे, उनका यही अर्थ था; उन्होंने बहुत अच्छी तरह बात तो की परंतु उनके जाने के बाद मुझे बहुत अच्छा नहीं लग रहा।' इस संबंध की

नींव ही झूठ पर टिकी है इसलिए यह कोई संबंध नहीं है। अगर हम लोगों के पास ऐसी संघर्षमयी ऊर्जा भेज रहे हैं, तो निश्चित तौर पर किसी को भी आपके मनोभावों पर संशय होगा। तब हमारे संबंध में कोई आपसी भरोसा या विश्वास नहीं रहेगा; कोई एक भी शब्द अनुचित कहेगा और हमारे रिश्ते ख़त्म हो जाएँगे क्योंकि उसका कोई आधार ही नहीं था, ऐसे में हमें पहला प्रश्न अपने आप से करना होगा कि हम कर क्या रहे हैं।

एक विकल्प यह है : अगर हमें किसी की कमीज़ अच्छी न लगे तो हमें उनसे कहना ही नहीं चाहिए कि आपकी कमीज़ अच्छी लग रही है। हमें वही कहना चाहिए, जो हम सोच रहे हैं, यही ईमानदारी है। अगर हम इसे अच्छा कहना चाहते हैं, वो हमें पहले अपनी सोच बदलनी होगी - "मुझे सफ़ेद कमीज़ पसंद नहीं, लेकिन इनको पसंद है। यह इनका चुनाव है, अपनी पसंद अनुसार।" हमें पहले अपनी सोच को इस अनुसार बदलें और फिर उनसे कहें कि उनकी कमीज़ अच्छी है। पहले हमें अपने मन में चल रही बात और मुँह से निकलने वाले शब्दों के बीच तालमेल बनाना होगा और फिर संप्रेषण करना होगा। इसे ही सच्चा संप्रेषण कहते हैं।

सुरेश ओबेरॉय : अगर हम किसी से कहते हैं कि आपने कुछ अच्छा पहना है जबकि मन ही मन आप कुछ और भाव रखते हैं, या उस चीज़ को पसंद नहीं करते, तो हमारे साथ क्या होगा? हम अपने साथ, अपनी आत्मा और अपने व्यक्तित्व के साथ यह कैसा खिलवाड़ कर रहे हैं?

सिस्टर शिवानी : हम अपने-आप को ही छल रहे हैं। हम अपने प्रति ईमानदार नहीं हैं; हम जो सोचते हैं, वह करते नहीं हैं। हमारी सोच, शब्द और कर्म में समरसता का अभाव है। हम सोचते कुछ हैं, बोलते कुछ और हैं; और करते कुछ और ही हैं। एक अजीब-सी असंगति है और सामंजस्य की यह कमी लगातार बनी रहती है। हम फिर से सोचते हैं कि ऐसा करेंगे पर हमारे शब्द और हमारी करनी, हमारा साथ नहीं देंगे, जिससे हमारी इच्छा शक्ति में कमी आएगी। यह हमारे लिए विनाशक हो सकता है और यही कारण है कि आजकल हमारी इच्छा शक्ति इतनी कमज़ोर होती है।

सुरेश ओबेरॉय : हम चार प्रकार के संस्कारों के बारे में समझ गए। पाँचवें प्रकार का संस्कार कौन सा होता है?

सिस्टर शिवानी : पाँचवां संस्कार मूल संस्कार है। जब हम अपने मूल संस्कार को समझ लेते हैं, तो अन्य चार प्रकार के संस्कारों का सार-सँभाल करना सरल हो जाता है। पिछले जन्म के संस्कारों पर हमारा वश नहीं है; परिवार से मिले संस्कारों पर हमारा वश नहीं; परिवेश से मिले संस्कारों पर हमारा वश नहीं; परंतु इच्छा शक्ति तो हमारे वश में है। हम अपनी इच्छा शक्ति से नए संस्कार रच सकते हैं परंतु जब हम अपने मूल संस्कार, अपने मूल स्वभाव को समझ लेते हैं तो हमारी इच्छा शक्ति भी सक्रिय हो उठती है, यही तो इस ग्रह पर प्रत्येक मनुष्य की आत्मा का मूल स्वभाव है। प्रत्येक जीव मूल रूप से स्नेही, शुद्ध, शांतिपूर्ण, शक्तिशाली तथा परमानंद से परिपूर्ण है। प्रत्येक जीव की यह प्रकृति है और हम इसे बाहर ही कहीं तलाश रहे हैं क्योंकि हम भूल गए हैं कि यह हमारा स्वभाव है। हम शांति व प्रसन्नता चाहते हैं, परंतु जब हमें आध्यात्मिकता का साथ मिलता है तो हम जान जाते हैं कि हम तो पहले से ही एक शांतिपूर्ण जीव हैं; हम स्वयं ही परमानंद से भरपूर हैं और हम ही सबसे शुद्ध व शक्तिशाली जीव हैं।

तो इस तरह सब कुछ स्वाभाविक हो जाएगा और सारे नज़रिए में ही बदलाव आ जाएगा। जब हमें शांति की तलाश होती है तो हम इसे कहीं बाहर तलाश करने की कोशिश करते हैं। यदि हम इस तथ्य को समझते हैं शांति तो हमारे ही भीतर बसी है, तो हम उसी पल से दाता हो जाते हैं। तो इस तरह हमारी प्रसन्नता को पाने की तलाश और दूसरों से प्रेम की चाह रखने की इच्छा समाप्त हो जाती है और हम सबके साथ अपनी शांति, प्रेम व प्रसन्नता को बाँटने लगते हैं। ये गुण अपने-आप ही हमारी ओर से, अन्य व्यक्तियों की ओर प्रवाहित होने लगते हैं। जिस तरह, जब हम तनावग्रस्त होते हैं तो हम सजग भाव से दूसरों को तनावग्रस्त नहीं करते किंतु जो भी हमारे ऊर्जा के क्षेत्र में आता है, वह स्वाभाविक रूप से उससे प्रभावित हो जाता है। ठीक इसी प्रकार, जब हम अपनी शांति और प्रसन्नता की सहज अवस्था में रहेंगे, तो हमें उसे सजग भाव से दूसरों को देना नहीं होगा, ये प्राकृतिक रूप से,

हमारे माध्यम से आलोकित होंगे और हमारा परिवार व मित्र इनका अनुभव ले सकेंगे। ऊर्जा एक संक्रमण की तरह होती है - हम इसे अपने आस-पास के लोगों से ग्रहण करते हैं।

सुरेश ओबेरॉय : धन्यवाद सिस्टर शिवानी। आपने हमें बहुत ही सुंदर बातें बताईं : मैं शांति हूँ। मैं प्रेम हूँ। मै ज्ञान हूँ। मैं परमानंद हूँ।

आनंद प्राप्ति के मंत्र

- हमारा व्यक्तित्व पाँच प्रकार के संस्कारों के मेल से बना है, जिसे हम व्यक्तित्व के गुण भी कह सकते हैं।
- हम कुछ संस्कार हमारे माता-पिता तथा परिवार के अन्य सदस्यों से ग्रहण करते हैं। हम इन्हें अनुवांशिक संस्कार कहते हैं क्योंकि हम इन स्पंदनों के प्रभाव में होते हैं।
- कुछ संस्कार ऐसे होते हैं, जिन्हें हम अपने परिवेश के कारण रचते हैं : हमारी राष्ट्रीयता, धर्म, सभ्यता व मित्र आदि।
- हम अपने पिछले जन्मों के अनुभवों से भी बहुत शक्तिशाली संस्कार ले कर आते हैं। जब हमारी आत्मा एक चोला त्याग कर, दूसरा चोला धारण करती है तो वह अपने साथ इन संस्कारों को भी ले आती है।
- हम अपनी इच्छा शक्ति के माध्यम से चौथे प्रकार के संस्कार रचते हैं। प्रत्येक व्यक्ति के पास समान मात्रा में इच्छा शक्ति पाई जाती है; बाक़ी सब इसी बात पर निर्भर करता है कि हम अपनी इच्छा शक्ति को पहचान कर, उसे कितना अनुकूल बनाकर, प्रयोग में ला सकते हैं।
- पाँचवें प्रकार के संस्कार, प्रत्येक आत्मा के मूल संस्कार होते हैं, इन संस्कारों में शुद्धता, शांति, प्रेम, परमानंद, ज्ञान, शक्ति व सत्य जैसे गुण शामिल होते हैं।

मैं सजग हूँ, मैं रच रहा हूँ

सुरेश ओबेरॉय : सिस्टर शिवानी, अगर मैं मन के द्वारा की जाने वाली लुका-छिपी के बारे में सोचूँ, तो हम देखेंगे कि जैसे ही हम यह देखने की कोशिश करेंगे कि वह ओझल हो जाता है; जब मैं अपने विचारों के प्रति सजग होने के लिए, उनके पास जाना चाहता हूँ, तो इन विचारों का सिलसिला वहीं थम जाता है और ज्यों ही मैं कहीं और होता हूँ, तो वह मेरे पास लौट आते हैं। ये मन कहाँ है और क्या है? इसे रोज़मर्रा के जीवन में कैसे नियंत्रित कर सकते हैं? क्या इसे ध्यान से पाया जा सकता है?

सिस्टर शिवानी : एक गुरु और शिष्य की कहानी है, जिसमें एक शिष्य अपने गुरु से एक ऐसा शब्द माँगता है, जिसके माध्यम से वह भी वो सब कुछ पा सके, जो उसके गुरु ने हासिल किया था। गुरु ने कहा 'सजगता', शिष्य ने शब्द को काग़ज़ पर लिखा और यह मान लिया कि वह उस शब्द को साध लेगा। जब वह आधे रास्ते पहुँचा तो मन में विचार आया कि उसे करना क्या होगा, यह तो कुछ पता ही नहीं चला। वह वापस गया और गुरु से पूछा, 'इस शब्द क़ा क्या अर्थ है?' गुरु ने कहा, 'सजगता का अर्थ है, सजगता।' शिष्य ने कहा, 'ठीक है' और वह आगे चल दिया। पर कुछ ही देर बाद, उसने वापस आकर कहा, 'पर इसका मतलब क्या है और मुझे इसके लिए करना क्या होगा?' गुरु ने कहा, 'सजगता यानी सजगता यानी सजगता,' यानी इसके पीछे किसी भी तरह का तर्क नहीं खोजना। सजगता का मतलब है कि बस,

अपने विचारों के लिए सजग बने रहो। बस, अपने विचारों को देखो। हम इस संसार में घट रही हर घटना के प्रति सजग हैं। हम सागर के नीचे चल रही हलचल के प्रति सजग हैं; हम चंद्रमा पर चल रही गतिविधि के प्रति सजग हैं; हम दूसरे ग्रहों पर हो रही गतिविधियों के लिए सजग हैं; हम पड़ोसियों के घर में हो रही गतिविधियों के लिए सजग हैं; हम हर ओर हो रही गतिविधियों के लिए सजग हैं। तो सजगता का अर्थ है कि हम जानते हैं कि क्या घट रहा है। अब, सजगता का अर्थ होगा, केवल यह जानना कि क्या घट रहा है...

सुरेश ओबेरॉय : हमारे भीतर?

सिस्टर शिवानी : नहीं, अपने भीतर कुछ नहीं। यह बात भी थोड़ी-सी पेचीदा है। जब हम कहते हैं कि अपने भीतर देखो तो बात थोड़ी जटिल हो जाती है। अपने भीतर देखना है, पर कहाँ देखना है? किसे और क्या देखना है? हमें करना क्या है? भीतर देखने का अर्थ केवल यही है कि हमें उन विचारों को देखना है, जिन्हें हम रच रहे हैं। जैसे आप सुबह-सुबह सैर पर जाते हैं; वहाँ आपको सिर्फ़ यह नहीं देखना कि कौन चल रहा है, किसने क्या पहन रखा है, कौन संगीत सुन रहा है, कौन किस बारे में बात कर रहा है, अख़बार में क्या दिया गया है; केवल अपने-आप से बात करें। हम क्या सोच रहे हैं? आप सारा दिन इस अभ्यास को जारी रख सकते हैं।

सुरेश ओबेरॉय : लोग कहेंगे कि यह व्यक्ति पागल हो गया है। अपने-आप से ही बातें किए चला जा रहा है।

सिस्टर शिवानी : यह कोई नहीं जान सकेगा कि आप अपने-आप से क्या बात कर रहे हैं। किसी भी क्षण यह देखें - मैं क्या सोच रहा हूँ?

सुरेश ओबेरॉय : पर ज्यों ही हम यह देखने के लिए ठहरते हैं कि हम क्या सोच रहे हैं और विचार वहीं थम जाते हैं। फिर कोई और विचार आकर डेरा डाल लेता है और इससे पहले कि हम अपनी सोच पर वापस लौटें, वही विचार कुछ घंटों तक हमें अपने वश में बाँधे रखता है।

सिस्टर शिवानी : ऐसा इसलिए होता है क्योंकि हमने बहुत अरसे से ऐसा कोई प्रयास नहीं किया है। जब हम नियमित तौर पर इसका अभ्यास करने लगेंगे, तो हमें रुककर, यह देखने की ज़रूरत ही नहीं होगी कि हम क्या सोच रहे हैं। हम हमेशा इस बारे में सजग रह सकेंगे कि हमारे मन में क्या चल रहा है। मान लेते हैं कि आज काम के हिसाब से दिन बहुत अच्छा नहीं गया; इसलिए हम वापस आकर, हाथ में अख़बार लिए बैठे हैं। टी.वी. चल रहा है पर हमारा मन अपनी ही उधेड़-बुन में लगा है, इसे वहाँ चल रहे टी.वी. से कुछ लेना-देना नहीं है। हम सोचते हैं, "आज ऐसा नहीं होना चाहिए था, उन्हें कम से कम मुझसे ऐसे बात तो नहीं करनी चाहिए थी। मैं इतनी कड़ी मेहनत कर रही हूँ, परंतु वे मेरे काम की क़द्र ही नहीं करते।" यह सब कौन सोच रहा है? हम ख़ुद ही सोच रहे हैं। बस इतना ही करना है; यही सजगता है; हम यह सोच रहे हैं। सजगता की दूसरी अवस्था है; क्या यह सोच हमारे लिए अच्छी है? और सजगता की तीसरी अवस्था है; क्या हम इसे बदल सकते हैं? बस हमें यही करना है।

सुरेश ओबेरॉय : अगर हम ऐसा नहीं सोच रहे तो क्या होगा? हमें कुछ न कुछ तो सोचना ही होगा।

सिस्टर शिवानी : जी हाँ, ऐसी कोई अवस्था नहीं होती, जहाँ हम कुछ भी न सोच रहे हों।

सुरेश ओबेरॉय : चाहे कोई गाना चल रहा हो; या कोई विज्ञापन की धुन सुनाई दे रही हो या कोई किसी से कुछ कह रहा हो... यह लगातार चलता ही जाता है; हमारा मन निरंतर काम करता रहता है। आप कहना चाहती हैं कि हमें इसका ध्यान बदल देना चाहिए। मन का ध्यान दूसरी ओर लगा देना चाहिए।

सिस्टर शिवानी : यह सब ऐसा ही है मानो कोई जल निरंतर प्रवाहित हो रहा हो। हम इसे रोक तो नहीं सकते हैं पर इसे एक दिशा तो दे सकते हैं; अगर हम इसे एक ओर प्रवाहित नहीं करना चाहते तो हम इसे दूसरी ओर प्रवाहित कर सकते हैं। हम केवल जल के प्रवाह की दिशा बदल देते हैं, इसे प्रवाहित होने के लिए नई दिशा दे देते हैं। ठीक इसी तरह, हम सोचने की प्रक्रिया

को भी नहीं रोकते। बहुत से लोगों का यह मानना है कि ध्यान का अर्थ है, सोचने या विचार करने की प्रक्रिया पर रोक लगाना और फिर वे किसी प्रकाश बिंदु पर एकाग्र होकर, निरंतर एक ही बात जपने लगते हैं, 'कोई विचार नहीं, कोई विचार नहीं, कोई विचार नहीं।' 'मुझे कुछ नहीं सोचना' यह भी तो एक विचार ही है।

ऐसा कभी नहीं हो सकता। यह मन कभी सोचना बंद नहीं कर सकता। हम कुछ ऐसा करने की कोशिश कर रहे हैं, जो प्राकृतिक नहीं है। तभी तो हम कहते हैं कि सर भारी हो रहा है। यहाँ बहुत दबाव है क्योंकि हमने किसी चीज़ का दमन करने का प्रयत्न किया है। यह प्राकृतिक नहीं है।

सुरेश ओबेरॉय : हम अपनी सोचने की प्रक्रिया को रोकने के लिए इतना दबाव देते हैं कि आख़िरकार हमारे हाथ थकान और निराश के सिवा कुछ नहीं आता।

सिस्टर शिवानी : बिलकुल ठीक कहा आपने! हम इसे प्राप्त नहीं कर पाते और फिर कहते हैं कि हमने ध्यान करना चाहा, पर ध्यान नहीं कर सके। ऐसा बहुत से लोगों के साथ होता है। उनके मन में जाने कितना कुछ लगातार चलता रहता है, मानो यहाँ कोई कार पाँचवें गीयर में हो और हम अचानक उसे रोक कर, न्यूट्रल पर लाने की कोशिश करें। हम इसे एक बार में ही मनचाहे विराम में लाना चाह रहे हैं। ऐसा करने से क्या होगा? हमें झटका लगेगा।

सुरेश ओबेरॉय : अगर हमने सजग होना आरंभ कर दिया, फिर क्या होता है? जैसे अभी मैं सजग हूँ कि मैं आपसे बात कर रहा हूँ। यह मेरी सोच है और यह मेरा आपसे सवाल है। तो अब मैं अपनी सोच के बारे में सजग हूँ, इसके बाद क्या होगा?

सिस्टर शिवानी : सबसे पहले तो इस बात के लिए ही सजग होना होगा कि हम ही इन विचारों को रच रहे हैं। एक बहुत ही सामान्य भ्रम यह है कि हमारे मन में यह विचार किसी उत्प्रेरक के कारण आ रहा है। आप जानते हैं, बहुत से लोग ऐसी भाषा बोलते हैं : 'यह ख़याल अभी मेरे मन में आया।' इसका क्या अर्थ है?

सुरेश ओबेरॉय : उसने हमें याद दिलाया, उसने हमें सोचने पर मजबूर किया, उसकी वजह से हमने सोचा। यह भाषा ही ग़लत है।

सिस्टर शिवानी : जी हाँ! यह भाव ही ग़लत है क्योंकि भीतर से विश्वास तंत्र उलझे हुए हैं। मानो कोई चीज़ बाहर से आ रही हो। हालात कितने भी कठिन क्यों न हों, हमारी सोच को जन्म देने वाले तो हम खुद ही हैं। जिस क्षण हम यह समझ जाते हैं कि हम ही अपनी सोच को जन्म देते हैं, तो दूसरों को दोषी ठहराने का खेल वहीं ख़त्म हो जाता है।

सुरेश ओबेरॉय : तो मैं अपनी सोच के लिए सजग हूँ। इसके बाद अगला क़दम यह जानना होगा कि इस विचार को मैंने ही जन्म दिया है। फिर मैं विश्लेषण करूँगा कि संकल्प शक्ति को व्यर्थ क्यों गँवाया जाए। यह कितनी बुरी सोच है, यह मेरे दिल को ठेस पहुँचाएगी, मुझे परेशान करेगी, मुझे इसे सुधारना चाहिए। क्या मैं ठीक कह रहा हूँ?

सिस्टर शिवानी : आपने बिलकुल ठीक कहा। जिस पल हम यह ज़िम्मेवारी ले लेते हैं कि हम ही इन विचारों को जन्म देने वाले हैं, तो हम इसे आसानी से बदल सकेंगे।

सुरेश ओबेरॉय : ज़िम्मेवारी लेना कड़ी मेहनत का काम है। हम कह सकते हैं कि हाँ, हम ज़िम्मेवारी लेने के लिए तैयार हैं पर हम कभी इसे सही मायनों में समझ नहीं पाते।

सिस्टर शिवानी : ऐसा इसलिए होता है क्योंकि हमारा केंद्र बाहर की ओर है। ध्यान हमेशा बाहर की ओर रहता है। हम जानते थे कि बाहरी तौर पर क्या घट रहा था। फिर हमें भीतर घटने वाली घटनाओं का एहसास हुआ, परंतु चूँकि हम बाहरी तौर पर घटने वाली घटनाओं पर केंद्रित थे इसलिए हम सजग नहीं हो सके कि भीतरी तौर पर जो भी घट रहा था, वह हमारी ही रचना थी और हमारे पास उसे बदलने का विकल्प था।

सुरेश ओबेरॉय : मुझे याद है कि आपने मुझे एक बार क्या बताया था। मान

लेते हैं कि एक बच्चा मेज़ से टकरा कर गिर जाता है। आप कहते हैं कि सारी ग़लती इस मेज़ की है और यह बहुत बुरा है; चलो मिलकर इसकी पिटाई करते हैं। जब आप ऐसा कहते हैं तो बच्चे को थोड़ा बेहतर महसूस होता है; वह यह तक नहीं समझ पाता कि यहाँ भूल उसकी अपनी थी। तो इस तरह की सोच की कंडीशनिंग तो बचपन से ही शुरू हो जाती है। यह मेज़ ही ग़लत जगह रखी गई है।

सिस्टर शिवानी : यह बिलकुल सच है। हमें यह समझ आना चाहिए कि मेज़ तो वहीं रखी है, जहाँ उसे होना चाहिए था; यह हमारी भूल है कि खेलते समय हमें वहाँ पड़ी मेज़ दिखाई नहीं दी।

हमें इसे समझना ही होगा। मान लेते हैं कि आज सुबह के समय आपके बॉस आपसे बहुत नाराज़ होते हैं। आपने बहुत कड़ी मेहनत की थी; आपने पूरी ईमानदारी से काम किया; आपने हर काम समय पर पूरा किया पर फिर भी वह आप पर चिल्लाए। आपका मन अपनी कहानी शुरू कर देगा, 'वह किसी की मेहनत का आदर नहीं करते; वे यह नहीं जानते कि अपने लोगों की प्रशंसा कैसे करनी चाहिए या उन्हें काम करने की प्रेरणा कैसे दी जानी चाहिए।' हमारे मन में ऐसे विचार आ रहे हैं; हम समझते हैं कि यह विचार हमारे मन में आ रहे हैं। इस कारण हम समझते हैं कि जो सोच चल रही है, वह बिलकुल सही है। पर हम कहते हैं कि बॉस को बदलाव लाने की ज़रूरत है। फिर उस कारण आत्म-सजगता और आंतरिक ज़िम्मेवारी ख़त्म हो जाती है।

सुरेश ओबेरॉय : तो अगर हम पहले से सचेत रहते हैं, तो हम यह जान जाएँगे कि हम अपने बॉस के लिए ऐसी सोच को मन में स्थान दे रहे हैं और उन्हें अपनी ओर से नकारात्मक ऊर्जा भी दे रहे हैं। उन्हें इतनी नकारात्मक ऊर्जा देने के दौरान, हम अपने भीतर भी उतनी ही नकारात्मक ऊर्जा भर रहे हैं। तो यह नकारात्मक ऊर्जा को लेने और देने का खेल है और हम उससे घिरे हुए हैं।

सिस्टर शिवानी : इतना ही नहीं, हम जिस ऊर्जा को पैदा करके, उनकी ओर भेज रहे हैं, वह हमारे आस-पास के लोगों पर भी असर डाल रही है। हमारा परिवार, शाम को हम जिसके साथ बैठे हैं, वह भी उस ऊर्जा को महसूस कर

रहा है क्योंकि हम ऐसी ऊर्जा को पैदा कर रहे हैं। मानो यह किसी गंध की तरह है। मैं इसे पसंद करूँ या न करूँ, मुझे उसकी गंध महसूस होनी ही है। इत्र का प्रयोग कर रहे हैं, हमें उसकी गंध का सामना करना ही होगा। यही कारण है कि जब हम तनाव में होते हैं तो स्वचालित रूप से वह हमारे बच्चों तक पहुँचता है।

सुरेश ओबेरॉय : इससे मुझे एक दिलचस्प वाक़या याद आ गया। जब मैं तनाव और ग़ुस्से से घिरा होने के बाद घर वापस आता हूँ तो मेरा कुत्ता भागकर मुझसे लिपटने की बजाय एक कोने में जाकर बैठ जाता है।

सिस्टर शिवानी : अब हम सोचने के तरीक़े को बदल देंगे। पूरे दिन में हम लगभग चालीस से पचास हज़ार विचारों को जन्म दे रहे हैं। इसका मतलब होगा कि प्रति मिनट 25 से 30 विचार पैदा हो रहे हैं और वे किसी भी सजगता के बिना आ-जा रहे हैं। तो कोई कल्पना कर सकता है कि वह जीवन की किस गुणवत्ता के साथ जी रहे है। मानो आप किसी ऐसी कंपनी के चेयरमैन हैं, जिसके कारख़ाने से हर रोज़, चालीस से पचास हज़ार उत्पाद तैयार होकर, हर रोज़ निकल रहे हैं और आपको अपने उत्पादों की गुणवत्ता का कोई अंदाज़ा नहीं है। यही वजह है कि चारों ओर इतनी आपाधापी दिखाई देती है। मोटे तौर पर, इन विचारों को चार भागों में बाँटा जा सकता है। शुद्ध, शक्तिशाली और सकारात्मक विचार एक श्रेणी में आते हैं। ये पूरी तरह पवित्र और निःस्वार्थ होते हैं आजकल ऐसे गुण दुर्लभ होते जा रहे हैं। निःस्वार्थ होने का अर्थ होगा कि हम अपने बजाय अन्य व्यक्तियों की ज़रूरतों व ख़ुशियों वगैरह के बारे में ज़्यादा सोचें, जिसमें किसी भी तरह की कोई अपेक्षा न जुड़ी हो। जहाँ भी उम्मीद या अपेक्षा होगी, तो उसके पूरा न होने पर दुःख होगा, तो वे विचार सकारात्मक नहीं रहते। नकारात्मक विचार : द्वेष, घृणा, निंदा और गुस्सा, ये तो मन में भरपूर आते हैं। अनिवार्य विचार : हमें यह काम करना है, हमें वहाँ जाना है, हमें उससे मिलना है। ये न तो सकारात्मक होते हैं और न नकारात्मक, इन्हें आप तटस्थ मान सकते हैं। परंतु हमें यह ध्यान रखना होगा कि इन विचारों के बाद कहीं मन में नकारात्मक विचारों की झड़ी न लग जाए। मान लेते हैं, एक आवश्यक विचार है, 'मुझे एयरपोर्ट जाना है।' 'उम्मीद

करती हूँ कि रास्ते में जाम न मिले; उम्मीद करती हूँ कि मैं सही वक़्त पर पहुँच जाऊँ' तो इस तरह एक तटस्थ विचार के बाद, मन में नकारात्मक विचार पनप सकते हैं। हो सकता है कि मन में तटस्थ विचार एक हो पर इसके बाद नकारात्मक विचारों की पूरी झड़ी लग सकती है। चौथे प्रकार के विचार व्यर्थ विचार कहलाते हैं, ऐसी बातें जो हमारे वश में नहीं हैं। जो हमारे वश में ही नहीं है, उसके बारे में सोचना समय और ऊर्जा का नाश नहीं तो और क्या है - इन विचारों में हम या तो बीते हुए समय को याद करते हैं या उस समय को याद करते हैं, जो अभी आया ही नहीं है। इन दोनों पर ही हमारा कोई वश नहीं है। अतीत और भविष्य हमारे वश में नहीं हैं।

सुरेश ओबेरॉय : अतीत, भविष्य या दूसरे व्यक्तियों के बारे में विचार करना, ये सब बिलकुल बेकार है।

सिस्टर शिवानी : यहाँ तक कि जब हम दूसरों के बारे में भी सोच रहे हैं कि उन्हें ऐसा करना चाहिए, उन्होंने ऐसा क्यों किया, मैं चाहता था कि वे ऐसा करें - यह सब या तो हो चुका होता है या अभी होने वाला होता है। हम उन्हें वर्तमान क्षण में, उसी तरह क़बूल नहीं करते, जैसे कि वे हैं। अगर हम केवल एक दिन के लिए इसका अभ्यास कर लें, अगर हम केवल एक दिन के लिए इसके प्रति सजग हो जाएँ तो हम वाक़ई दंग रह जाएँगे। किसी भी क्षण में, केवल यह देखें कि आप क्या सोच रहे थे। हो सकता है कि आप किसी ऐसी चीज़ के बारे में सोच रहे हों, जो हो चुकी हो या हो सकता है किसी ऐसी बात के बारे में विचार चल रहा हो, जो अभी हुई ही नहीं है। तो हम या तो अतीत में जीते हैं या फिर भविष्य में! दोनों ही व्यर्थ हैं क्योंकि इन दोनों पर ही हमारा कोई वश नहीं है।

सुरेश ओबेरॉय : एक बार मैं शूटिंग से वापस आ रहा था और थोड़ी देर पहले जिस सीन का रिहर्सल किया था, उसके बारे में ही सोच रहा था। मैं गाड़ी में अकेला ही था। मैं सोच रहा था कि काश! सीन को ऐसे किया होता। इस तरह मेरे मन में लगातार सीन ही घूम रहा था और इसी दौरान मैं अपनी गाड़ी के साथ घर से आगे निकल गया। मुझे यू-टर्न लेकर घर वापस आना पड़ा।

सिस्टर शिवानी : दरअसल, अगर हम इसी तरह करते रहे, तो इसी तरह अपना पूरा जीवन लांघ जाएँगे, केवल अपने बीते हुए और आने वाले कल के बारे में ही सोचते रहेंगे। बस, लगातार सजग बने रहें कि पहले आपको यह ज्ञान हो कि हम ही इस विचार को जन्म दे रहे हैं और दूसरे, हमारे मन में कई प्रकार के विचार चल रहे हैं। नकारात्मक और व्यर्थ के विचार हमारा नुक़सान कर रहे हैं। व्यर्थ के विचार हमारी ऊर्जा का नाश करते हैं और इन व्यर्थ के विचारों के बाद नकारात्मक विचार सामने आ जाते हैं। ज्यों ही हम अपने बीते हुए कल में क़दम रखते हैं तो विचारों का रूप बदलकर कुछ यूँ हो जाता है, 'ओह! इसे तो ऐसा होना चाहिए था, इसे वैसा नहीं होना चाहिए था; वे दिन कहीं बेहतर थे; उन्हें ऐसा नहीं कहना चाहिए था।' अगर हम आने वाले कल की ओर देखते हैं तो हमारे विचार हो सकते हैं, 'जब ऐसा होगा तो मुझे बहुत ख़ुशी होगी।' इसका मतलब है कि हम अभी ख़ुश नहीं हैं, यह एक अच्छा विचार है।

सुरेश ओबेरॉय : अब मैं समझ गया कि लोग क्यों कहते हैं, 'आज तो मैंने सारा दिन कुछ नहीं किया, फिर इतनी थकान क्यों महसूस हो रही है?' अगर वह गोल्फ़ खेलने गया होता तो भी उसे इतनी थकान न होती।

सिस्टर शिवानी : जी हाँ, तब मन इतने नकारात्मक और व्यर्थ के विचारों से न घिरा होता, और इसका ध्यान दूसरी ओर लगा रहता। एक दिन में चालीस से पचास हज़ार विचार! अगर वे उचित प्रकृति के न हों तो हमारे अंदरूनी तंत्र की क्या दशा होगी? कोई मनोवैज्ञानिक हमें बताएगा कि कुल समय के औसतन अस्सी प्रतिशत समय के दौरान मन अतीत में चक्कर काटता है, पंद्रह प्रतिशत भविष्य में भटकता है और इस तरह 95 प्रतिशत व्यर्थ हो जाता है।

सुरेश ओबेरॉय : मैं सोच रहा था कि उस अस्सी प्रतिशत में से कितने विचार सकारात्मक होंगे?

सिस्टर शिवानी : अतीत में कुछ भी सकारात्मक नहीं होता क्योंकि अगर वह एक सुखद अतीत था और आप उसके बारे में सोच रहे हैं, तो आप यही सोचेंगे कि वे दिन ही बेहतर थे। इसलिए इसमें कुछ भी सकारात्मक नहीं

है। लोग कहते हैं कि अच्छी यादों का होना अच्छी बात है। जी हाँ, यह एक स्मृति है परंतु यह अतीत है, जो बीत चुका है। हमारे लिए वर्तमान अधिक मायने रखता है।

सुरेश ओबेरॉय : जब हम लोगों से मिलते हैं तो वे किस तरह हमें बार-बार अपने बीते कल की बात याद दिलाते हैं। 'आपको देखना चाहिए था कि जब मैं सेना में था, तो मुझे कितनी सलामियाँ मिला करती थीं, तब मैं जनरल था, मैं यह था, मैं वह था।'

सिस्टर शिवानी : जब हम यह सब बोल रहे हैं, तो उस कारण अंदर क्या महसूस कर रहे हैं? हम महसूस कर रहे हैं : "वे भी क्या दिन थे, जब सभी मेरी ओर ध्यान दिया करते थे, पर आज मुझे लोगों की ओर से वह ध्यानाकर्षण नहीं मिलता।" यह सब बोलकर हम अपने आस-पास के लोगों का ध्यान अपनी ओर खींचने की कोशिश कर रहे हैं।

अब यह तो केवल शब्द हैं। हम जो सोचते हैं, उसकी तुलना में बहुत कम शब्दों का प्रयोग करते हैं। हम एक मिनट में पच्चीस से तीस विचार तो सोच सकते हैं परंतु इसी दौरान पच्चीस से तीस वाक्य नहीं बोल सकते। कोई व्यक्ति एक मिनट में ज़्यादा से ज़्यादा चार से पाँच वाक्य ही बोल सकता है। हर विचार का पूरे तंत्र पर एक प्रभाव होता है, शरीर की हर कोशिका इससे प्रभावित होती है। विचार हमारे पास ऊर्जा के सबसे शक्तिशाली स्रोत के रूप में मौजूद होते हैं, तो हमें बहुत सोच-समझ कर इन्हें प्रयोग में लाना चाहिए। यह ठीक उसी तरह है कि हमारे पास परमाणु ऊर्जा है - हम इसका इस्तेमाल उपचार के लिए या दुनिया के विनाश के लिए कर सकते हैं। ऊर्जा एक ही है। हमारे एक हाथ में एमआरआई, सीटी स्कैन आदि हैं, जो कि परमाणु ऊर्जा के इस्तेमाल से संपन्न किए जाते हैं। हमारे दूसरे हाथ में परमाणु मिसाइलें हैं। वे भी उसी ऊर्जा से भरी होती हैं। ऊर्जा का प्रत्येक रूप रचनात्मक और विनाशात्मक दोनों तरह के कार्यों के लिए प्रयुक्त हो सकता है। ठीक यही विचार ऊर्जा के साथ होता है। यह प्रेम, शांति, शुद्धता को कायम कर सकती है तथा यह घृणा, आक्रोश, चिंता और व्यग्रता

दे सकती है। यह विचार ऊर्जा के साथ है लेकिन इसका आश्चर्यजनक अंश यह है कि ये आपके विचार हैं, इसलिए आपके पास विकल्प है।

सुरेश ओबेरॉय : आपने बताया कि हर विचार हमारे शरीर पर अपना असर डालता है, मैं अभी उसी के बारे में सोच रहा हूँ। अगर हम सोचें तो एक दिन में हज़ारों विचार हमारे मन में घेरा डालते हैं, जो कि एक माह और हमारे पूरे जीवनकाल में लाखों-करोड़ों की संख्या में होंगे, ऐसे में हमारे शरीर की क्या दशा होगी?

सिस्टर शिवानी : देखिए, डॉक्टर हमें जिन रोगों की जानकारी देते हैं, उनमें से अधिकतर साइकोसोमैटिक होते हैं यानी उनका संबंध शरीर के साथ-साथ मन से भी होता है। हम यदि अपने मन को आरोग्य प्रदान करें, शरीर अपने-आप स्वस्थ हो जाएगा। बेशक़ हमें अपने शरीर का भी ध्यान रखना चाहिए, पर अगर हम शरीर का ही ध्यान रखते रहे और हमने अपने मन का उपचार नहीं किया तो कोई ख़ास लाभ नहीं होने वाला। जब कोई कहता है कि मैं तो पक्का शाकाहारी हूँ; मैं धूम्रपान नहीं करता; मैं शराब नहीं पीता; मैं प्रतिदिन व्यायाम करता हूँ, फिर भी मुझे तीस या चालीस की उम्र में दिल का दौरा कैसे पड़ गया, तो उसके पीछे भी यही कारण होता है। ऐसा इसलिए हुआ क्योंकि हमने अपने शरीर के स्वास्थ्य की रक्षा तो की किंतु हमारा मन हमेशा तनाव के घेरे में ही रहा।

• • •

विश्रांत भाव से इन विचारों पर मनन करें।

आराम से बैठकर, अपने मन को शांत करते हुए, उस पर ध्यान दीजिए। कोई नहीं जान सकेगा कि हम इसे देख रहे हैं। यह सब हमारे भीतर ही भीतर होगा। हम ऐसा पूरे दिन कर सकते हैं, भले ही हम कोई काम कर रहे हों, बात कर रहे हों, गाड़ी चला रहे हों, पैदल चल रहे हों; बस हमें अपने विचारों, अपनी सोच के लिए सजग होना होगा।

मेरे विचार, मेरी अपनी रचना हैं... पहले मुझे लगता था कि विचार अपने-आप ही मन में आते हैं... अब मुझे एहसास है कि मैं ही तो इनका बीज हूँ... मैं ही हर विचार को रचता हूँ... हर विचार, हर सोच मेरे शरीर को प्रभावित करती हैं... मैं आस-पास के लोगों को भी प्रभावित करता हूँ... मुझे अपने विचारों को देखना होगा... ये सुंदरता से प्रवाहित हो रहे हैं... पूरी तरह से वश में हैं... क्योंकि मुझे एहसास है कि मैं ही इसका स्वामी हूँ... मेरे आस-पास जो भी घटता है... भले ही वह सुखद हो या दुःखद... कोई कुछ कहे या करे... भले ही कोई, कैसे भी पेश क्यों न आए... मैं आराम से बैठकर अपने विचारों को देखता हूँ... और धीरे-धीरे इन्हें एक नई दिशा की ओर निर्देशित कर देता हूँ... क्योंकि मैं ही स्वामी और नियंत्रक हूँ... मैं अपने केंद्र को बाहर से भीतर की ओर ले जाता हूँ... क्योंकि अब मैं समझता हूँ, कि ऊर्जा मेरे ही भीतर से बाहर, सबकी ओर प्रवाहित होती है... तो मैं सब कुछ बाहरी तौर पर कर रहा हूँ परंतु मेरा ध्यान इसी बात पर टिका है कि मैं अपने भीतर क्या रच रहा हूँ... क्योंकि मैं अपने भीतर जो रचता हूँ, वही स्वाभाविक व सहज रूप से बाहर आता है... मैं अपने प्रति ईमानदार हूँ... मैं अपनी सोच... अपने शब्दों व कर्मों के लिए ईमानदार हूँ... और इन सबके बीच एक सुंदर सामंजस्य है... यही विश्वास है... मुझे खुद पर विश्वास है... मुझे खुद से प्रेम है... क्योंकि मैं एक पवित्र आत्मा हूँ... ओम शांति!

आनंद प्राप्ति के मंत्र

- आत्म-सजगता का अर्थ है कि हमें अपनी सोच, अपने विचारों को देखने के योग्य बनना है, ताकि यह देख सकें कि हम क्या सोच रहे हैं और सजग रह सकें कि हम ही इन विचारों को रच रहे हैं।
- अगले क़दम में हमें यह जाँच करनी होगी कि क्या यह सोच, हमारे लिए उचित प्रकार की सोच है?
- हम प्रति मिनट 25 से 30 नए विचारों को जन्म देते हैं - यानी पूरे दिन में क़रीब 40 से 50 हज़ार विचार। विचार हमारे पास ऊर्जा के सबसे शक्तिशाली रूप में विद्यमान हैं इसलिए हमें इस बारे में सावधान रहना चाहिए कि उनका प्रयोग कैसे किया जाए।
- विचार चार प्रकार के होते हैं : विचारों का एक रूप शुद्ध, शक्तिशाली, सकारात्मक व निःस्वार्थ होता है; और दूसरे प्रकार के विचार अहं व क्रोध से भरे नकारात्मक विचार होते हैं, जो घृणा, द्वेष, भय, अस्वीकृति व निंदा को जन्म देते हैं।
- इसके बाद अनिवार्य विचार होते हैं, जो हमारे काम से संबंध रखते हैं; ये तटस्थ विचार हैं।
- चौथे प्रकार के विचार व्यर्थ विचार कहलाते हैं, जो अतीत या भविष्य से जुड़े होते हैं - दोनों ही हमारे बस में नहीं होते, इसलिए इन पर समय और ऊर्जा नष्ट करना व्यर्थ होता है।

सोचो, विश्वास करो, बाक़ी सब अपने-आप पीछे आएगा

सुरेश ओबेरॉय : *सिस्टर शिवानी, हम सजगता, विचार और मन जैसे विषयों पर बात करते रहे हैं और आपने हमें जो ध्यान की विधि सिखाई, वह वास्तव में अद्‌भुत थी। इसे करने के बाद, अब मैं धीरे बोलने लगा हूँ (पहले मैं बहुत तेज़ सुर में बात करता था) और अब मेरे हाथों की गतिविधि भी सहज हो गई है। सब कुछ शांत, सहज व स्थिर लगने लगा है।*

सिस्टर शिवानी : इससे यह साबित होता है कि, अगर हम अपने मन का ख़याल रखते हैं तो बाक़ी सब अपने-आप ही व्यवस्थित होता चला जाता है... हमारा मन शरीर पर गहरा प्रभाव रखता है। मन ही शब्दों को रचता है, मन ही कर्म का निर्माण करता है। जब हम परिवर्तन की बात करते हैं - मैं इस आदत को बदलना चाहता हूँ; मैं अपने व्यक्तित्व के इस हिस्से को बदलना चाहता हूँ - हम हमेशा बाहरी तौर पर परिवर्तन लाने की बात करते हैं। मैं कैसे चलता हूँ, मैं कैसे बात करता हूँ, मैं किस तरह के लोगों से बात करता हूँ, मैं लोगों से कैसे पेश आता हूँ... हम दूसरों से भी कहते हैं कि वे ऐसे या वैसे तरीक़े से पेश आएँ। यह परिवर्तन ज़्यादातर अस्थायी होता है क्योंकि विचार बीज है। अगर हम विचार को नहीं बदलते, तो प्रभाव अस्थायी ही होगा; यह बदलाव केवल कुछ ही दिन तक रहेगा और फिर हम अपने पुराने रूप में आ जाएँगे।

सुरेश ओबेरॉय : तो हमें अपने शरीर के हर पहलू, हर गतिविधि, अपनी वाणी, छवि और बात करने के तौर-तरीक़े पर काम करने की आवश्यकता नहीं है। यह कुछ इस तरह ही है जैसे कोई अभिनेता मैथड ऐक्टिंग के दौरान करता है। मैथड ऐक्टिंग हमें सिखाती है कि भीतर से बाहर की ओर कैसे जाना है। जब हम एक बार यह मानने लगते हैं कि हम फलाँ-फलाँ हैं, तो हमें अपनी चाल-ढाल और छवि पर अलग से काम नहीं करना पड़ता, वह सब सहज भाव होने लगता है।

सिस्टर शिवानी : हम चरित्र या पात्र को अपने अंदर रच रहे हैं; सारा चित्र हमारे भीतर है। यह आंतरिक काम कौन कर रहा है? हमारा मन कर रहा है।

सुरेश ओबेरॉय : जब हमें यह पूर्ण विश्वास हो जाता है, तो सब कुछ सहज होने लगता है। हम अभिनय नहीं करते, हम उस किरदार को जीना शुरू कर देते हैं।

सिस्टर शिवानी : हम एक प्राकृतिक प्रवाह में बहने लगते हैं। ठीक इसी प्रकार, हम एक शांतिपूर्ण जीव हैं। हमने इस चरित्र को अपने भीतर गढ़ा है, तो अब हमें इस बात का ध्यान रखने की ज़रूरत नहीं है कि हम कैसे बोलते हैं, कैसे चलते हैं और कैसे पेश आते हैं। एक बार, जब हमारे अपने भीतर से यह आश्वासन आ जाता है कि मैं - अभिनेता - एक शांत स्वरूप आत्मा हूँ, तो अभिनेता जो भी करेगा, वह सहज भाव से शांति के स्पंदनों से ओत-प्रोत होगा।

सुरेश ओबेरॉय : तो इसका अर्थ हुआ कि हमें एक शांत स्वरूप व्यक्तित्व की भूमिका निभानी चाहिए। सुरेश ओबेरॉय एक शांत स्वरूप आत्मा... एक सुख स्वरूप आत्मा।

सिस्टर शिवानी : सबसे पहले हमें जड़ में जाना होगा। हम एक शांत स्वरूप आत्मा हैं, जिसके पास यह नाम और शरीर है और हम इस भूमिका को निभाते हैं; भले ही वह भूमिका किसी नायक की हो, किसी डॉक्टर की हो अथवा किसी वकील की हो। भूमिका कोई भी हो, अभिनेता शांत स्वरूप है।

सुरेश ओबेरॉय : किसी शांत स्वरूप जीव को हर क़दम पर यह सीखने की ज़रूरत नहीं है कि वह शांत है।

सिस्टर शिवानी : हममें से प्रत्येक एक अभिनेता है अपने जीवनकाल में अनेक प्रकार की भूमिकाएँ निभा रहा है। जैसे आप फ़िल्मों में 300 भूमिकाओं को निभा चुके हों, लेकिन हर बार भूमिका में आपके व्यक्तित्व की छाप थी। सिर्फ़ आप ही उस भूमिका को उस तरह निभा सकते हैं। भले कोई और अभिनेता आपकी नक़ल भी करे, तो भी वह आपसे अलग होगी क्योंकि उसकी अपनी शैली है। तो उसके द्वारा अभिनीत हर भूमिका से उसकी शैली ही झलकेगी। अब हमें याद रखना होगा कि मैं एक अभिनेता हूँ, और मैं कौन-सी भूमिकाएँ निभा रहा हूँ। तो भले हम कोई भी भूमिका क्यों न निभाएँ - पिता, पति, पुत्र, दोस्त या बॉस - मुझ अभिनेता का व्यक्तित्व तो हर भूमिका से प्रकट होगा मैं एक पवित्र, शांत स्वरूप, प्रेम स्वरूप आत्मा हूँ। अब चाहे हम अपने दोस्त से बात कर रहे हैं या अपने बच्चे से, हमारा शांत स्वरूप व्यक्तित्व हर एक के साथ होगा। आज हम अलग-अलग लोगों के साथ अलग-अलग तरह से मिलते हैं, क्योंकि एक के साथ हम दोस्त हैं, दूसरे के साथ हम पिता। सच यह है कि हम शांत स्वरूप आत्मा हैं।

सुरेश ओबेरॉय : यहाँ मुझे एक पिता की भूमिका निभानी है, इसलिए मैं अपने बच्चों पर चिल्ला भी सकता हूँ।

सिस्टर शिवानी : तो हम भूमिका निभा रहे हैं और हम सिर्फ़ उस भूमिका के बारे में सजग हैं। हम अभिनेता और उसके व्यक्तित्व को भूल जाते हैं। पुराने विश्वास तंत्र हमें सिखाते हैं कि एक पिता को ऐसा ही होना चाहिए। तो हम कुछ निश्चित ढाँचों के कारण पेश आ रहे हैं कि एक पिता को कैसा होना चाहिए। एक पिता को हमेशा हक़ जताने वाला, सबको वश में रखने वाला और एक कड़े स्वभाव का इंसान होना चाहिए।

सुरेश ओबेरॉय : अगर हम एक व्यक्ति के साथ अलग तरह से पेश आते हैं, दूसरे व्यक्ति से अलग तरह से बात करते हैं, तो इसका मतलब होगा कि हम

अपने चरित्र से विपरीत जाकर व्यवहार कर रहे हैं? इस व्यवहार में संगति नहीं है?

सिस्टर शिवानी : हम केवल अपनी भूमिका के लिए सजग हैं। मैं इस आदमी का दोस्त हूँ इसलिए मुझे इससे इस तरह बात करनी चाहिए। यहाँ, हम एक बॉस हैं इसलिए मुझे अपने जूनियर लोगों के साथ ऐसे पेश आना चाहिए। हमारे भीतर बैठा अभिनेता सजग नहीं है।

सुरेश ओबेरॉय : परंतु सिस्टर शिवानी, हर व्यक्ति अलग-अलग स्थान व समय पर, अलग-अलग तरह से ही पेश आता है। एक व्यक्ति ऑफ़िस में अलग होता है, घर में अलग होता है और अपनी पत्नी व दोस्तों के साथ अलग-अलग तरह से पेश आता है।

सिस्टर शिवानी : इनमें से हमारा मूल स्वभाव कौन सा है?

सुरेश ओबेरॉय : मैं नहीं जानता कि इनमें से मेरा मूल स्वभाव कौन सा है? मैं उलझन में हूँ। यहाँ कितनी अलग-अलग तरह की भूमिकाएँ हैं।

सिस्टर शिवानी : चलिए, एक सादा सा उदाहरण लेते हैं। हम एक ऑफ़िस में जाते हैं और दस मिनट के भीतर चार तरह के लोगों से भेंट करते हैं : एक सिक्योरिटी गार्ड से, एक रिसेप्शन पर बैठने वाले से, फिर प्रबंधक से और अंत में चेयरमैन से भेंट होती है। दस मिनट में चार लोग और चार बार हमारे बर्ताव में बदलाव आता है। हमारे द्वारा सिक्योरिटी गार्ड और चेयरमैन से की गई बातचीत में अंतर है। इन चारों में से हमारा मूल स्वभाव कौन-सा है?

सुरेश ओबेरॉय : मैं उलझन में हूँ। मैं तो हमेशा ही अलग-अलग भूमिकाएँ निभा रहा हूँ। मेरे पास कोई ऐसी भूमिका नहीं है, जिसे लगातार निभाया जा सके।

सिस्टर शिवानी : हमारा मूल स्वभाव नहीं है क्योंकि हम हर बार बदल रहे हैं। हमने सिक्योरिटी गार्ड से बात की, और फिर रिसेप्शनिस्ट से बात की। दोनों बार अपने व्यवहार को बदला। इसके बाद मैंने प्रबंधक से बात की और फिर चेयरमैन से बात की, और फिर हर बार व्यवहार में अंतर आ गया।

हम पद, ओहदे और भौतिक आयामों से प्राप्त की गई सभी चीज़ों से अपना संपर्क साध रही हैं।

सुरेश ओबेरॉय : परंतु यदि मैं यह सवाल किसी दूसरे से करूँ, तो वह मुझे कहेगा कि ऐसा करने में हर्ज़ ही क्या है। तो जब सभी ऐसा कर रहे हैं, तो क्या ये सामान्य की श्रेणी में नहीं आता?

सिस्टर शिवानी : हम नहीं जानते कि यह सामान्य है या नहीं, परंतु हाँ, हम बहुत लंबे अरसे से ऐसा करते आ रहे हैं। हम प्राप्त की जाने वाली चीज़ के आधार पर ही लोगों से बात कर रहे हैं और उनसे संपर्क रख रहे हैं। आज आप चेयरमैन हैं और कल जब आप चेयरमैन नहीं रहेंगे, तो आपके साथ मेरा संबंध भी बदल जाएगा। उस दशा में, वह कोई संबंध था ही नहीं। यही वजह है कि आजकल संबंध इतने कमज़ोर हो गए हैं। ज्यों ही हमारी उपलब्धि में बदलाव आता है, लोगों के व्यवहार बदल जाते हैं। हम भूल गए हैं कि हम कौन हैं? यह प्राप्त किया गया स्व ही अहंकार है, जिसे हमने ज्ञान, पद, समृद्धि या संपत्ति के माध्यम से प्राप्त किया है। हमने जो कुछ भी प्राप्त किया है, वह हम नहीं है, वो हमारा है। किंतु जब हम इस तरह की चेतना के साथ होते हैं, 'यह मैंने प्राप्त किया है', 'यह तुमने प्राप्त किया है', तो उस समय हम अपनी प्राप्तियों के आधार पर एक-दूसरे से बात कर रहे हैं। यही कारण है कि इसे एक सशक्त बुनियाद नहीं कहा जा सकता; यहाँ एक व्यक्ति का अहं, दूसरे व्यक्ति से बात कर रहा है। जब अहं आपस में बात करते हैं, तो एक पद दूसरे पद से बात कर रहा है, एक बैंक बैलेंस, दूसरे बैंक बैलेंस से बात कर रहा है। एक पवित्र आत्मा दूसरी पवित्र आत्मा से बात करे, वो वार्तालाप कहाँ?

हमें यहीं अपने पर रोक लगानी होगी और ख़ुद को यह एहसास दिलाना होगा कि हम केवल बाहरी तौर पर ही संपर्क साधते आ रहे हैं, जबकि अभिनेता भीतर सो रहा है। यदि हम यह जान जाएँ कि हमारे आस-पास के अभिनेता सो रहे हैं तो भी हमारे जाग्रत होने के बाद, वे भी धीरे-धीरे जाग जाएँगे। जब आप थियेटर में अभिनय करते हैं, और मैं अपने संवाद भूल गई हूँ तो आप क्या करते हैं?

सुरेश ओबेरॉय : मैं उसके संवाद का प्रयोग करता हूँ या उसे संकेत देता हूँ, इसके अतिरिक्त एक्ट के दौरान थोड़ा बदलाव लाने की कोशिश करूँगा ताकि एक्ट जारी रहे।

सिस्टर शिवानी : परंतु यदि हम ऐसा करना चाहते हैं, तो सबसे पहले हमें किस बात पर एकाग्र होना होगा? मान लेते हैं कि मैं एक अभिनेत्री हूँ और मैं अपने संवाद भूल गई हूँ। अगर आप मेरी मदद करना चाहते हैं तो पहले आपको अपने संवादों पर ध्यान देना होगा, ठीक? आपके पास दो विकल्प हैं। एक, आप अपने संवादों पर पूरा ध्यान दें और प्रवाह में रहें ताकि मुझे संकेत मिले और मैं भी सहज भाव से उचित दिशा में प्रवाहित हो जाऊँ। दूसरे, आप इस तथ्य से प्रभावित हो जाएँ कि मैं अपने संवाद भूल गई हूँ और परिणामतः आपका ध्यान आपके संवादों से हट जाएगा और आप इस बात में अधिक रुचि लेने लगेंगे कि मुझे क्या बोलना चाहिए, कैसे बोलना चाहिए।

अब हमें यह देखना है कि हम पूरे दिन दूसरे लोगों की स्क्रिप्ट पर कितने एकाग्र रहते हैं... उन्हें क्या करना चाहिए, उन्हें क्या बोलना चाहिए... इस प्रक्रिया के दौरान हमें यह ध्यान नहीं रहता कि हमें क्या सोचना चाहिए, हमें क्या बोलना चाहिए, हमें क्या करना चाहिए। पूरे दिन में हम कितनी बार, केवल लोगों की स्क्रिप्ट पर ही काम कर रहे हैं? हम सही मायनों में टी.वी. के आगे बैठकर, प्रधानमंत्री, क्रिकेट के खिलाड़ी या किसी फ़िल्मी नायक के लिए स्क्रिप्ट लिखते रहते हैं; *उन्हें ऐसे अभिनय नहीं करना चाहिए, उन्हें ऐसे वस्त्र नहीं पहनने चाहिए, उन्हें यह काम ऐसे नहीं, इस तरह करना चाहिए था।* हम उनके जीवन में इस तरह हस्तक्षेप करते हुए, केवल अपना समय और ऊर्जा नष्ट कर रहे हैं। हमें केवल अपनी ही स्क्रिप्ट पर ध्यान देना होगा, क्योंकि इस संसार में हमें केवल उसका ही पालन करना है। हम दूसरों के लिए स्क्रिप्ट लिख सकते हैं - *उसे कैसा होना चाहिए, उसे कैसे बोलना चाहिए, उसे कैसा अभिनय करना चाहिए, उसे कैसा व्यवहार करना चाहिए।* परंतु क्या वह हमारे लिखे अनुसार चलना चाहेंगे? नहीं। समय और ऊर्जा की कितनी हानि होगी! हम आराम से बैठकर, जाने कितने नायकों के लिए स्क्रिप्ट लिखते जा रहे हैं और उनमें से कोई भी हमारी स्क्रिप्ट को प्रयोग में नहीं लाने वाला।

सुरेश ओबेरॉय : हमें यह हरक़त बहुत ही मूर्खतापूर्ण लग सकती है कि हम एक ऐसा काम कर रहे हैं जो किसी काम का नहीं और केवल समय की बरबादी है।

सिस्टर शिवानी : एक बार में हम केवल अपनी ही स्क्रिप्ट लिख सकते हैं; अगर हम दूसरों की स्क्रिप्ट लिख रहे हैं तो पक्के तौर पर हमारा ध्यान अपनी स्क्रिप्ट पर नहीं है। इसे ज़रा इसी रूप में देखें। आप मुझे कुछ ऐसा कहते हैं, मुझ पर चिल्लाने लगते हैं, मुझे अच्छा नहीं लगता। अब अपने पर ध्यान रखने के बजाए, मैं आपको यह बताने लगती हूँ कि आपको कैसे बात करनी चाहिए। जब मैं आपकी स्क्रिप्ट को बदलने की कोशिश करती हूँ, मैं अपने पर आपा खो देती हूँ, और उतनी देर में मैं अपनी स्क्रिप्ट भूल जाती हूँ, और आपसे भी ज़्यादा चिल्लाने लगती हूँ। जब हम अपनी लाइनें भुलाकर, दूसरों की कहानी लिखने लगेंगे तो नाटक का क्या हश्र होगा?

सुरेश ओबेरॉय : बहुत ही भयानक नतीजा होगा।

सिस्टर शिवानी : आज चारों ओर, यही तो हो रहा है। अगर हम केवल अपनी ही स्क्रिप्ट पर ध्यान देना आरंभ कर दें, तो बाक़ी सबको भी अपने लिए संकेत मिल जाएगा। आपसे कोई नाराज़ हो रहा है, अपना आपा खो रहा है, पर अगर आपने अपना नियंत्रण बनाए रखा तो जल्दी ही वह भी नियंत्रण में आ जाएगा क्योंकि आपने अपनी शांति बनाए रखी। आप अपनी स्क्रिप्ट लिख रहे हैं और वे अपनी शांति की मूल अवस्था में वापस आ जाएँगे। एक और संभावना यह भी हो सकती है कि जल्दी ही सभी अपनी स्क्रिप्ट भूलकर, आपे से बाहर होंगे। यह चुनाव हमें करना ही होगा - हमें अपनी स्क्रिप्ट स्वयं ही लिखनी होगी क्योंकि हमारे बोल और करम उस अनुसार ही चलेंगी। बाक़ी सब बातें तो व्यर्थ विचारों की श्रेणी में आ जाएँगी। तो हमें इसके प्रति सजग होना होगा, क्योंकि यही सजगता है। क्या हम सजग हैं कि सारे दिन में हमें कितनी बार दूसरों को क्या कहना या करना चाहिए, इस बारे में हम कितना सोचते हैं।

सुरेश ओबेरॉय : परंतु हम अपने-आप को रोककर यह क्यों नहीं पूछ सकते कि इसकी तुक ही क्या बनती है, हम अपना समय बरबाद क्यों कर रहे हैं?

सिस्टर शिवानी : अब हम ऐसा करेंगे क्योंकि अब हम सजग हैं; पहले हमें इस बारे में पता नहीं था, तो हमने सोचा था कि उस तरह सोचना पूरी तरह स्वाभाविक था। मानो आपने कोई नल खुला देख लिया हो और आप उसे झट से बंद कर देते हैं क्योंकि पानी बरबाद जा रहा है।

सुरेश ओबेरॉय : इससे हमारी ऊर्जा का क्षय होता है, है न?

सिस्टर शिवानी : जी हाँ, इससे ऊर्जा का क्षय होता है क्योंकि हम किसी ऐसी बात के बारे में सोच रहे हैं, जो हमारे वश में नहीं है।

सुरेश ओबेरॉय : इस बात के ज़िक्र से मुझे आपकी कही एक दिलचस्प बात याद आ गई। "हर तरह की सोच के बाद, हमारे शरीर में कहीं न कहीं कोई प्रतिक्रिया अवश्य होती है।"

सिस्टर शिवानी : हमारे शरीर के स्वास्थ्य से हमारे विचारों की गुणवत्ता ही झलकती है।

सुरेश ओबेरॉय : अब मेरे सामने बहुत सी बातें साफ़ हो गई हैं। पहले मैं सोचता था, यह क्या है? यह कैसे संभव है, जब ऐसा घटता है तो ऐसा कैसे हो सकता है कि मुझे ग़ुस्सा न आए? ग़ुस्सा आना तो एक स्वाभाविक प्रक्रिया है। मुझे याद है, ऐसा भी वक़्त था, जब मेरे पास पैसा नहीं था और मैं पूरी-पूरी रात सो नहीं पाता था क्योंकि जिसने मुझसे पैसा उधार लिया था, उसने मुझसे छल किया। यह सब इतना पीड़ादायी था कि मैं अक्सर अपने मन में उसकी पिटाई लगा दिया करता। आख़िर में मुझे हाई ब्लडप्रेशर की बीमारी हो गई।

सिस्टर शिवानी : इस विशेष हालात में, किसी ने आपके साथ धन का छल किया है। इसमें कोई शक़ नहीं कि हालात अच्छे नहीं थे और आपको ग़ुस्सा और नाराज़गी स्वाभाविक लगता था, परंतु हमें अपने नुक़सान को वहीं तक सीमित रखना है। आपने अपना धन खो दिया और यह घटना आपके वश में नहीं थी; आपके खोए हुए धन के लिए कोई दूसरा उत्तरदायी है। परंतु हम अपना क्या नुक़सान कर रहे हैं; हमारे मन की शांति, हमारी सेहत, हमारे

संबंधों का सद्भाव, इसलिए हम स्वयं ही ज़िम्मेवार हैं।

वैसे आप यह कह सकते हैं कि उसने मेरे साथ छल किया और मेरा धन ले लिया पर और बाक़ी जो भी नुक़सान हुआ, उसकी वजह तो मैं ख़ुद ही हूँ। वह सब तो आपके कारण ही हुआ है। आपने स्वयं अपने साथ ऐसा किया है।

सुरेश ओबेरॉय : मैं ग़ैरज़िम्मेवार हो रहा था और मुझे लगा कि ऐसा करना जायज़ था, स्वाभाविक था।

सिस्टर शिवानी : एक बात याद रखें : हम अगर यह सोचते हैं कि हम यह दूसरों के साथ कर रहे हैं, तो दरअसल हम उसे अपने साथ ही करते हैं। अगर हम दूसरे व्यक्ति के साथ उदासीनता से पेश आ रहे हैं, दूसरे आदमी से गुस्से से बात कर रहे हैं, वह असलियत में हमारी अपने लिए उदासीनता है, वह हमारा अपने लिए गुस्सा है क्योंकि हम जो भी रचते हैं, वह सबसे पहले हमारे ही मन में स्थान पाता है, वहीं से तो उपजता है। इसका मतलब है कि उसे अनुभव सबसे पहले हम ही करते हैं। हो सकता है कि हमारी बेरुख़ी से किसी को इतना अंतर न पड़े, पर चूँकि वह विचार हमारे मन में पैदा हुआ है इसलिए निश्चित रूप से, वह हम पर असर अवश्य करेगा। तो जब भी हम लोगों के साथ कुछ करते हैं, अच्छा या बुरा, केवल यह याद रखें कि यह उनके लिए कम और हमारे लिए अधिक है।

सुरेश ओबेरॉय : स्वस्थ सोच, स्वस्थ शरीर और स्वस्थ जीवन।

सिस्टर शिवानी : हमें अपने शुद्ध, स्नेहमयी तथा दूसरों को क्षमा करने वाले विचारों का पोषण करना है। किसी ने हमारे साथ कुछ अनुचित किया परंतु हम उसे क्षमा करते हुए, भुला दें। हम उसे क्षमा नहीं कर रहे - हम ख़ुद को क्षमा कर रहे हैं। अगर हमने उसके लिए घृणा और द्वेष को अपने मन में बसाए रखा, तो वह दूसरे व्यक्ति के लिए नहीं है, वह तो हमारे ही मन में बसी है। हम ही इसे रच रहे हैं और हम ही इसका अनुभव करने वाले हैं। तो इस तरह यह सारी ज़िम्मेवारी हम पर ही आ जाती है।

सुरेश ओबेरॉय : एक दिन, मेरी भेंट एक ब्रह्मा कुमार भाई से हुई, जिन्होंने मुझे अपने जीवन की एक घटना के बारे में बताया, जब किसी ने उनके साथ पचास हज़ार रुपए का धोखा किया था। यह उनके लिए एक बड़ी राशि थी। आप जानती हैं कि उनकी प्रतिक्रिया क्या थी? उन्होंने कहा, "ईश्वर उस व्यक्ति को इतना दे कि उसे दोबारा किसी दूसरे के साथ ऐसा छल न करना पड़े; उसे उस समय पैसे की ज़रूरत रही होगी; भगवान उसे दस गुना दे ताकि उसके हाथों कोई दूसरा इस तरह न छला जाए, जैसे मैं छला गया था।" करीबन आठ साल के बाद, जिस आदमी ने उन्हें धोखा दिया था, वह रुपए देने वापस आ गया।

सिस्टर शिवानी : उस भाई ने छल करने वाले को अपनी ओर से अच्छे स्पंदन, शुभकामनाएँ और विशुद्ध ऊर्जा भेजी। उस आदमी ने आठ साल बाद वापस आकर, उन्हें पैसे वापस किए, सवाल यह उठता है कि उन आठ सालों के दौरान उनके मन की क्या अवस्था और गुणवत्ता रही? आपके साथी ने अपने मन में इस सोच को जगह दी कि छल करने वाले को पैसे की ज़रूरत रही होगी इसलिए उसने ऐसा क़दम उठाया; उन्होंने उसे यह कहकर आशीर्वाद भी दिया, 'उसे भगवान कई गुना दे।' अगर साफ़ शब्दों में कहा जाए तो वे पूरी तरह से शांत थे। उनके पास दूसरा विकल्प यह था कि वे पूरे आठ साल तक अपने मन में द्वेष और घृणा को बसाए रखते। फिर भी उन्हें आठ साल बाद पैसा वापस मिल जाता, परंतु उन सालों के दौरान वे अपनी मानसिक अवस्था का इतना नुक़सान कर लेते कि उसकी भरपाई कभी भी धन से नहीं हो सकती थी।

सुरेश ओबेरॉय : पर बहुत से लोग ऐसे हैं, जो शायद आपसे और मुझसे सहमत नहीं होंगे। वे कहेंगे कि यह एक कमज़ोरी है। मुझे चुप क्यों रहना चाहिए? हम आगे इस पर चर्चा करेंगे। अब कुछ समय के लिए ध्यान करते हैं।

• • •

विश्रांत भाव से इन विचारों पर मनन करें :

मुझे ध्यान अपने ऊपर केन्द्रित करना है... अपने आपको गहराई से देखूँ... पूरे दिन के दौरान मेरी प्रतिक्रिया औरों के प्रति कैसी होती है... क्रोध... ईर्ष्या... निंदा, घृणा... आज तक यह स्वाभाविक लगते थे... लेकिन आज मुझे रुककर अपने से पूछना है... यह सब किसको जा रहा है... यह भावनाएँ मेरी रचना हैं... जिनका सबसे पहले मुझे अनुभव होता है... यह ऊर्जा सबसे पहले मेरे मन को मिलती है... कौन मुझे दुःख देता है... कौन मुझे दर्द पहुँचाता है... मेरे पास विकल्प है... मैं एक पवित्र शांत स्वरूप आत्मा हूँ... एक अभिनेता अन्य अभिनेताओं के साथ अलग-अलग तरह की भूमिकाएँ निभा रहा है... मैं अभिनेता अपने वास्तविक स्वरूप को स्मृति में रखते हुए... प्रत्येक कार्य तथा भूमिका अपने मूल स्वभाव को याद रखते हुए निभाता हूँ... एक माता-पिता की भूमिका... दोस्त की भूमिका... बॉस की भूमिका... मैं एक शुद्ध पवित्र आत्मा हर भूमिका निभाता हूँ... ओम शांति!

असीम आनंद प्राप्ति के मंत्र

- यदि हम अपनी सोच में परिवर्तन करें, तो हमारे बोल और कर्म अपने आप ही बदल जाएँगे। इस तरह, व्यक्तित्व का रूपांतरण हमारे विचारों से ही आरंभ होता है।
- जब हम लोगों से मिलते हैं, तो हमें उस आत्मा से मिलना है, ना कि उनके शरीर, पद या उपलब्धियों से जिन्हें उन्होंने इस जीवन में प्राप्त किया है। जब हम अपनी प्राप्त की हुई उपलब्धियों की चेतना के माध्यम से बोलते हैं, तो उस समय हमारा अंहकार उनके अंहकार से बात करता है।
- किसी भी परिस्थिति में, हम बहुत से दूसरे नायकों के साथ अपनी भूमिका अदा कर रहे हैं। हमें उनकी स्क्रिप्ट लिखना बंद कर देना चाहिए क्योंकि उस पर हमारा वश नहीं है। हमें केवल अपनी ही स्क्रिप्ट लिखनी चाहिए। जब हम यही सोचते रहते हैं कि दूसरे व्यक्ति क्या कर रहे हैं, तो उस समय हम केवल अपनी ऊर्जा का क्षय करते हैं।

अपनी नियति की रचना

सुरेश ओबेरॉय : सिस्टर शिवानी, हम विचारों और सजगता की बात कर रहे थे। मुझे एहसास हुआ कि जब तक मुझे किसी बात की सजगता का अनुभव होता है, तब तक वो कर्म में आ चुका होता है। विचार इतनी तीव्रता से आते और जाते हैं कि कई बार इन्हें वश में करना या इनके लिए सजग होना, कठिन-सा लगने लगता है। हाँ, एक बात हुई है, जब मैं ग़ुस्से में होता हूँ और मुझे अचानक इसका एहसास होता है तो मैं इसे बीच में ही रोक सकता हूँ। मैं प्रतीक्षा कर रहा हूँ कि मुझे ग़ुस्सा आने से पहले ही पता चल जाए कि मेरे भीतर ग़ुस्सा पनप रहा है।

सिस्टर शिवानी : आप जानते हैं कि यह एक बहुत अच्छी शुरुआत है, यह सजगता है। आप अपने ग़ुस्से को बीच में ही रोक सकते हैं, जिसका मतलब है कि पहले आप पूरे दस मिनट तक अपने आपे से बाहर रहते थे, अब आप एक या दो मिनट में ठीक हो जाते हैं।

सुरेश ओबेरॉय : मेरे भीतर कुछ ऐसा है, जो मुझे याद दिलाता है, मुझसे बात करता है अपने को वश में करने के लिए।

सिस्टर शिवानी : क्योंकि हमने अपनी यह परिभाषा बदल दी है कि स्वाभाविक या प्राकृतिक क्या है। पहले हम कहते थे कि ग़ुस्सा आना स्वाभाविक था, तो हम अपने-आपको ग़ुस्सा होने की आज़ादी दे देते थे। हमें हमारे काम

को करने के लिए गुस्से की ज़रूरत होती थी। वह हमारा विश्वास तंत्र था। हमें अपना गुस्सा जायज़ लगता था इसलिए हमें उसे कभी बदलने की भी आवश्यकता महसूस नहीं हुई। अब हम एक नए विश्वास तंत्र के साथ प्रयोग कर रहे हैं। शांति एक स्वभाव है और हम अपने लिए शांति चाहते हैं; और अब हम यह समझते हैं कि यह हमारा अपना संस्कार है। अब जब भी हमें गुस्सा आता है, तो हम यह समझ जाते हैं कि हम कुछ ऐसा कर रहे हैं, जो हमारा मूल स्वभाव नहीं है, और यह एहसास होते ही हम उसे तुरंत वहीं रोक देते हैं।

सुरेश ओबेरॉय : हमने पिछले अध्याय में एक प्रश्न अधूरा छोड़ा था। लोग क्या कहेंगे - देखो, यह आदमी कितना कमज़ोर निकला, दूसरा इसे सबके सामने जाने क्या-क्या कह गया पर यह चुप रहा।

सिस्टर शिवानी : सबसे पहले, हमें यह देखना होगा कि कौन-सी बात ज़्यादा मायने रखती है : हम क्या महसूस करते हैं या लोग क्या महसूस करते हैं। यह एक बहुत बड़ा प्रश्न है। हमें बहुत ध्यान व सावधानी से निरीक्षण करना होगा, यह हमारे लिए बहुत कठिन हो सकता है। कुछ लोगों के लिए उनकी अपनी मानसिक अवस्था अधिक मायने रखती है और कुछ लोगों के लिए दूसरों की राय ज़्यादा मायने रखती है।

सुरेश ओबेरॉय : दोनों ही महत्त्व रखती हैं, पर सच कहूँ तो हमारी अपनी राय ज़्यादा मायने रखती है।

सिस्टर शिवानी : चलिए, हम एक दृश्य का मानसिक चित्रण करते हैं, एक ऑफ़िस में दो सहकर्मी काम करते हैं। उनमें से एक चिल्ला रहा है और दूसरे व्यक्ति के लिए अपशब्दों का प्रयोग कर रहा है। दूसरा व्यक्ति भी उसी तरह पेश आता है और उससे भी तेज़ सुर में चिल्लाने लगता है। क्या हम इसे ताक़त कहेंगे? अब इसी हालात में, दूसरा व्यक्ति शांत और स्थिर बना रहता है, वह समझता है कि यह अपनी बात या नज़रिया समझाने का सही वक़्त नहीं है। वह न केवल बाहरी तौर पर शांत बना रहता है, बल्कि अपने सहकर्मी के प्रति सहानुभूति दिखाते हुए, उसके लिए अपने मन में सद्भाव भी

बनाए रखता है। अगर हम इस दृश्य के गवाह होते, तो क्या हम इसे कमज़ोरी कहते? हमें यह भी नहीं सोचना चाहिए कि यह कोई ताक़त है या कमज़ोरी, हमें यह देखना चाहिए कि कौन-सा व्यवहार अधिक तार्किक और सरल है। अगर कोई हम पर चिल्लाता है तो बदले में उस पर चिल्लाना कहीं आसान है या मन ही मन शांत व स्थिर रहते हुए, चिल्लाने वाले व्यक्ति के लिए अच्छे विचार और भावनाएँ रख पाना कहीं आसान है?

सुरेश ओबेरॉय : दूसरा विकल्प मुश्किल है, बहुत-बहुत मुश्किल है।

सिस्टर शिवानी : इसलिए तो वो ताक़त है।

सुरेश ओबेरॉय : क्या कुछ मुश्किल करके दिखाना ही असली ताक़त होगी?

सिस्टर शिवानी : हाँ, क्योंकि कुछ मुश्किल करके दिखाने के लिए ही असली ताक़त की ज़रूरत होती है। अगर हमें यह कुर्सी उठानी है तो इसके लिए हमें ताक़त की ज़रूरत होगी। हम कहते हैं कि हम ऐसा नहीं कर सकते; यह हमारी शारीरिक दुर्बलता है। नकारात्मक ऊर्जा के ख़िलाफ़ कुछ करने से पहले अपना बचाव करने और फिर उस नकारात्मक ऊर्जा के ख़िलाफ़ सकारात्मक ऊर्जा के स्रोत को खड़ा करने के लिए बहुत सारी ताक़त और शक्ति की आवश्यकता होती है। दूसरे पर चिल्लाना और यह सफ़ाई देना कि पहले यह चिल्लाया था, इस काम के लिए भी क्या कोई ताक़त चाहिए?

सुरेश ओबेरॉय : स्कूली दिनों में हम बच्चे अक्सर दूसरों के हाथों सताए जाते थे। अगर हम चुप रहते, तो दूसरे हमें डरपोक कहकर चिढ़ाते। लोग कहते कि तुम्हारे भीतर तो बिलकुल जान ही नहीं है।

सिस्टर शिवानी : जब हमें कोई सताता है तो हम भीतर ही भीतर परेशान हो जाते हैं। अगर बॉस मुझ पर चिल्लाता है तो हम उसके पद की वजह से उसे पलट कर जवाब नहीं दे सकते। परंतु आंतरिक रूप से हम स्थिर नहीं हैं, हम पर इसका असर होने लगता है। लोग तो यही कहेंगे कि हमें भी चिल्लाकर, अपना बदला पूरा कर लेना चाहिए था। वैसे, ऐसे गुस्से को अपने भीतर पालने

से तो बेहतर यही होगा कि आप उसे उस पर निकाल ही दें। यहाँ हम ग़ुस्से को अपने अंदर रखने की बात नहीं कर रहे। हम तो केवल यही कह रहे हैं कि हमारे भीतर नकारात्मक ऊर्जा पैदा नहीं होनी चाहिए; और यही असली ताक़त है, शक्ति है।

सुरेश ओबेरॉय : सिस्टर शिवानी, आजकल तो अपने बॉस से एक भी शब्द कह पाना बहुत कठिन होता जा रहा है। हर व्यक्ति अपने पद पर बना रहना चाहता है। लोग बाहरी तौर पर अपने बॉस की सारी बातें सुनते हैं पर मन ही मन वे बहुत तकलीफ़ सहते हैं।

सिस्टर शिवानी : वो अपने अंदर गुस्सा रच रहे हैं। यह क्रोध आंतरिक है, मुख से शांत है, लेकिन मन में क्रोध है। ग़ुस्सा तो ग़ुस्सा ही होता है; भले ही वह ठेस के रूप में हो, नफ़रत के रूप में हो या फिर मौखिक अपशब्दों के रूप में हो। यह हम पर अपना असर डाल रहा है। पर जब हम अपने विचार और भावनाओं पर ध्यान देने लगते हैं, तो हम इसे पहले बाहरी तौर पर रोकने में सक्षम हो जाएँगे और फिर धीरे-धीरे इसे अपने भीतर से भी कम कर सकेंगे। फिर इससे कोई अंतर नहीं पड़ता कि आपके सामने आपके बॉस थे या आपके बच्चे, आपके नियम सबके लिए समान रहते हैं।

सुरेश ओबेरॉय : तो असीमित प्रसन्नता का अनुभव पाने के लिए व्यक्ति को क्या करना चाहिए? ऐसी मानसिक स्थिरता कैसे पाई जा सकती है?

सिस्टर शिवानी : पहले, हमें यह समझना होगा कि ग़ुस्सा कोई ताक़त नहीं है; यह आपकी एक कमज़ोरी है क्योंकि उन क्षणों में हम अपने आपे से बाहर हो गए थे, खुद पर नियंत्रण खो दिया था और अपने वश से बाहर होना, ताक़त नहीं कहलाता, यह एक दुर्बलता है।

सुरेश ओबेरॉय : अगर ग़ुस्सा एक ताक़त नहीं है, तो ग़ुस्सा क्या है? क्या यह ख़ालीपन है? क्या यह कुंठा है या यह हीनभावना है?

सिस्टर शिवानी : ग़ुस्सा एक उपद्रव है, जो हमारे भीतर घटता है; हम इसे

जायज़ ठहराते हैं और हम जो भी महसूस कर रहे हैं, उसके लिए पूरे संसार को दोषी ठहराते हैं और उनसे इस बात के लिए बदला लेना चाहते हैं। यह क्रोध किसी एक व्यक्ति के लिए हो सकता है और किसी दूसरे व्यक्ति पर उतारा जा सकता है। हम कई तरह से अपने गुस्से को व्यक्त करते हैं और अलग-अलग लोगों पर व्यक्त करते हैं। हम कहते हैं कि मैं बॉस को कुछ नहीं कह सकता; परंतु जब हम शाम को घर आते हैं तो पत्नी पर चिल्लाने लगते हैं। आपकी पत्नी आपसे कुछ नहीं कह सकती तो वह बच्चों पर चिल्लाकर अपनी खीझ उतारती है, तो यह नहीं कहा जा सकता कि हमें बॉस की बात पर गुस्सा ही नहीं आया; बस हमने उसे अपने मन में दबा कर लिया और किसी दूसरे पर मौक़ा पाते ही निकाल दिया। चलिए इस तंत्र को समझने की कोशिश करते हैं। तब शायद, हम जीवन में जो भी कर रहे हैं, उस पर और अधिक ध्यान दे सकें। जब भी आपके मन में एक विचार जन्म लेता है, उसके बाद क्या होता है?

सुरेश ओबेरॉय : उस विचार के पैदा होने के बाद वह कर्म में आएगा।

सिस्टर शिवानी : वह तो बाद में आने वाली अवस्था है। ज्यों ही हमारे मन में विचार पैदा होता है, उसके बाद क्या होता है?

सुरेश ओबेरॉय : जब हम किसी विचार को जन्म देते हैं तो हमारे भीतर कुछ भाव भी जन्म लेते हैं।

सिस्टर शिवानी : हाँ, ज्यों ही हमारे मन में कोई विचार आता है, उसके तुरंत बाद भावना का जन्म होता है। कई बार हमें अपने विचार का पता नहीं चलता पर उस भावना का एहसास हो जाता है। 'मुझे आज कुछ अच्छा नहीं लग रहा। पता नहीं किस बात के कारण ऐसा लग रहा है। पर यह तो तय है कि कुछ अच्छा नहीं है।' या फिर आज मुझे बहुत अच्छा लग रहा है। जो भी मुझे लग रहा है, वह इसलिए क्योंकि हमने अपने मन में किसी ऐसे विचार को जन्म दिया है, अगर हम उस विचार का पता न चले तो हमें हमेशा भावना पर ध्यान देना चाहिए क्योंकि वह उसी विचार की उपज है। अगर मुझे आपसे

मिलना है तो मैं एक विचार रचूँगी, "मुझे उससे आज मिलना है।" पिछले अनुभव या दूसरों से आपके बारे में सुनी हुई बातों के आधार मेरे मन में उसी समय कुछ भावनाओं का उदय होगा। विचार के बाद हमेशा भावना आती है।

लोगों बारे में, संसार के बारे में; अगर हम अपनी भावनाओं को एकत्रित करते हैं, तो उसे हमारी वृत्ति (ऐटिट्यूड) बनती है। आपके बारे में जो मेरी सोच होगी, उस आधार से भावना महसूस होगी, और कई बार आपके बारे में ऐसा सोचने के कारण, मेरी आपके बारे में वृत्ति बनेगी। हम जानते हैं, हम अपनी वृत्ति में बदलाव की बात करते हैं तो वह एक तरह से विचार को बदलने की ही बात होती है। हम अपने रवैए में बदलाव कैसे ला सकते हैं? पहले हमें उन विचारों को बदलना होगा, जो हमारे मन में किसी के लिए हैं।

हम अपनी वृत्ति को नहीं बदल सकते। हमें अपने विचारों को बदलना होगा और हमारी वृत्ति अपने आप ही बदल जाएगी।

सुरेश ओबेरॉय : और विचार को बदलने के लिए क्या किया जाए?

सिस्टर शिवानी : इसी बारे में तो हम बात कर रहे हैं - आराम से बैठें, उन्हें देखें, उन्हें चुनें व बदल दें।

सुरेश ओबेरॉय : सजगता और अभ्यास, और सजगता अपने-आप में एक अभ्यास है। सजग रहें, सजग रहें, सजग रहें, केवल यही अभ्यास है।

सिस्टर शिवानी : धीरे-धीरे आप पाएँगे कि आपकी वृत्ति में बदलाव आ गया है।

सुरेश ओबेरॉय : तब आपको कुछ सोचना नहीं होगा क्योंकि यह स्वचालित रूप से होगा।

सिस्टर शिवानी : यह आपकी प्रक्रिया का हिस्सा बन जाएगा।

सुरेश ओबेरॉय : तो आधार ही आपके विचारों की सजगता है।

सिस्टर शिवानी : इससे पहले भी एक अवस्था होती है, जिसे हम देखेंगे। पर

हम इन अवस्थाओं पर पहले ग़ौर कर लेते हैं... विचार, भावना, वृत्ति, कर्म (ऐक्शन)। अगर हम किसी के लिए एक सकारात्मक वृत्ति रखते हैं, तो हमारा बोलने का तरीक़ा, हमारा पेश आने का तरीक़ा और दूसरों के साथ हर काम करने का तरीक़ा ही अलग होगा; पर अगर हम दूसरों के लिए नकारात्मक वृत्ति रखते हैं, तो सब कुछ अपने-आप ही बदल जाएगा।

सुरेश ओबेरॉय : जब आप ऐक्शन शब्द बोलती हैं तो आपको पता है कि मुझे क्या याद आता है? मेरे डायरेक्टर ज्यों ही ऐक्शन शब्द बोलते, मैं अपना सीन शुरू कर देता। वे कहते 'कट' और मैं उस सीन को वहीं रोक देता।

सिस्टर शिवानी : यह कुछ ऐसा ही है, जिसे हम सारा दिन कर सकते हैं - ऐक्शन और फिर कट। आपके पेशे में आपके पास कम से कम एक रीटेक तो होता है, पर सामान्य जीवन में हमारे पास रीटेक नहीं होता। ऐक्शन तो पहले ही हो चुका है। शूटिंग में रीटेक की सुविधा होने के बावजूद, आप कितनी सावधानी से शूटिंग करते हैं। जीवन में, जहाँ रीटेक तक नहीं है, हम किसी भी बात पर ध्यान तक नहीं देते। आपके मन में पैदा होने वाला एक-एक विचार, आपके शरीर और आस-पास के लोगों पर अपना असर डालता है। दस मिनट तक आपने ख़ुद को पीड़ादायी विचारों से घेरे रखा, दसवें मिनट में आप कहते हैं, 'छोड़ो भी, उन बातों को क्या याद करना।' ग्यारहवें मिनट में आपने सोच बदली परंतु उन दस मिनट के भीतर जो नुक़सान हुआ, उसकी भरपाई कैसे होगी। यही वजह है कि हमें निरंतर सजग रहना होगा। यह सिर्फ़ अभ्यास से ही संभव हो सकता है। वे दस मिनट, आठ और पाँच और फिर तीन मिनट में बदलेंगे और अंत में आप उनके आरंभ होते ही, उन्हें पहचानने और रोकने की स्थिति में आ जाएँगे। फिर वह अवस्था भी आ जाएगी, जब मन में ऐसे विचारों के लिए कोई जगह ही नहीं रहेगी। ज्यों ही वह विचार पैदा होने लगेगा, अगले ही पल, उसे बदलने का आदेश भी अपने ही भीतर से आ जाएगा।

सुरेश ओबेरॉय : एक दिन ऐसा भी आएगा जब हमें ऐसी सोच से आज़ादी मिल जाएगी।

सिस्टर शिवानी : बेशक़! क्योंकि तब अपने अपने मूल स्वभाव की चेतना से जुड़ जाएँगे - एक पवित्र आत्मा। हम इस समय परावर्तन या परिवर्तन के दौर से गुज़र रहे हैं। मानो हम सो रहे हैं और अपनी ओर से जागने की पूरी कोशिश कर रहे हैं। कभी-कभी हम जागते हैं और कहते हैं, "मुझे पाँच मिनट और सोना है।" जब हम सही मायनों में उठते हैं तो कहते हैं कि मैं एक शांतिपूर्ण जीव हूँ; एक बार फिर से हमें क्रोध आ जाता है; और हम फिर से अज्ञान की निद्रा में खो जाते हैं।

सुरेश ओबेरॉय : किसी भी व्यक्ति को सबसे पहले विश्वास करना होगा। अगर मैं कल किसी से कहूँ कि आप बहुत ही शांतिप्रिय जीव हैं तो वह कहेगा कि इस बात का क्या सबूत है? क्या ऐसा इसलिए है क्योंकि हर जीव शांति पाने के लिए तड़प रहा है?

सिस्टर शिवानी : हम उसी चीज़ के लिए तड़पते हैं, उसी चीज़ की कामना करते हैं, जो हम सही मायनों में हैं। यह शरीर पंच तत्वों - जल, वायु, आकाश, अग्नि व धरती के मेल से बना है। जब भी शरीर में इनमें से किसी एक भी तत्व की कमी होती है तो हम तत्काल कहते हैं, 'मुझे पानी चाहिए।', 'मुझे ताज़ी हवा चाहिए।' हमें पानी क्यों चाहिए क्योंकि शरीर इसी से बना है और इस समय शरीर में इसकी कमी हो रही है। उस समय अगर हमें कुछ और मिलता है, तो हम लेने से इंकार कर देंगे। मेरा अस्तित्व सात विशुद्ध तत्वों के मेल से बना है; पवित्रता, शांति, शक्ति, प्रेम, ज्ञान, सत्य व आनंद। जब भी कहीं हल्का-सा भी असंतुलन आता है तो हम कहते हैं : मुझे शांति चाहिए, मुझे प्यार चाहिए, मुझे शक्ति चाहिए।

भले ही विधियाँ अलग-अलग हों परंतु हर व्यक्ति एक ही चीज़ की तलाश में है क्योंकि यही हमारा मूल स्वरूप है। भले ही हम गुस्से को एक साधन के तौर पर प्रयोग में ला सकते हैं पर हम गुस्सा करते हुए, ख़ुद को कभी आरामदेह महसूस नहीं करते। गुस्सा हमारा स्वभाव नहीं है, यह एक प्राप्त किया गया 'संस्कार' है।

सुरेश ओबेरॉय : संभवतः यही कारण है कि हमें शांत लोग पसंद आते हैं। हम

एक संत के पास बैठना पसंद करते हैं और किसी ख़ास मंदिर, तीर्थ या किसी वृक्ष के नीचे बैठ कर शांति का अनुभव करते हैं।

सिस्टर शिवानी : क्योंकि उस समय हम अपने प्राकृतिक स्व के निकट होते हैं। हम किसी प्राकृतिक स्थान पर सूर्योदय या सूर्यास्त का दृश्य देखने जाते हैं तो हमें बहुत अच्छा लगता है। जब हम सड़क पर भारी जाम के बीच फँसते हैं तो हमें अच्छा नहीं लगता, क्यों? अस्त-व्यस्तता या कोलाहल हमारा सहज स्वभाव नहीं है। जिस व्यक्ति, स्थान या परिस्थिति के संपर्क में आकर, हम ख़ुद को अपने असली स्वरूप के निकट अनुभव कर पाते हैं, वह हमें अच्छा लगता है।

सुरेश ओबेरॉय : तो ये सातों तत्व मेरे भीतर हैं और यही प्रमाण है कि जब हम शांत होते हैं तो हमें अच्छा लगता है। हम इन सातों तत्वों के लिए अपने भीतर की बैटरी को रिचार्ज कैसे कर सकते हैं?

सिस्टर शिवानी : इस प्रक्रिया को पूरी तरह से समझने की चेष्टा करें। अब हम अपनी सोच को बदलने की कोशिश करें। पहले हम कहते थे, "मुझे शांति चाहिए," अब हम कहते हैं "मैं शांत स्वरूप हूँ।" विचार बदलते हैं, तो भावनाएँ बदलेंगी, वृत्ति बदलेगा और फिर ऐक्शन यानी अब हमारे कर्म शांति चाहने के कार्यों पर केन्द्रित नहीं होंगे, क्योंकि अब हम जानते हैं कि हम शांति हैं। अब हमारा हर कर्म अपने मूल स्वभाव शांति के आधार पर ही होगा।

जब भी हम किसी काम को कई बार दोहराते हैं, तो वह आदत में बदल जाती है। हमारी सारी आदतों के मेल से ही हमारा व्यक्तित्व बनता है। तो हम आज जो भी हैं, हमारा जो भी व्यक्तित्व है, यह हमारे द्वारा रचे गए विचारों का पैकेज ही है। व्यक्तित्व विकास कार्यक्रम हमें सिखाते हैं कि हमें इस तरह मुस्कराना चाहिए, इस तरह 'हलो' कहना चाहिए और भी बहुत कुछ! पर अगर हम अपने भीतर से ख़ुश नहीं होंगे तो उनमें से कुछ भी कारगर नहीं हो सकता। अगर हम अपने भीतर से ख़ुश नहीं हैं, तो हमारे चेहरे पर मुस्कान कैसे आ सकती है? और अगर हम ख़ुश न होने के बावजूद भी मुस्करा रहे हैं, तो हम लोगों को कैसी ऊर्जा भेज रहे हैं? तो हमारे व्यक्तित्व का

निर्माण हमारे मन से ही शुरू होता है। यह प्रक्रिया होगी - विचार - भावना - वृत्ति - कर्म - आदत - व्यक्तित्व। अब हम सबसे आख़िरी और अहम चरण की बात करते हैं। यही व्यक्तित्व दुनिया में लोगों से मिलेगा, काम करेगा, परिवार के साथ रहेगा, हर क़दम पर जैसा हमारा व्यक्तित्व वैसी हमारी नियति होगी। यह सब हमारे विचार और हमारी सोच से ही आरंभ होता है।

सुरेश ओबेरॉय : ओह! तो ये विचार ही हमारी नियति, मेरे भाग्य को रच रहे हैं? और यह जीवन हमारे अपने ही विचारों को प्रकट करता है? हम अपने भविष्य को रच रहे हैं, हम अपने जीवन को रच रहे हैं, और हम अपने ही परिवेश को रच रहे हैं। हम जो भी दे रहे हैं, बदले में वही पा रहे हैं। आज यह सब एक विचार से आरंभ हुआ।

सिस्टर शिवानी : आज हम अपनी नियति, अपने भाग्य को बदलने के लिए कुछ भी करने को तैयार हैं। हम किसी ज्योतिषी, किसी अंकविद्या विशेषज्ञ या टैरो कार्ड रीडर के पास भी जा सकते हैं। हम चाहते हैं कि वे हमारे लिए, हमारे आने वाले कल को बाँच दें और हम इतना ही नहीं चाहते, फिर हम उनसे आग्रह करते हैं कि वे हमारे भाग्य को बदलने के लिए कुछ करें। जबकि सच्चाई यही है कि इस दिशा में दूसरा कोई भी, हमारे लिए कुछ नहीं कर सकता।

सुरेश ओबेरॉय : हम अपनी सोच में बदलाव कैसे ला सकते हैं?

सिस्टर शिवानी : पहला चरण तो यही होगा कि हम इसके महत्त्व को समझें। पहले हम कहते थे, उन लोगों ने मेरे साथ ऐसा किया, तो मुझे भी बदले में ऐसा करना पड़ा। पर अब हम यह ध्यान रख सकते हैं कि हम जो भी सोचते या करते हैं, उसी से हमारा भाग्य रचा जाता है। आज के युग में हम भाग्य को लेकर बहुत गहरी उलझन में हैं; हम कहते हैं, हमारे साथ ऐसा हुआ, यह हमारा भाग्य था, हमारी क़िस्मत में ऐसा लिखा था। परंतु इस क़िस्मत का फ़ैसला कौन करता है? चूँकि हम नहीं जानते कि ऐसा कौन करता है, तो हम अपना दोष किसी और पर डाल देते हैं और फिर कहते हैं कि ईश्वर ने मेरे लिए यही लिख रखा है। हम यहाँ फिर सारी ज़िम्मेवारी दूसरे के कंधे पर डाल

रहे हैं क्योंकि हम ख़ुद अपना दायित्व लेने को तैयार नहीं हैं। जबकि सच्चाई यही है कि हम स्वयं अपनी नियति को रच रहे हैं। हम जो ऊर्जा बाहर भेजते हैं, वह हमारा कर्म है और जब वही ऊर्जा लोगों व हालात के रूप में, हमारे पास वापस आती है तो वह हमारा भाग्य होती है। जब हम किसी ज्योतिषी के पास जाते हैं तो वह हमें हालात को बदलने के लिए किसी ख़ास रंग का पत्थर अँगूठी में जड़वाकर पहनने के लिए बोलता है, हम उसकी बात मानकर अँगूठी पहन लेते हैं। जब हम अँगूठी पहन लेते हैं तो हमारे मन में निश्चित रूप से यही विचार पैदा होता है कि ज्योतिषी की बात मान ली, अब हमारे साथ सब अच्छा और भला ही होगा और सब कुछ वास्तव में अच्छा होने लगता है क्योंकि हम अँगूठी को अपने विचारों में बदलाव के लिए उत्प्रेरक के तौर पर प्रयोग में ला रहे हैं, और इस तरह हमारे भाग्य में भी परिवर्तन आ जाता है।

सुरेश ओबेरॉय : कोई साधु महात्मा हमसे कहता है कि वह एक प्रार्थना या दुआ लिखकर, किसी ताबीज़ में डाल देगा। अगर हम उसे अपने गले में पहन लेंगे तो कोई भी काला जादू या बुरी ताक़त हमारा कुछ नहीं बिगाड़ सकेगी। हम इस विषय में इतने आश्वस्त हो जाते हैं कि अब हमारे साथ कुछ बुरा नहीं होगा। तो हमारा विचार भी यहाँ बदल गया है।

सिस्टर शिवानी : हम उसे पहनने के बाद, कितनी देर तक उस सोच को अपने मन में स्थान दे सकेंगे। अगर हम सजग न रहे तो यह विचार कुछ दिन तक हमारे साथ रहेगा और फिर वह ताबीज़ या अँगूठी, हमारे शरीर का ही एक हिस्सा बनकर रह जाएगी।

सुरेश ओबेरॉय : हमने इस लिहाज़ से तो कभी सोचा ही नहीं था। अब अगर हम किसी की दी अँगूठी पहन लेते हैं; तो कुछ दिन तक तो वह हमारी याद में बनी रहेगी। हम सोचेंगे कि मैंने उसे पहन रखा है इसलिए मेरे भीतर नकारात्मकता पैदा नहीं हो सकती और मैं एक ख़ुशहाल इंसान बन जाऊँगा। हम कुछ समय बाद इसे भूल जाते हैं और अपने पुराने स्वभाव पर वापस आ जाते हैं। हमने अपने-आपको भीतर से रत्ती भर भी नहीं बदला।

सिस्टर शिवानी : हमने अपने विचारों को बदलने के लिए अँगूठी को उत्प्रेरक के तौर पर प्रयुक्त किया। जब तक हम उसके प्रति सजग हैं, हम अपने भीतर बहुत अच्छे विचारों को जन्म दे रहे हैं और यह मानकर चल रहे हैं 'अब मेरे साथ सब अच्छा ही होगा। कोई मेरा कुछ नहीं बिगाड़ सकता।' बस, हमें यही विचार चाहिए था। हमने वह अँगूठी पहन रखी है, इसलिए हमारे लिए उस अँगूठी के साथ अपने मन में इन विचारों को स्थान दे पाना आसान होगा। एक माह बाद, यह हमें अपनी देह का एक हिस्सा लगने लगी। उसका नयापन समाप्त होते ही हम अपने पुराने विश्वास तंत्र पर फिर से वापस आ जाएँगे - 'उसने मेरे साथ ऐसा किया, उन्होंने मेरे साथ वैसा किया।' जब हम यह भूल जाएँगे कि हमने कोई अँगूठी भी पहन रखी है, तो उसका असर भी जाता रहेगा।

सुरेश ओबेरॉय : तो हमारे मन में उस उत्प्रेरक के कारण ऐसी सोच पैदा हो रही है।

सिस्टर शिवानी : हम उस उत्प्रेरक का प्रयोग करते हुए, उन विचारों को पैदा कर रहे हैं।

सुरेश ओबेरॉय : क्या आपके पास इस विषय पर कोई ध्यान विधि है, कि हम ही शक्ति हैं और हम ही इसे रच रहे हैं।

• • •

विश्रांत भाव से इन विचारों पर मनन करें।

मेरा जीवन... मेरी यात्रा... मैं ही इसकी स्क्रिप्ट लिख रहा हूँ... जिस तरह मैं हर सोच को जन्म देता हूँ... उसके साथ ही मैं अपना भाग्य भी स्वयं लिख रहा हूँ... मुझे इस विषय में सजग होना चाहिए कि कोई भी घटना अपने-आप नहीं घटती...मैंने अपना भाग्य स्वयं लिखा है... अब मेरे साथ जो भी घट रहा है...मैंने इसकी स्क्रिप्ट बहुत पहले ही लिख दी थी... अब मैं जो करता हूँ... अब मैं जो सोचता हूँ... मैं अपने वर्तमान और भविष्य के लिए स्क्रिप्ट

लिख रहा हूँ... यह सारी शक्ति पूरी तरह से मेरे पास है... मुझे ही सजग व सचेत होना होगा कि मैं ही अपनी स्क्रिप्ट का लेखक हूँ... मैं एक शक्तिशाली आत्मा हूँ... मैं हालात और लोगों से प्रभावित नहीं होता... विचार, मेरी नियति और भाग्य बनाते हैं। ओम शांति!

आनंद प्राप्ति के मंत्र

- अगर कुछ व्यक्ति प्रतिक्रिया दे रहे हैं, तो उस समय हमें स्थिर रहना होगा, आंतरिक स्थिरता एक ताक़त है। शांति कोई दुर्बलता नहीं एक बल है।
- क्रोध कोई बल नहीं। यह इस बात का लक्षण है कि हमने स्वयं पर नियंत्रण खो दिया है। यहाँ तक कि दिल को ठेस लगना व द्वेष भी क्रोध के ही शांत रूप हैं, जो सर्जक को हानि पहुँचाते हैं।
- हमारे हर विचार के बाद एक भावना का जन्म होता है। अगर हम बेहतर महसूस नहीं कर रहे, तो हमें थमकर देखना होगा - हम क्या सोच रहे थे।
- हमारे विचारों के आधार पर हमारी भावनाएँ बनती हैं। हमारी भावनाओं से हमारी वृत्ति बनती है, हमारी वृत्ति लोगों के बारे में, परिस्थितियों, काम या दुनिया के बारे में।
- जैसी हमारी वृत्ति, वैसा हमारा कर्म होगा। जब भी किसी काम को बार-बार किया जाता है, तो उस दोहराव से एक आदत बनती है। अगर हमारी सारी आदतों को एक साथ मिला दिया जाए तो उनसे हमारा व्यक्तित्व बनता है। जीवन में प्रत्येक चरण पर यह व्यक्तित्व ही हमारे भाग्य को रचता है।
- हम सात विशेषताओं के मूर्तिमान रूप हैं - पवित्रता, शांति, प्रेम, आनंद, ज्ञान, शक्ति व सत्य।

चेतना की ऊर्जा

सुरेश ओबेरॉय : सिस्टर शिवानी, आपने कहा कि जीवन हमारे अपने ही विचारों को प्रकट करने का ज़रिया है। आपने हमारा भविष्य बाँचने वालों और ज्योतिषियों के बारे में भी बात की, जो हमें पहनने के लिए कोई अँगूठी या ताबीज़ वगैरह देते हैं।

सिस्टर शिवानी : हमें इसे समझने के लिए सही नज़रिए का इस्तेमाल करना होगा। हमें अपना जीवन कैसे जीना चाहिए, जो भी विद्या हमें इस विषय में मार्गदर्शन दे रही है, जैसे : ज्योतिष, अंकविद्या या अन्य कोई साधन आदि - ये सब शाखाएँ विज्ञान हैं। लोगों ने लंबे समय तक उस विज्ञान का अध्ययन किया है और उसके लिए गहरी समझ पैदा की है। मानो किसी डॉक्टर ने शरीर विज्ञान को पढ़ा व समझा हो। मान लेते हैं कि हम अपने रक्त परीक्षणों के साथ डॉक्टर के पास जाते हैं और वे बताते हैं कि आने वाले समय में हमें डायबिटीज़ हो सकती है। यह जाँच-पड़ताल उन्होंने हमारे जेनेटिक कारकों को देखकर की है। इसके साथ ही उन्होंने हमारी वर्तमान जीवन शैली और सेहत को भी देखा है। हम इस नई सूचना के साथ घर जाते हैं। यहाँ हमारी ओर से दो तरह की प्रतिक्रिया सामने आ सकती हैं। एक, 'मुझे डाइबिटीज़ होने वाली है। यह तो होना ही था क्योंकि मेरी माँ और नानी को भी यह रोग था; मेरे जीवन में कितना तनाव है और जीवनशैली भी नियंत्रित नहीं है। डॉक्टर ने भी कह दिया है कि मुझे यह रोग निश्चित तौर

पर होगा।' अगर डॉक्टर ने यह कहा है कि शायद हमें एक साल तक यह रोग हो सकता है, तो अगर हम सावधानी नहीं रखते और यही नकारात्मक मानसिकता बनाए रखते हैं, तो बेशक़ छह माह में हम इस रोग का शिकार हो जाएँगे। डॉक्टर से मिली सूचना से पैदा हुआ तनाव, हमारे रोग को उभारने में मदद करेगा। आख़िर में, हम कहेंगे कि डॉक्टर ने जो भी कहा था, वह सोलह आने सच निकला।

डॉक्टर से जानकारी पाने के बाद, अगर हम यह दूसरा विकल्प अपनाते हैं तो हम अपना अभी से ध्यान रखना शुरू कर देंगे। हम अपनी जीवनशैली में बदलाव लाएँगे। हम ध्यान करने लगेंगे, हम प्राणायाम और योग करेंगे। हम अपने खान-पान और सोने के समय में बदलाव लाएँगे। सैर करने जाएँगे। अपने भावों पर पूरा नियंत्रण रखते हुए, सात्विक भाव से जीने की कोशिश करेंगे। इस बात की पूरी संभावना है कि फिर हमें डायबिटीज़ नहीं होगी और डॉक्टर का कहा सच नहीं होगा।

संभावना थी इसलिए वह विशुद्ध विज्ञान है। हमें डायबिटीज़ होने की पूरी संभावना थी, पर वह अभी हक़ीक़त नहीं बनी थी। हमने उस संभावना को एक चेतावनी के रूप में लिया और अपनी जीवनशैली को बदल दिया। फिर वह बात सच नहीं हो सकी क्योंकि हमने अपने जीवन की ज़िम्मेवारी ले ली। हमने अपनी ज़िम्मेवारी पर अपनी जीवनशैली में बदलाव किया और अगर हम ऐसा नहीं करते और उस संभावना को ही सच मान लेते तो जल्दी ही वह साकार रूप में हमारे सामने आ जाती। अगर हम उस संभावना को ही वास्तविकता मान लें, तो हम उसकी वजह से तनाव और बेचैनी भी महसूस करने लग जाते। तो निश्चित रूप से वह सच हो जाता, क्योंकि उसके होने की संभावना तो पहले से ही मौजूद है।

ठीक इसी तरह, हम एक ज्योतिषी के पास जाते हैं। वह कहता है कि ग्रहों, नक्षत्रों आदि की स्थिति के अनुसार, आने वाले छह माह में या अगले दो सालों में यह सब घटने की संभावना है। 'हो सकता है कि आपकी सेहत पर असर पड़े। आपके काम-धंधे पर बुरा असर हो, कोई आपको हानि पहुँचाने की कोशिश कर सकता है।' यह केवल एक संभावना है, ऐसा हो सकता है पर

अभी तक सच हुआ नहीं है। आपके लिए यहाँ इस बात को समझना बहुत महत्त्व रखता है। यह संभावना एक ऐसे आदमी द्वारा दी गई है जो उस विज्ञान को जानते हैं। हम उन्हें धन्यवाद देंगे कि उन्होंने हमें संभावना की जानकारी दी और इसके आगे का सारा दायित्व हम स्वयं सँभाल लेंगे।

सुरेश ओबेरॉय : इसका अर्थ हुआ कि हमें इसे एक चेतावनी के तौर पर लेना चाहिए और जिस तरह हमने डायबिटीज़ की संभावना के बारे में पता लगने के बाद, जीवनशैली में सुधार करते हुए, उस संभावना को नकारा, वैसा ही कुछ यहाँ भी किया जाना चाहिए।

सिस्टर शिवानी : हाँ, पर यह तभी संभव है जब हमारे पास यह ताक़त हो कि हम उस जानकारी को केवल सुन सकें, उसके प्रभाव में न आएँ। बदक़िस्मती से होता यह है कि ज्यों ही कोई हमारे लिए भविष्यवाणी देता है तो हम उसे, उसी पल उसे वास्तविकता मान लेते हैं। हम कहते हैं, 'ऐसा तो अवश्य होगा क्योंकि विशेषज्ञ ने कह दिया है और कई लोगों के लिए विशेषज्ञ की कही बात सच भी निकली है। मेरे लिए भी यह सच ही होगी।' हम पहले ही संभावना को सच मान बैठे हैं और हमारा मन भी यही मान लेगा कि ऐसा तो पक्के तौर पर होगा। हमारे विचार हमारा भाग्य रचते हैं और वह सच हो जाता है।

सुरेश ओबेरॉय : पहले-पहल विशेषज्ञ की कही बातें काफ़ी हद तक सच हुई होंगी। यही कारण है कि हम उन पर बहुत ज़्यादा विश्वास करने लगते हैं।

सिस्टर शिवानी : सच है, क्योंकि यह एक विशुद्ध विज्ञान है और उनकी कही बातों में कुछ अनुचित नहीं है। जिसके लिए एक बात कही जा रही है, यह उसके लिए एक संभावना हो सकती है, उस आदमी ने संभावना को ही हक़ीक़त मान लिया है। उसके मन ने इसे स्वीकार कर लिया है इसलिए यह हक़ीक़त के तौर पर ही सामने आ रही है।

सुरेश ओबेरॉय : पर क्या आपको नहीं लगता कि अगर हमें भविष्य पता होगा तो भाग्य बदल जाएगा?

सिस्टर शिवानी : इसके दो तरीक़े हो सकते हैं। मान लेते हैं, किसी ने आपका भविष्य देखकर कहा कि आने वाले छह माह आपके लिए चुनौतीपूर्ण हो सकते हैं; ग्रह और नक्षत्रों की दशा आपके अनुकूल नहीं है। आप जो भी करेंगे, सफलता आपके लिए मुश्किल है। यह एक भविष्यवाणी नहीं मिलती तो हमें इस बात की जानकारी ही नहीं रहती। जानकारी नहीं, तो आप अपनी पूरी मेहनत और लगन से काम करते हैं। आपके सामने चुनौतियाँ आती हैं, पर आप उसका उमंग-उत्साह से सामना करते हैं, क्योंकि आपको सफलता चाहिए। अगर आपके पास यह जानकारी है कि अगले छह मास सफलता आपके लिए मुश्किल है, तो आपका मन इस जानकारी को भूल नहीं पाता। आप अपना काम आरंभ करते हैं परंतु यह भी कहते हैं, 'इससे कोई लाभ नहीं होगा। मैं जानता हूँ कि इन छह माह में कुछ नहीं होगा। जो भी काम करूँगा, वही बिगड़ जाएगा।' आप छोटी से छोटी बाधा को भी देखकर घबरा जाएँगे और कहेंगे कि ये सब तो हमारे साथ होना ही था और इस तरह उन बाधाओं से पार पाने का उत्साह जाता रहेगा।

सुरेश ओबेरॉय : बेहतर यही होगा कि हम इस तरह की जानकारी से ख़ुद को दूर ही रखें।

सिस्टर शिवानी : हम अपने लिए भविष्य को जानने का प्रयास ही न करें और यदि ऐसा करें भी तो अपने विचारों को उससे परे ले जाने की कोशिश करें। इसे एक चुनौती के रूप में लें।

सुरेश ओबेरॉय : मैं शांति हूँ; मैं परमानंद हूँ; मैं ज्ञान हूँ; मैं शक्ति हूँ।

सिस्टर शिवानी : आपने सही कहा। अब बाधा कहाँ रही? बाधा तो केवल बाहर से ही आ सकती है। इस बाधा से पार पाने के लिए केवल एक ही चीज़ चाहिए, हमारे भीतर स्थिरता होनी चाहिए।

सुरेश ओबेरॉय : यहाँ तक कि एक बच्चा भी चलना सीखने से पहले, कई बार लड़खड़ा कर गिरता है।

सिस्टर शिवानी : अहम बात यह है कि जब वह गिरता है तो वह फिर से उठकर चलने लगता है। अब मान लेते हैं कि हमें किसी ने हमारा भविष्य देखकर बताया कि हम अगले छह माह तक उठ नहीं सकेंगे, जब भी हम चलने की कोशिश करेंगे, हम गिर जाएँगे। ज्यों ही हम पहली बार गिरते हैं, हम कहते हैं, 'छोड़ो भी, मैं छह माह बाद ही कोशिश करूँगा क्योंकि मुझे फलाँ ने कहा है कि इन छह माह में मैं चल नहीं सकता।' तो हम अपनी सटीक ऊर्जा का प्रयोग नहीं करते और चूँकि हम उचित विचारों को पैदा नहीं कर रहे तो इसलिए हमें उचित नियति नहीं मिलेगी।

हम उनसे अपने भविष्य के बारे में जानने के बाद, समाधान पूछते हैं। हम समाधान चाहते हैं ताकि हम अगले छह माह में सफल हो सकें। फिर हमसे कोई ख़ास रंग, कोई ख़ास पत्थर व रत्न वगैरह पहनने को कहा जाता है। उससे क्या होता है? क्या हमारे ग्रह नक्षत्रों की चाल बदल जाती है? नहीं, वे तो अब भी वहीं हैं। पर हम कुछ ऐसा कर रहे हैं जो हमें हमारी सोच को बदलने में मदद कर रहा है। पहले, हमें बताया गया कि पहले छह माह सही नहीं रहेंगे तो हमारी हिम्मत टूट गई थी। अब हमें बताया गया है कि कोई ख़ास रंग का पत्थर अँगूठी में धारण करने से सफलता सुनिश्चित है। अब मन में सोच पैदा होती है कि भले ही कोई भी बाधा आए, हम उसे आसानी से दूर कर सकते हैं क्योंकि हमारे पास ऐसा करने के लिए साधन है। हम इस नग व मोती की मदद से ही अपने ग्रह और नक्षत्रों से आई रुकावट को दूर कर सकेंगे।

सुरेश ओबेरॉय : लोग कहते हैं पहने हुए पत्थर के माध्यम से सूर्य की किरणें हमारी त्वचा में प्रवेश करती हैं। यह सब क्या है?

सिस्टर शिवानी : हम, एक जीव के रूप में ऊर्जा हैं। हमारे अपने स्पंदन हैं। जिस व्यक्ति के पास प्रेम, स्नेह व शुद्धता जैसे भाव होंगे, उसका आभामंडल भी वैसा ही होगा। देवी-देवताओं के चित्रों में, उनके चारों ओर एक सफ़ेद आभामंडल दिखाया जाता है; यह आत्मा की शुद्धता का प्रतीक है। अगर आत्मा शुद्ध होती है तो आभामंडल श्वेत यानी सफ़ेद होता है। अगर कहीं कोई संघर्ष हो तो यह हल्के बादामी या पीले रंग का हो सकता है। यह लाल, नीला या

सलेटी भी हो सकता है। हम बाहरी उत्प्रेरक के प्रयोग से अपने आभामंडल के रंग को बदलने की कोशिश करते हैं, जो हमारे मन पर अपना प्रभाव डालता है। तो हम बाहर से भीतर की ओर जा रहे हैं। सबसे आसान तरीक़ा तो यही है कि हम अपनी सोच को बदल लें, हमारा आभामंडल अपने-आप बदल जाएगा, स्पंदन बदल जाएँगे, हालात में भी अपने-आप बदलाव आ जाएगा।

सुरेश ओबेरॉय : बुनियादी तौर पर, यह रंग और पत्थर हमारे आभामंडल को बदल रहे हैं?

सिस्टर शिवानी : हाँ, ये भी कारगर हैं पर कितना, किस हद तक और कितने समय तक? कोई हमसे कहता है कि हम लाल रंग की कमीज़ पहन लें तो हमारे काम सँवरने शुरू हो जाएँगे; एक इंसान कितनी बार लाल कमीज़ पहन सकता है? हम इसके बदले में अपने मन में एक शक्तिशाली विचार को स्थान क्यों नहीं दे देते? हमें हमेशा से यही लगता आया है कि बाहरी तौर पर होने वाला बदलाव आसान होता है जिससे भीतरी बदलाव को भी अनुभव किया जा सके; दरअसल हमें अंदरूनी बदलाव लाना होगा ताकि हम बाहरी तौर पर उसका अनुभव पा सकें। यह प्रक्रिया बाहर से भीतर नहीं बल्कि भीतर से बाहर की ओर होनी चाहिए। अंदर की दुनिया हमारे वश में है और यह एक स्थायी बदलाव होगा।

सुरेश ओबेरॉय : जब हम इसे बाहरी तौर पर करते हैं, तो हमारे पास इसका पूरा नियंत्रण नहीं होता। जो लोग हमारे आने वाले कल के बारे में बताते हैं, वे पूरी तरह से सही नहीं होते। प्रायः ऐसा होता है, जब हम उन्हें बुलाकर कहते हैं कि उनके कहने के बावजूद ऐसा नहीं हुआ तो वे कहते हैं, 'श्रीमान! मैं भी एक इंसान हूँ और यह आवश्यक नहीं कि मैं हमेशा सही ही कहूँगा।'

सिस्टर शिवानी : वे हमें हक़ीक़त बयाँ नहीं कर रहे, वे तो बस हमें एक संभावना के बारे में बता रहे हैं। हमें इसे याद रखना होगा। हम उन्हें उलाहना देने का कोई हक़ नहीं रखते। एक संभावना में हमेशा एक प्रतिशत होता है। हो सकता है कि उन्होंने आपके आने वाले छह माह को बहुत अच्छा घोषित कर दिया हो पर अगर आप भीतर से टूटे हुए और निराश होंगे तो आपका

कोई भला नहीं होने वाला। इसलिए वह भविष्यवाणी ग़लत निकल जाएगी। हम मन पर बाहरी प्रभाव की चर्चा कर रहे थे। हम अपने मन को इस अभ्यास के साथ उसे इस योग्य बना रहे हैं कि वह हालात, वस्तुओं व व्यक्तियों के प्रभावों से मुक्त होकर, उनसे परे जा सके, तभी वह ख़ुद को ग्रहों व नक्षत्रों के प्रभावों से भी परे ले जा सकता है। ग्रह और नक्षत्र भी तो बाहरी प्रभाव ही हैं। उनका भी असर होता है पर यह हम पर निर्भर करता है कि हमें उनके प्रभाव में आना है या नहीं आना।

जब हम भीतर से दुर्बल होते हैं तो हर चीज़ का अपना प्रभाव होगा, यहाँ तक कि छोटा सा शब्द भी हमें बेचैन कर जाएगा क्योंकि हम अंदर से कमज़ोर हैं। मन के पास इतनी ताक़त नहीं कि वह किसी के कहे हुए एक शब्द को भी सहन कर सके, और इसलिए किसी का कहा एक शब्द हमें अगले दिन या आने वाले छह माह तक भी व्यथित कर सकता है। अगर किसी का कहा एक शब्द छह माह तक हम पर हावी रह सकता है तो यदि ग्रहों व नक्षत्रों का असर छह साल तक भी जारी रहे, तो इसमें हैरानी की क्या बात है। यह बस, बाहरी प्रभावों से उबरने पर ही निर्भर करता है।

सुरेश ओबेरॉय : बुनियादी तौर पर यह बात हम पर ही टिकी है कि हम परेशान हों या नहीं?

सिस्टर शिवानी : हाँ, जैसा कि हम जानते हैं, पति-पत्नी के संबंध अच्छे न हों तो सुझाव दिया जाता है कि उनका शयनकक्ष ग़लत दिशा में है, उन्हें अपने कमरे की दिशा बदल देनी चाहिए। उनके संबंधों में सुधार हो जाएगा। हम विशेषज्ञ की सलाह मानकर दिशा को सही कर देते हैं परंतु घर में जितने भी लोगों के कमरे सही दिशा में हैं, क्या यह आवश्यक है कि उनके संबंध मधुर होंगे? नहीं, अगर ऐसा होना होता तो सभी अपने घरों की दिशा बदल देते, रंग-बिरंगी अँगूठियों को पहन लेते और चारों ओर आनंद ही आनंद हो जाता। हममें से बहुत से लोग, यह सब कर रहे हैं, तो फिर भी इतनी पीड़ा, दर्द और असफलता क्यों है?

सुरेश ओबेरॉय : परंतु यह लोगों के लिए कारगर होता है।

सिस्टर शिवानी : कुछ समय के लिए। उन्होंने अपने मन में सोच को जन्म दिया, 'मैंने ऐसा कर लिया है, अब मेरे संबंधों में सुधार होगा।' छह माह अच्छे बीतेंगे और वे भूल जाएँगे कि उन्होंने अपने घर की दिशा बदली थी। उत्तर, पूर्व, पश्चिम और दक्षिण, ये सब ऊर्जाएँ हैं, जिन्हें हम चुंबकीय क्षेत्र कह सकते हैं। यह एक क्षेत्र है और इसका प्रभाव होगा, परंतु सबसे उच्चतम क्षेत्र तो हमारे मन में है। अगर हम कहते हैं कि हम हर बाधा का सामना कर सकते हैं, भले ही दिशा कोई भी हो, तो हम सही मायनों में ऐसा कर सकते हैं। तब हम घर के ग़लत दिशा में होने पर भी, कुछ भी कर सकते हैं। अगर हम कुछ नहीं कर सकते तो घर के सबसे अच्छी दिशा में होने के बावजूद कुछ नहीं कर सकेंगे। बस हमारे मन को चुनौती लेने के लिए तैयार होना होगा। हम हमेशा बाहरी तौर पर, हर बदलाव नहीं ला सकते; शायद हम घर बदल सकते हों? पर क्या हम दूसरों को बदल सकते हैं? हम केवल अपनी सोच को बदल सकते हैं।

सुरेश ओबेरॉय : पर वे हमें कई अच्छी मिसालें देकर राजी करते हैं कि कैसे किसी एक दिशा के पास बेहतर ऊर्जा होती है।

सिस्टर शिवानी : क्योंकि यह एक विज्ञान है, और इसमें कोई संदेह नहीं है। पर एक विज्ञान है, एक ऐसी ऊर्जा है जो अंकों, संख्याओं, वर्णों और ग्रहों की ऊर्जा से भी कहीं बड़ी है। यह हमारी अपनी ऊर्जा है, चेतना की ऊर्जा!

सुरेश ओबेरॉय : जब हम किसी दूसरी ऊर्जा का प्रयोग करते हैं तो इसका अर्थ यह नहीं हुआ कि हम दुर्बल हैं क्योंकि हमारे पास तो उससे भी कहीं अधिक उच्च ऊर्जा का भंडार ख़ुद के भीतर है।

सिस्टर शिवानी : हम अपने मन की ज़िम्मेवारी लेने के लिए नहीं, इसलिए सभी बाहरी वस्तुओं को बदलने के लिए तैयार होते हैं। हमें अपना व्यापार किस मुहूर्त में आरंभ करना चाहिए; हमारे कार्यालय का मुख किस दिशा में हो; हमें कौन-सा रत्न पहनना चाहिए, हमारे कार्यालय में कौन-से प्रतीक रखे जाने चाहिए। हम अपने आस-पास की हर चीज़ का ध्यान रखते हैं क्योंकि हमारे पास अपने विचारों की देख-रेख करने की शक्ति नहीं है।

सुरेश ओबेरॉय : हमारे पास ख़ुद के भीतर कितनी ऊर्जा का भंडार है और हम हाथ में कटोरा थामे, छोटी शक्तियों से भीख माँग रहे हैं।

सिस्टर शिवानी : हम अंदर से जितने कमज़ोर होते जाएँगे, हमारी बाहरी दौड़ उतनी ज़्यादा होगी। हमारा अपने पर नियंत्रण जितना घटेगा, हमारी शक्ति उतनी ही घटती जाएगी, क्योंकि हम ध्यान नहीं दे रहे हैं। अगर हम अपने बच्चे को सही समय पर अनुशासन में नहीं रखते, तो वह आख़िरकार बिगड़ ही जाएगा।

सुरेश ओबेरॉय : एक व्यक्ति को क्या देख-रेख करनी चाहिए?

सिस्टर शिवानी : अपने मन को अनुशासन में लाएँ, सजग रहें, अपना ध्यान रखते हुए केवल उचित विचारों का ही चुनाव करें।

सुरेश ओबेरॉय : कहीं न कहीं, हमारे लिए यह समझना बहुत मायने रखता है कि हम कौन हैं, हमारी शक्ति कितनी है। अगर हम ही शांति हैं तो अब हम यह नहीं कहेंगे कि हम शांति चाहते हैं।

सिस्टर शिवानी : जी हाँ, आपको शांत होने के लिए अब और कुछ करने की आवश्यकता नहीं है।

सुरेश ओबेरॉय : फिर हम यह भी नहीं कहते, 'मेहरबानी करके मुझे थोड़ी शक्ति दें।' मैं ही शक्ति हूँ। मैं ही ज्ञान हूँ। अगर हमारे पास इतनी प्रचुरता है, तो हमें किसी और चीज़ की आवश्यकता ही क्यों होगी?

सिस्टर शिवानी : नहीं, हमें किसी भी चीज़ की ज़रूरत नहीं होगी। कम से कम बाहरी साधन की आवश्यकता तो बिलकुल नहीं रह जाएगी। तमाम बाहरी साधन आपकी शारीरिक सुविधा के लिए हैं; ये मौज-मस्ती, आनंद और उत्तेजना पाने के लिए हैं। ये शांति और प्रसन्नता के लिए नहीं हो सकते।

सुरेश ओबेरॉय : अगर हम अवकाश मनाने जा रहे हों तो हमारी सोच कैसी होनी चाहिए? पहले तो हम कई बार यह जानकर निराश हो जाते थे कि हम

अपने परिवार को ख़ुश करने के लिए अवकाश मनाने लेकर गए, पर हमारे बच्चे वहाँ से नाख़ुश वापस आए।

सिस्टर शिवानी : पहले ख़ुश हों और फिर अवकाश मनाने जाएँ। हमें ख़ुश होने के लिए अवकाश मनाने नहीं जाना चाहिए। हम प्रसन्न होने के लिए अवकाश मनाने नहीं जा रहे; हम केवल मौज-मस्ती करने जा रहे हैं, अपनी रोज़मर्रा की दिनचर्या से कुछ हटकर जीने जा रहे हैं। एक अवकाश का बस यही अर्थ होता है। तो अवकाश इसलिए नहीं होना चाहिए कि हम वहाँ ख़ुशी की तलाश करना चाहते हैं; वहाँ हम उस प्रसन्नता को बाँटेंगे और प्रकट करेंगे, जो पहले से ही हमारे भीतर मौजूद है। जब हम लेने की बजाय देने की बात करते हैं, तो हमारा नज़रिया बदल जाता है, तब हम नए लोगों से भेंट करने और सबके साथ होने की राह देखते हैं ताकि उन्हें अपनी ख़ुशी प्रदान कर सकें न कि उनसे ख़ुशी प्राप्त कर सकें। हम लोगों को देने के लिए न कि लेने के लिए मिलते हैं।

हम एक शांत और प्रसन्न आत्मा हैं किंतु हमें इसका अनुभव और प्रकटीकरण तभी मिल पाता है, जब हम किसी के साथ मेल-जोल करते हैं। अगर हम अपने-आप में अकेले बैठे हैं, तो हमें अपनी ही विशेषताओं को अनुभव करने या उन्हें प्रकट करने का ज़रिया नहीं मिलता, यही वजह है कि हमारे लिए संबंध बहुत ज़रूरी हैं। जब तक हम लोगों के संपर्क में नहीं आते, उनके साथ ऊर्जा का आदान-प्रदान नहीं करते, तब तक न तो हम कुछ प्रकट कर सकते हैं और न ही कुछ अनुभव कर सकते हैं।

हम अपनी गुणवत्ता का अनुभव तभी कर सकते हैं जब यह बाहर आती है। जब हम किसी पर ग़ुस्सा होते हैं तो पहले हमें ही इससे गुज़रना होता है। इसी तरह, जब हम शांत होते हैं, तो पहले हमें ही शांति का अनुभव होता है। हमें ये अनुभव तभी मिलेंगे, जब हम किसी के साथ मेल-जोल करेंगे और यही वजह है कि हम काम पर जाना पसंद करते हैं। हमें अपने परिवार व दोस्तों से भेंट करना अच्छा लगता है - यह सब कुछ पाने के लिए नहीं, अपने भाव प्रकट करने के लिए और अनुभव करने के लिए हैं।

सुरेश ओबेरॉय : जब कोई व्यक्ति दिखावे के लिहाज़ से कुछ न कर रहा हो और सब कुछ अपने-आप घटता चला जाए तो वाक़ई कितना हल्कापन महसूस होता होगा। करने और होने के बीच के इस अंतर को देखें!

सिस्टर शिवानी : हम सब "ह्यूमन बीइंग्स" हैं पर आजकल हम सब "ह्यूमन डूइंग्स" हो गए हैं। 'बीइंग्स' अर्थात् अनुभव महसूस करने वाले और 'डूइंग्स' अर्थात् 'डू' बाहर काम करने वाले। हम बाहर इतना काम कर रहे हैं पर अंदर क्या महसूस हो रहा है, इस पर हमारा ध्यान नहीं। आध्यात्मिकता सिखाती है कि 'डूइंग्स' से पहले 'बीइंग' पर ध्यान रखें। अंदर प्रसन्न रहकर फिर बाहर काम करें।

सुरेश ओबेरॉय : चलिए इस सारी बात को एक छोटे से ध्यान में पिरो देते हैं।

• • •

विश्रांत भाव से इन विचारों पर मनन करें :

यह शरीर मेरा चोला है...यह केवल एक मशीन है... मैं ही इस मशीन को चलाने और नियंत्रण में रखने वाला हूँ... चेतना... ऊर्जा... आध्यात्मिक जीव... मेरा मूल संस्कार, पवित्रता, शांति और प्रसन्नता के मेल से बना है... मैं अपने-आप को देखता हूँ... मस्तिष्क के मध्य चेतना स्थित है... वहाँ बैठा संचालक, इस मशीन को सँभाल रहा है... भूमिकाएँ अदा कर रहा है... संबंध और उत्तरदायित्व निभा रहा है... मैं एक मनुष्य के रूप में कार्य कर रहा हूँ... परंतु जैसा मैं करता हूँ... मैं प्रकट करता हूँ कि मैं क्या हूँ... जब मैं गाड़ी चलाकर काम पर जाऊँ तो मुझे अपने - आपको देखना है... ऑफ़िस में अपने सहकर्मियों के बीच देखना है... घर में परिवार व मित्रों के बीच देखना है... अपनी पूरी सजगता बनाए रखनी है... मैं एक विशुद्ध आत्मा के रूप में कार्य कर रहा हूँ... लोगों से मेलजोल कर रहा हूँ... और इस प्रकार शांति व प्रसन्नता के मूल संस्कार का अनुभव व प्रकटीकरण कर रहा हूँ... मुझे देखना होगा कि यह दिन कैसा होगा। ओम शांति!

असीम आनंद प्राप्ति के मंत्र

- जो लोग हमारा भविष्य बताते हैं, वे केवल हमें संभावना के बारे में बता रहे हैं। यह केवल एक संभावना है, वास्तविकता नहीं।
- हमारे पास यह शक्ति है कि हम भविष्यवाणी को सुनने के बाद भी अपने उत्तर का चुनाव कर सकें - जो कि हमारे विचार और कर्म हैं - और इस तरह हम अपने चुनाव के आधार पर एक वास्तविकता चुन सकते हैं।
- हम हमेशा यही सोचते हैं कि भीतर से बदलाव लाने के लिए हमें बाहरी तौर पर कुछ बदलाव लाने होंगे। जबकि हमें अपनी भीतरी सोच में बदलाव लाना होगा ताकि बाहरी तौर पर बदलाव ला सकें।
- प्रसन्नता कोई ऐसी चीज़ नहीं, जिसे हमें दूसरों से पाने की अपेक्षा करनी चाहिए - इसे अपने भीतर से रचना होगा और लोगों को प्रदान करना होगा, जिनसे हम भेंट करते हैं।
- हम कोई "ह्यूमन डूइंग्स" नहीं हैं, जो शांति पाने के लिए काम कर रहे हैं, हम "ह्यूमन बीइंग्स" हैं जो पूरी तरह से शांत हैं और काम कर रहे हैं।

सब कुछ यहीं घटता है (मन के भीतर)

सुरेश ओबेरॉय : सिस्टर शिवानी, मैं कहीं पढ़ रहा था, "पहले क्या आता है : शांति या प्रसन्नता? अगर हम प्रसन्न नहीं हैं तो क्या हमारा मन शांत हो सकता है? क्या हम बाहरी साधनों से प्रसन्नता पाते हैं या यह हमें भीतरी साधनों से मिलती है? यह मन किसी तेज़ी से दौड़ लगा रहे अश्व के समान चंचल है और इसे वश में करने का केवल एक ही उपाय है कि इसे दूसरों की भलाई के कार्यों में लगा दिया जाए।" हम इसे समझने के लिए आपकी मदद चाहते हैं।

सिस्टर शिवानी : इन पंक्तियों के अनुसार, 'जब हम शांत होते हैं, तब हम प्रसन्न होंगे, जो कि इस बात पर निर्भर करता है कि हमारे पास प्रसन्नता का उपाय क्या है, इसे हम कहीं बाहर से लेते हैं या कहीं भीतर से पाते हैं।' हम ज़रा ठहरकर, यह देखने की कोशिश करते हैं कि बाहरी प्रसन्नता किसे कहते हैं। यह कोई बाहरी ख़ुशी नहीं होती, बाहरी तो उत्प्रेरक है, जिसके माध्यम से हम अपने लिए प्रसन्नता रच रहे हैं।

सुरेश ओबेरॉय : यह बहुत अच्छा लगता है जब आप यह कहती है, "हम प्रसन्नता रचते हैं। ज़ोर हमेशा इसे रचने पर दिया जाता है। आप कभी नहीं कहतीं, हमें ख़ुशी मिलती है।"

सिस्टर शिवानी : जीवन में प्रत्येक चरण पर, भले ही हम प्रसन्न हों, निराश हों, उदास हों, केवल थमकर खुद से पूछें कि हमारे मन में इस सोच को कौन जन्म दे रहा है। हम ही इस सोच को रच रहे हैं, भले ही उत्प्रेरक या परिस्थिति कोई भी क्यों न हो। हम इस बारे में जितना अधिक सजग होंगे, हम समझ सकेंगे कि हम अपना सारा जीवन दूसरों को ही दोषी ठहराते आए हैं, जबकि हम स्वयं ही तो यह रच रहे थे। यही जागरूकता है। अब हमें केवल यह देखना है कि हम जो भी रच रहे हैं, उसे कैसे बदल सकते हैं?

इस समझ के बिना, हम स्वयं को शक्तिहीन पाएँगे क्योंकि हम मानते हैं कि लोग हमारी ख़ुशी के लिए ज़िम्मेवार हैं और उनकी वजह से हमें दर्द भी होता है। हम यही प्रतीक्षा करते रहेंगे कि लोग हमसे प्यार से बात करें। इसके साथ ही, हम यह उम्मीद भी रखेंगे कि वे हमेशा हमारे साथ बहुत ही स्नेह से पेश आएँगे। अगर वे कल हमसे इस तरह स्नेह से पेश आना बंद कर दें तो? तब हम प्रसन्न नहीं होंगे। यह तो निर्भरता है और इसके साथ ही भय भी जुड़ा है। जब हम यह समझ जाते हैं कि सब कुछ यहाँ मन में ही घट रहा है, तो भविष्य के लिए हमारे पास कोई असुरक्षा या भय नहीं रहता। तो हालात अच्छे या बुरे हो सकते हैं, लोग अच्छे या बुरे हो सकते हैं, हमें केवल एक ही व्यक्ति का ध्यान रखना है और वह हम स्वयं ही हैं। यह बहुत ही सहज बात है।

जो पंक्ति आपने पढ़ी उसमें कहा कि हमारा मन बहुत चंचल है और इसे दूसरों की भलाई के काम में लगाने के बाद ही वश में किया जा सकता है। चंचल का अर्थ है कि उस समय हमारा मन अस्थिर और निर्णय न ले पाने की स्थिति में होता है। जब यह इस तरह बदलता रहता है, तो हमारे मन में आ रहे विचारों की गुणवत्ता बहुत अच्छी नहीं होती; जब हम शांत होते हैं तो मन धीरे-धीरे और पूरी सावधानी के साथ काम करता है। जब हम चिंतित होते हैं, तो विचार बहुत तेज़ी से भागते हैं; जब हम स्थिर होते हैं, तो उनकी गति धीमी होती है; हमारे भयभीत होते ही विचारों की गति फिर से तेज़ी पकड़ लेती है। अगर हमारा मन अस्थिर है और बहुत तेज़ी से भाग रहा है, इसका मतलब होगा कि हमारी ऊर्जा की गुणवत्ता ठीक नहीं है। ऐसी स्थिति में हम

इस मन से उम्मीद रख रहे हैं कि यह दूसरों की भलाई के लिए कोई काम करेगा। परोपकार या उदारता कोई कर्म नहीं, यह एक ऊर्जा है, जिसे हम अपने काम के माध्यम से दूसरों तक पहुँचाते हैं। अगर आप तेज़ी से भाग रहे मन को वश में करने के लिए उसे परोपकार करने के लिए कह रहे हैं यानि हम फिर किसी बाहरी परिस्थिति में या क्रिया में अपनी शांति ढूँढ़ रहे हैं।

सुरेश ओबेरॉय : पर तरीक़ा चाहे जो भी हो, ऐसा करना कारगर होता है, है न? मान लेते हैं कि हमारा मूड ख़राब है और हम नाचने लगते हैं; इससे हमारा मूड बदल जाता है। कम से कम हमारा मन पहले की तरह खीझा हुआ तो नहीं रहेगा, इस तरह हम बेहतर फ़ैसला ले सकेंगे। मैं कहना यह चाहता हूँ कि एक हद तक, बाहर से भीतर की ओर आने की पहल भी कारगर होती है।

सिस्टर शिवानी : कुछ समय के लिए, बाहर से भीतर की ओर आने की पहल एक सीमा तक कारगर होती है। जैसे लोग कहते हैं कि अगर ग़ुस्सा आए तो दस तक गिनती करनी चाहिए। जब हमें ग़ुस्सा आता है तो हमें प्रतिक्रिया देने से पहले उसका पता तक नहीं चल पाता। अगर हमारे पास यह सजगता होती कि अब हमें ग़ुस्सा आ रहा है, हमें इसे रोककर पानी पीना है और दस तक गिनती करनी है, तो हम इतना सजग तो हो ही जाएँगे कि कोई प्रतिक्रिया न दें।

सुरेश ओबेरॉय : तो हम केवल सजग बने रहने वाली बात पर लौट आते हैं।

सिस्टर शिवानी : हमें ये बहुत छोटी-छोटी बातें सिखाई जाती हैं, ताकि हम थोड़ा ठहरकर, अपने मन पर काम कर सकें। जैसा आपने कहा, अगर हम थोड़ी देर नाच लें, तो हमारी सोचने - समझने की शक्ति ठीक हो जाती है। तो हमने अपने मन को थोड़ा सा अंतराल दिया है; हम किसी बात से परेशान हैं परंतु अभी किसी से आमने-सामने बहस करने की बजाय, हम थोड़ा दूर हो जाते हैं। अब यह थोड़ा सा अंतराल क्या है? यह इसलिए है कि हम अभी सामना करने से बच सकें। हम अपनी बाहरी प्रतिक्रिया को कुछ देर के लिए टाल रहे हैं। भीतरी प्रतिक्रिया मौजूद है; हम मन ही मन बात की गुत्थी सुलझाते हैं और फिर यह तय करते हैं कि हमें कैसे उत्तर देना होगा। उत्तर देने और

प्रतिक्रिया देने में अंतर होता है। प्रतिक्रिया : स्वचालित है और हमारे वश से बाहर है; प्रत्युत्तर : सोच-विचार कर दिया गया जवाब। यही वजह है कि हम उस समय अंतराल को लाने की कोशिश करते हैं, परंतु कई बार, दरअसल प्रायः प्रतिक्रिया इतनी तेज़ होती है कि उस समय अंतराल याद भी नहीं रहता।

सुरेश ओबेरॉय : मुझे याद है, जब मैं व्यापार सँभालता था तो, रात को अपना ऑफ़िस बंद होने के बाद, मैं ग़ुस्से में आकर कुछ पत्र लिख दिया करता था। पत्र सुबह डाक में डालने के लिए रख देता था, लेकिन अगली सुबह उन्हें डाक में कभी नहीं भेजा।

सिस्टर शिवानी : हमारा मन बहुत गति से भागता है इसलिए प्रतिक्रिया को तब तक टालें, जब तक यह शांत न हो जाए। परिस्थिति को एक अलग नज़रिए से देखें और तब हम एक अलग तरह से प्रतिक्रिया दे सकते हैं। हम यही करने का तो प्रयत्न कर रहे हैं। हम प्रयत्न कर रहे हैं कि मन हमेशा धीमी गति से ही चले।

सुरेश ओबेरॉय : आप फिर से सजगता वाली बात पर बल दे रही हैं।

सिस्टर शिवानी : जी हाँ, अगर हमारा मन सजग होगा तो उसकी गति अपने-आप ही धीमी होगी। कल्पना करें कि हमारा बच्चा कमरे में खेल रहा है। अगर हम उस पर नज़र नहीं रखते; तो वह अपनी मनमानी करेगा। वह चीज़ों को गिरा रहा है और तोड़ रहा है। अब हम कमरे के एक कोने में खड़े हो जाएँ, उसे कुछ न कहें और न ही कुछ करें। केवल बच्चे को देखें। वह अब संभल जाएँगे और अपनी गतिविधियों को नियंत्रण में ले आएगा।

सुरेश ओबेरॉय : हम अक्सर मन के भीतर बसे इस बच्चे को वश में करने की पूरी कोशिश करते हैं पर ये कहीं न कहीं से बच निकलने का रास्ता निकाल ही लेता है।

सिस्टर शिवानी : यही तो यात्रा है, और यह सब एक दिन में ही संपन्न नहीं होने वाला। क्या आप कभी-कभी इसे वश में कर पाते हैं?

सुरेश ओबेरॉय : जी हाँ।

सिस्टर शिवानी : तो यह इस बात का प्रमाण है कि हम ऐसा कर सकते हैं।

सुरेश ओबेरॉय : कई बार हमारा मन इस तरह के अभ्यास को पसंद नहीं करता।

सिस्टर शिवानी : एक बच्चा कभी नहीं चाहता कि उसे अनुशासन में रखा जाए क्योंकि उसे तो यहाँ-वहाँ भागने, मनमानी करने की आदत होती है। अचानक से हम अपने मन से कहते हैं, आज से तुम मेरे अधीन हो, तुम वो ही करोगे जो हम चाहेंगे, वो थोड़ा मुश्किल लगता है। परन्तु धीरे-धीरे मन इस तरह की सोच का आदी होता जाता है और उसके लिए सब सहज होने लगता है। हमारा मन भी दौड़ते-दौड़ते थक गया है।

सुरेश ओबेरॉय : जिस तरह हम कार के इंजन को बंद करते हैं, क्या इसे भी कुछ समय के लिए बंद कर सकते हैं?

सिस्टर शिवानी : दिन में इसे बंद करना तो दूर की बात रही, यहाँ तक कि रात को गहरी नींद में होने के बावजूद भी इसकी गति को रोका नहीं जा सकता। हमें समझना होगा कि हमारा मन ऐसे काम क्यों करता है। मन पर कुछ निश्चित प्रभाव होते हैं। हम सकारात्मक चिंतन के बारे में जानते हैं परंतु फिर भी नकारात्मक और व्यर्थ की सोच अपने-आप ही सामने आ जाती है। ऐसे कौन-से कारक हैं, जो विचारों की गुणवत्ता पर अपना असर डालते हैं? किसी भी हालात में, किसी भी समय, आप जो भी सोचते हैं, वह तीन कारकों से प्रभावित होती है। पहला कारक - पिछले अनुभव। अगर किसी से हमारा मेलजोल पहले हो चुका है, अगर हम किसी के साथ पहले भी काम कर चुके हैं, तो हमारे पास उसके लिए एक पिछला अनुभव होगा। जब भी हम उसके बारे में विचार करेंगे तो हमारी सोच की गुणवत्ता, उसके साथ हमारे पिछले अनुभवों के आधार पर होगी। अगर वे अनुभव सुखद थे, तो हमारे मन में अच्छे विचार आएँगे। दूसरा कारक है - सूचना - वह हर चीज़ जिसे हम अपनी कर्म इंद्रियों के माध्यम से ग्रहण करते हैं। हम क्या पढ़ते हैं,

क्या देखते हैं और यहाँ तक कि क्या खाते हैं, यह हर चीज़ हमारे मन पर अपना प्रभाव डालती है; सूचना मन के लिए बहुत महत्त्वपूर्ण कार्य करती है। अब, सुबह-सुबह हमारा मन बहुत स्पष्ट और शांत है, इसने रात को छह घंटे की भरपूर नींद ली है; यह तरोताज़ा है और कुछ भी ग्रहण करने व रचने के लिए तैयार है। हम लोग अक्सर सुबह-सुबह या तो अख़बार पढ़ते हैं या टी.वी. पर ख़बरें लगा लेते हैं। हम आतंक, हिंसा, प्राकृतिक विनाश, आर्थिक मसलों, सामाजिक व राजनीतिक उथल-पुथल वगैरह के बारे में देख, पढ़ और सुन रहे हैं। हमारा मन जो किसी साफ़ स्याही सोखने वाले काग़ज़ की तरह था, वह इस सारी जानकारी को झट से अपने भीतर संजो लेता है। अब यह जानकारी विचारों पर अपना असर डालेगी। जानकारी भोजन है और विचार उसके फलस्वरूप पैदा होने वाली ऊर्जा है। अगर हमारे पास अच्छा भोजन है, तो हम सेहतमंद रहेंगे; अगर हमने अपने मन को उचित भोजन या ख़ुराक नहीं दी, तो हमारे भावात्मक प्रतिरोधक तंत्र को नुक़सान होगा।

सुरेश ओबेरॉय : तो इसका अर्थ हुआ कि हम मीडिया या अपने आस-पास के माहौल से जो भी ग्रहण कर रहे हैं, उसका हमारे विचारों की गुणवत्ता पर गहरा असर होता है।

सिस्टर शिवानी : नकारात्मक सूचना आपके मन में नकारात्मक सोच को जन्म देगी; ऐसा निश्चित रूप से होगा क्योंकि वह कच्चा भोजन है, जिसे हमने अपने भीतर ले लिया है। ये विचार हमारी नियति को रच रहे हैं, जो भीतरी तंत्र है, परंतु विचार, सूचना नामक कच्चे माल से तैयार हो रहे हैं। अगर हम चाहते हैं कि हमारी सोच, हमारे वश में रहे, तो हमें अपने भीतर जाने वाली ख़ुराक पर ध्यान देना होगा। सुबह के पहले दो घंटों में मन की ग्रहण करने की ताक़त बहुत अधिक होती है। अगर हम इस दौरान केवल नकारात्मक बातें ही देख, सुन और पढ़ रहे हैं, और फिर अपने लिए सकारात्मक सोच पाना चाहते हैं, तो यह कहाँ से और कैसे संभव हो सकता है? अब अगर रात को बच्चा समय पर घर नहीं आता, उसका फ़ोन बंद आ रहा है, तो स्वाभाविक रूप से हमारे मन में यही बात आएगी कि उसे कुछ हो गया है। हमें यह देखना है, हमारे मन में यह बात क्यों आई कि उसके साथ कुछ बुरा ही हो गया होगा।

हम उसके लिए अपने मन में एक नकारात्मक सोच को जन्म क्यों दे रहे हैं?

सुरेश ओबेरॉय : इस तरह हम ब्रह्मांड को किस तरह की ऊर्जा दे रहे हैं?

सिस्टर शिवानी : जी हाँ, हमें आधा घंटा और इंतज़ार करना पड़ता हैऔर अभी तक बच्चे से संपर्क नहीं हो पाया। इस समय के दौरान या ऐसे ही हालात के दौरान हमारे मन की दशा क्या होती है? फिर हम कहते हैं - *'यहाँ मन में ग़लत सोच का आना स्वाभाविक ही है। हम बैठकर, केवल यह कैसे कह सकते हैं कि सब ठीक ही होगा।'*

सुरेश ओबेरॉय : क्या हम दूसरे तरीक़े से नहीं सोच सकते कि शायद उसे कोई दोस्त मिल गया होगा, उसकी कहीं जाने की योजना होगी, वह मूवी देखने चला गया होगा या वह जहाँ है, वहाँ नेटवर्क काम नहीं कर रहा होगा?

सिस्टर शिवानी : ऐसा कितनी बार होता है, जब कोई समय पर घर नहीं आए तो हम यह सोचें कि उसके साथ कुछ अच्छा घट गया होगा? यह एक प्रश्नचिन्ह है। नकारात्मक सोच बहुत आसानी से आती है क्योंकि हमने मन को पहले से ही उसके लिए बहुत ख़ुराक दे रखी है। अगर हम यह छोटा सा अभ्यास भी आरंभ कर लें तो इससे बहुत बड़ा बदलाव ला सकते हैं, हमें सुबह-सुबह ख़ुद को टी.वी. और अख़बार की नकारात्मक ख़बरों से बचाना होगा। हमें खुद की रक्षा स्वयं करनी है, सुबह-सुबह इतनी विषैली ख़ुराक अपने भीतर न ले जाएँ। यह सादा-सा अभ्यास ही हमारे लिए बड़े नतीजे ला सकता है।

सुरेश ओबेरॉय : तब हम हालात को भी दोषी नहीं ठहरा सकते क्योंकि हम स्वयं ही हर चीज़ के लिए ज़िम्मेवार होंगे।

सिस्टर शिवानी : हालात तो एक ट्रिगर है, सूचना तो पहले से ही भीतर बाहर हुई है। जब ट्रिगर सामने आएगा, तो उस समय पैदा होने वाली सोच, हमारे अंदर बाहर कुछ सूचना की गुणवत्ता के अनुसार होगी।

सुरेश ओबेरॉय : पहले हम नकारात्मक सूचना या जानकारी को ग्रहण करते

हैं और फिर नकारात्मक बातें सोचने लगते हैं और जब बच्चा घर आता है, तो हम उस पर झपट पड़ते हैं। 'तुझे देर क्यों हो गई? क्या हो गया था? मुझे कितनी चिंता हो रही थी।'

सिस्टर शिवानी : हम उस पर क्यों झपटे, हमें गुस्सा इसलिए आया क्योंकि हम पिछले एक घंटे से लगातार नकारात्मक सोच रच रहे थे। वह उत्प्रेरक ज्यों ही सामने आया तो हमें लगा कि वह ही हमारी उस सोच का ज़िम्मेवार है। एक घंटे के इंतज़ार में हमने कितनी विष से भरी ऊर्जा संग्रह कर ली है। हम दूसरे व्यक्तियों और आस-पास के माहौल को भी वही दे रहे हैं। फिर हम कहते हैं कि ऐसा करना तो स्वाभाविक ही है। नहीं, यह स्वाभाविक नहीं है। स्वाभाविक बात यह है कि वह अभी तक घर नहीं आया; हम उससे संपर्क नहीं कर पा रहे और हालात हमारे वश में नहीं है। हमें झट से देखना चाहिए कि क्या चीज़ हमारे वश में है और क्या नहीं है। अगर हालात हमारे वश में है, तो हमें आगे आकर सब सँभालना चाहिए; अगर ऐसा संभव नहीं है तो केवल एक ही चीज़ हमारे वश में है, वह है हमारे विचारों की गुणवत्ता!

सुरेश ओबेरॉय : पर सकारात्मक सोच की तुलना में नकारात्मक सोच को अपनाना इतना आसान क्यों होता है?

सिस्टर शिवानी : हमें केवल अपने-आपको अलग तरह की सूचना का संग्रह करना सिखाना है। बस, बहुत सरल बात है। जब हम भीतर जाने वाली सूचना की गुणवत्ता में बदलाव लाते हैं तो मन में रचने वाले विचारों की गुणवत्ता पर भी असर होता है। विचार बदलने से कर्म बदलते हैं, और कर्म बदलने से हमारा भाग्य बदल जाता है। हमारे पास एक चुनाव है। जब सुबह हमारे घर अख़बार आए तो हमारे पास चुनाव है कि हम इसे किस समय पढ़ेंगे। तो इसे कुछ समय के लिए टालें; आज के दिन खुद से यही वादा करें। यह एक बड़ा बदलाव होगा। सुबह के बजाए दिन में टी.वी. और अख़बार के समय को ले जाएँ, और सुबह के समय कोई और शुद्ध और शक्तिशाली विकल्प चुनें। मन के लिए हमारी सुबह की ख़ुराक में आने वाला सादा-सा बदलाव ही बहुत बड़ा अंतर ला सकता है। सुबह के समय कुछ सकारात्मक मन में भरें और रात को

सोने से पहले भी सकारात्मक विचार रखें। हम रात को सोने से पहले, अपने मन में क्या भरते हैं? टी.वी. के धारावाहिक? कोई डरावनी फ़िल्म? हमारे साथ सूचना की यह आख़िरी परत मन पर जा रही है। यह रात को हमारे विचारों की गुणवत्ता पर असर डालेगी। सुबह के समय मन पर सूचना की जो पहली परत होगी, वह सारा दिन मन पर अपना असर रखेगी। इसी तरह दिन और रात, इसी सूचना के प्रभाव से पैदा हुए विचारों की जकड़ में रहेंगे।

हमें अपने दिन के सारे काम पूरे करने के बाद, दस मिनट का समय ऐसे पठन-पाठन को देना चाहिए जो बहुत शक्तिशाली और शुद्ध हो। पहले हमें अपने मन को उचित जानकारी व ज्ञान देना होगा, उसके बाद ही वह सकारात्मक सोच को पैदा कर सकेगा। केवल बैठकर सोचने से सकारात्मक विचार मन में नहीं आते।

हमें सूचना की आख़िरी परत को बदलना होगा। जब हम पढ़ना बंद करें तो आराम से बैठकर, दिन भर की गतिविधियों पर विचार करें। यह बहुत मायने रखता है। सोते समय, हमारे मन में कोई उलझन नहीं होनी चाहिए। सारे दिन का मन ही मन ब्यौरा लें। हमारे सामने कई ऐसे हालात आए, जहाँ हम सही तरह से पेश नहीं आ सके। पूरे दिन पर नज़र डालने का अर्थ यह नहीं कि आप सारी घटनाओं को दोहराएँ, हमें केवल यह देखना है कि हमने उन घटनाओं के लिए क्या प्रत्युत्तर दिए और क्या हम अपनी प्रतिक्रिया को और बेहतर बना सकते थे?

सुरेश ओबेरॉय : सिस्टर, क्या आप हमें कोई ध्यान सिखाएँगी?

• • •

विश्रांत भाव से इन विचारों पर मनन करें :

आराम से बैठें, शरीर को सहज अवस्था में लाकर सोचिये... मुझे रात को सोने से पहले... अपने पूरे दिन पर एक नज़र दौड़ानी है... एक पूरी फ़िल्म दृश्य-दर-दृश्य मेरे आगे से होकर निकली है... मेरे आस-पास बहुत से

अभिनेता अपनी-अपनी भूमिकाएँ अदा कर रहे हैं... मुझे खुद को परिस्थितियों में नहीं उलझना है... मुझे केवल अपनी भूमिका को देखना है... साक्षी दृष्टा होकर देखना है... मेरा ध्यान सिर्फ़ अपने प्रदर्शन पर केन्द्रित रहेगा... मुझे इस दृश्य के अन्य अभिनेताओं को नहीं देखना... किसी पर टीका नहीं, किसी की आलोचना नहीं... मैं सिर्फ़ अपने को देख रहा हूँ... मैं हर दृश्य में अपनी स्क्रिप्ट को देख रहा हूँ... साक्षी दृष्टा को अपने से पूछना है... क्या कोई ऐसा दृश्य था जिसमें थोड़ा अलग तरीक़े से पेश आ सकता था... मैं जिस तरह से अपनी स्क्रिप्ट लिख रहा था... क्या मेरे पास उसे अलग तरह से लिखने का उपाय था... मुझे अपने मन के स्क्रीन पर उस दृश्य को फिर से दोहराना है... वही दृश्य परंतु इस बार मैं पहले जैसा नहीं... एक अलग स्क्रिप्ट के साथ... मैं अगले दिन के लिए अपने मन को प्रोग्राम कर रहा हूँ, प्रस्तुत कर रहा हूँ... ताकि कहीं अधिक शक्तिशाली व सकारात्मक प्रतिक्रिया पा सकूँ... ओम शांति!

आनंद प्राप्ति के मंत्र

- लोग कहते हैं कि गुस्सा आने पर दस मिनट तक गिनती करने से गुस्सा शांत होता है; ये सब हमारी प्रतिक्रिया को टालने के बाहरी साधन हैं। यद्यपि, यदि हम अपने विचारों का ध्यान रखें तो हमारे भीतर गुस्सा करने का विचार पैदा ही नहीं होगा।
- हमारे पिछले अनुभवों तथा हमारी घ्राणेंद्रियों के माध्यम से ली गई सूचना के आधार पर ही हमारे विचार रचे जाते हैं।
- सुबह के पहले कुछ घंटों के दौरान, मन के पास ग्रहण करने की क्षमता बहुत अधिक होती है। हमें उस समय, अपने द्वारा ग्रहण की जा रही सूचना की गुणवत्ता पर ध्यान देना चाहिए। यदि हम स्वयं को नकारात्मक विचारों के प्रभाव से बचाना चाहते हैं, तो हमें सुबह के समय समाचार-पत्रों व न्यूज़ चैनलों पर सुनाए जा रहे समाचारों से दूर रहना चाहिए क्योंकि वे सुबह-सुबह हमारे मन को विचलित करने वाली जानकारी दे सकते हैं।
- यदि हम सहज व प्राकृतिक भाव से शुद्ध, शक्तिशाली व सकारात्मक विचार उत्पन्न करना चाहते हैं, तो हमें एक नई जीवनशैली अपनानी होगी। हमें विशुद्ध व सकारात्मक सूचना को पढ़ने व सुनने के साथ अपने दिन का आरंभ करना चाहिए।
- रात को सोते समय मन को सूचना या जानकारी की जो आख़िरी परत दी जाती है, वह नींद के दौरान हमारी सोच पर अपना असर डालती है। तो हमें दिन का अंत करने से पूर्व भी, कुछ समय विशुद्ध व प्रसन्नतादायक जानकारी व ज्ञान को सुनने या पढ़ने में लगाना चाहिए।

मेरे विचारों का रंग

सुरेश ओबेरॉय : ओम शांति! सिस्टर शिवानी, आनंद पाने के लिए विश्वास तंत्र कितना मायने रखता है?

सिस्टर शिवानी : हमने अपने भीतर चलने वाली सारी प्रक्रिया को देखा है – जहाँ हमारे द्वारा रचा गया हर विचार एक भावना को जन्म देता है और भावना से ही हमारी वृत्ति बनती है। यह वृत्ति ही कार्रवाई के रूप में सामने आता है; जब हम एक काम को बार-बार करते हैं तो वह आदत बन जाती है; आदत से हमारे व्यक्तित्व का विकास होता है और हमारे व्यक्तित्व से हमारी नियति रची जाती है। यह विचार से भाग्य तक जाने की प्रक्रिया है। अहम बिंदु यह है कि हर विचार बहुत महत्त्वपूर्ण होता है। परंतु हमारे विचार की गुणवत्ता कैसे तय होती है? हर कोई सकारात्मक सोच की बात करता रहता है पर ज्यों ही हमारे सामने कोई उत्प्रेरक आता है तो हमारी सोच उसी एक पल में नकारात्मक कैसे हो जाती है? जो कारक हमारे विचारों की गुणवत्ता को तय करते हैं, उनमें हम पिछले अनुभवों, मीडिया के प्रभाव से जुड़ी जानकारी, टी.वी., सुबह के समय पढ़े गए समाचार-पत्र तथा रात को सोने से पूर्व ली गई जानकारी को शामिल कर सकते हैं। ये दोनों ही हमारे विचारों की गुणवत्ता को विशेष तौर पर प्रभावित करते हैं। विश्वास तंत्र तीसरा और सबसे महत्त्वपूर्ण कारक है। हमारा शरीर एक कंप्यूटर की तरह है, हम एक आत्मा, इसके संचालक हैं और विश्वास तंत्र इसे चलायमान रखने वाला ऑपरेटिंग

तंत्र है। जैसा ऑपरेटिंग सिस्टम होगा, मशीन पर उसी तरह के सॉफ़्टवेयर चलेंगे। हम प्रायः कहते हैं कि यह विशेष प्रकार का सॉफ़्टवेयर किसी निश्चित ऑपरेटिंग सिस्टम पर ही चलेगा, वह दूसरे ऑपरेटिंग सिस्टम पर कारगर नहीं हो पाता। यह मशीन बहुत महत्त्व रखती है, ऑपरेटर बहुत महत्त्व रखता है परंतु ऑपरेटिंग सिस्टम बहुत अहम भूमिका निभाता है। हो सकता है कि ऑपरेटिंग सिस्टम में कोई वायरस आ जाए, जो किसी निश्चित विश्वास तंत्र के रूप में हो सकता है, वह हमारी सोचने-समझने की शक्ति और भाग्य को प्रभावित कर सकता है। आध्यात्मिकता हमें एंटी-वायरस डालने में सहायता करेगी। बहुत से व्यक्ति कंप्यूटर का प्रयोग तो करते हैं किंतु मशीन में एंटी-वायरस नहीं डलवाते, तो थोड़े-थोड़े समय के बाद उनका कंप्यूटर करप्ट होने लगता है, उसमें ख़राबी आने लगती है।

सुरेश ओबेरॉय : वे इसकी अंतिम तिथि की जाँच भी नहीं करते।

सिस्टर शिवानी : जी, हमें अपने ऑपरेटिंग सिस्टम को अपडेट करना होगा। हमारा सिस्टम ख़राब होने जा रहा है, इसके क्या लक्षण हो सकते हैं? अचानक गुस्सा, पीड़ा का एहसास होना, दुःख या दर्द होना। अब यह समझने और देखने का समय आ गया है कि सारे दिन में हमारा सिस्टम कितनी बार क्रैश हो रहा है।

सुरेश ओबेरॉय : पर ऐसे बहुत से लोग हैं जो सारे दिन खीझा हुआ महसूस करते हैं।

सिस्टर शिवानी : फिर वे कहते हैं कि यह तो स्वाभाविक-सी बात है, यह तो हमारा सहज स्वभाव है। हम तो ऐसे ही हैं।

सुरेश ओबेरॉय : परंतु वे इस बात पर भी बल देते हैं कि किसी दूसरे ने उन्हें यह वायरस दिया है।

सिस्टर शिवानी : अगर किसी और के कारण भी हमारे अंदर वायरस आया है, तो भी यह हमारी ज़िम्मेवारी बनती है कि हम अपने पास एंटी-वायरस

रखें। समय कठिन होता जा रहा है, हालात चुनौतियों से भरपूर हो रहे हैं, लोग दिन-ब-दिन ऐसे होते जा रहे हैं, जिनके बारे में हम कोई अंदाज़ा नहीं लगा सकते। मान लेते हैं कि हम किसी को कई सालों से जानते हैं, अचानक उनका रवैया और बर्ताव बदल जाता है। हमने उन्हें एक ख़ास बर्ताव के साथ देखा है इसलिए हम विश्वास ही नहीं कर पाते कि उनके व्यवहार में इतना अंतर आ गया है। मान लेते हैं कि उनका स्वभाव बहुत ख़ुशहाल और बिंदास था, पर अचानक ही वे किसी समस्या से घिर गए हैं। वह अपने जीवन में किसी मसले से घिरकर अपनी ख़ुशहाली को भुला बैठे हैं। हम इस बात के आदी रहे हैं कि वह हमसे खुलकर और सहज भाव से बात करेंगे। अब हम यह समझ ही नहीं पा रहे हैं कि उनके व्यवहार में इतनी उदासीनता क्यों आ गई है। हम सही तरह से संप्रेषण नहीं कर रहे।

सुरेश ओबेरॉय : तो उस समय उनका और हमारा क्या कर्तव्य है?

सिस्टर शिवानी : हमारा पहला कर्तव्य तो अपने लिए बनता है कि हम दूसरों के बर्ताव से अपने को दुःख न दें। पहले हमें अपने-आपको सँभालना होगा। जब हम ऐसा नहीं कर पाते तो संबंधों पर उसका असर पड़ने लगता है। अगर हम दुःखी हैं तो हम अपने ही घावों को सहलाते रहेंगे। अगर हमें इस बात से ठेस लगेगी कि कोई हमसे सही तरह से बात नहीं कर रहे, तो हम उनकी कोई मदद नहीं कर सकते। हम इसे व्यक्तिगत रूप से लेने लगते हैं। हमें लगता है वो हमसे नाराज़ हैं, वो हमारा आदर नहीं करते। जब हम इस दर्द को रच रहे हैं तो हम यह नहीं समझ पाते कि वो हमारी वजह से ऐसे नहीं हैं, वह किसी और बात से परेशान हैं, इसलिए उनके व्यवहार में बदलाव आया है। जब हम अपने चारों ओर इस पीड़ा को रच रहे हैं, तो हम यह समझ नहीं सकते कि यह सब कारण नहीं है। हमारे बर्ताव में बदलाव, हमारी अपनी पीड़ा की वजह से आया है। चूँकि हम पीड़ा में हैं इसलिए हम दूसरों को भी आरोग्य नहीं दे सकते, हम किसी भी तरह से मदद नहीं कर सकते।

सुरेश ओबेरॉय : परंतु दूसरे व्यक्ति का व्यवहार हमारे लिए इतना मायने क्यों रखता है?

सिस्टर शिवानी : हमारे आस-पास के लोगों से मिला समर्थन, प्रशंसा तथा सार्वजनिक रूप से मिली स्वीकृति! इसकी विशालता का स्तर अलग-अलग हो सकता है, परंतु आस-पास के लोगों से हमें जो स्वीकृति मिलती है, वही हमें हमारे स्वाभिमान की नींव बनी हुई है।

सुरेश ओबेरॉय : किसी चीज़ को समझने की बजाय .गलतफ़हमी पाल लेना इतना आसान क्यों होता है?

सिस्टर शिवानी : हमें ग़लतफ़हमी इसलिए होती है क्योंकि हम दुःखी हैं। हमें पीड़ा होती है और जब हम पीड़ा में होते हैं तो हालात को उचित नज़रिए से कभी नहीं देख पाते।

सुरेश ओबेरॉय : परंतु किसी चीज़ को समझने की बजाय .गलतफ़हमी पाल लेना आसान होता है।

सिस्टर शिवानी : आपकी कमीज़ का रंग सफ़ेद है। लेकिन अगर मैं अलग-अलग रंग के चश्मे पहनूँ, तो आपकी कमीज़ हर बार मुझे एक अलग रंग की दिखाई देगी। आप जो हैं, सो हैं, लेकिन मेरे चश्मे का रंग, अर्थात् मेरा नज़रिया अलग होगा, कभी अंहकार, कभी दुःख, तो आप मुझे हर बार अलग दिखेंगे। तो आप जैसे हैं, मैं आपको समझ नहीं पाऊँगी। तो वो एक ग़लतफ़हमी है।

सुरेश ओबेरॉय : सुबह किए जाने वाले तथा रात को सोते समय किए जाने वाले ध्यान से आपका यही तात्पर्य है। यही विशुद्धि का एक हिस्सा भी है।

सिस्टर शिवानी : बिलकुल! कोई भी बाधा या नकारात्मक सोच आते ही, हम सबको उसी नज़रिये से देखना आरंभ कर देते हैं। अगर हमारे कुछ होने की वजह से हम दर्द में हैं, तो वो दर्द हमारे साथ ही हमारे हर रिश्ते में जाएगा, और उस दर्द की सोच के साथ ही हर एक को देखेंगे। अगर हमें किसी के द्वारा नकारा गया है और हमारा स्वाभिमान आहत हुआ है, तो सबके साथ

हमारा स्वाभिमान नीचा ही महसूस करेगा। ऐसा नहीं कि जब हम ठेस पहुँचाने वाले के साथ हों, तो स्वाभिमान नीचा रहेगा और दूसरों के पास जाते ही ऊँचा हो जाएगा।

सुरेश ओबेरॉय : हमें लगता है कि कुछ लोगों का साथ हमारे लिए बहुत आरामदेह होता है और वे हमारे आत्म-सम्मान को भी बढ़ाने में मदद करते हैं।

सिस्टर शिवानी : पर हम अपने आत्मविश्वास के स्तर को घटाने या बढ़ाने के लिए लोगों पर निर्भर नहीं रह सकते। अगर हमें पाँच ऐसे लोग मिलते हैं, जिनसे मिलने के बाद हमारे आत्मविश्वास में निखार आता है तो पचास लोग ऐसे भी मिलेंगे, जो हमारे आत्मविश्वास को तोड़ने में कोई कसर नहीं रखेंगे।

सुरेश ओबेरॉय : यही वजह है कि लोग अपने ही सुविधाजनक दायरे, अपने दल, अपने लोग व अपने दोस्तों का चुनाव करते हैं।

सिस्टर शिवानी : परंतु हम आरामदेह दायरा किसे कहेंगे? यहाँ तक कि परिवार में ही बहुत से सदस्य ऐसे होंगे जो हमारे आत्मविश्वास को चकनाचूर करने में देर नहीं करेंगे।

सुरेश ओबेरॉय : यही वजह है कि बीस सदस्यों वाले परिवार में भी, हम अपने लिए केवल चार या पाँच को ही चुनते हैं। जहाँ हम आरामदेह महसूस करते हैं, पर दूसरों के साथ आरामदेह महसूस नहीं कर पाते क्योंकि वे हमारे आत्मविश्वास को ठेस पहुँचाते हैं। हमारा विषय है 'हैप्पीनेस अनलिमिटेड' और यहाँ हम स्वयं को सीमित कर रहे हैं।

सिस्टर शिवानी : चलिए मान लेते हैं कि किसी के साथ हमारा आत्मविश्वास बढ़ता है क्योंकि वह हमें बिना किसी शर्त के स्वीकारते हैं। परंतु वह तभी ऐसा कर सकते हैं जब उनके मन की अवस्था स्थिर हो। कल अगर हम किसी समस्या से घिर गए तो उनके भीतर इतनी क्षमता नहीं रहेगी कि वह हमें बिना किसी शर्त के स्वीकार कर सकें।

सुरेश ओबेरॉय : ऐसा नहीं है कि जब हम किसी समस्या से घिरे हों, तभी ऐसा होगा। मान लेते हैं कि आज कोई व्यक्ति जैसा है, हम उसे उसी रूप में क़बूल करते हैं, पर हो सकता है कि आने वाले कल में, हमें वह सब अच्छा न लगे, जो वह करता हो, तब उसके प्रति हमारे व्यवहार में अंतर आ जाएगा।

सिस्टर शिवानी : बिलकुल, हम आज तक किसी के साथ बहुत भला और बेहतर महसूस कर रहे थे, पर अब हमें उसके सामने अपने को साबित करना होगा। ज्यों ही हम उसके सामने ख़ुद को साबित करने लगेंगे, हमारे मन में भय पैदा होगा। क्या वह मुझसे ख़ुश हैं? क्या हम ख़ुद को सही साबित करने में सफल रहे? चूँकि हम लगातार ख़ुद को साबित करने की प्रक्रिया में रहेंगे इसलिए हम भयभीत रहेंगे और उसे भी सही तरह की ऊर्जा नहीं दे पाएँगे।

सुरेश ओबेरॉय : अंतिम विश्लेषण में हम अपने बिंदु पर वापस आ जाते हैं कि हमें स्वतंत्र बनना होगा।

सिस्टर शिवानी : 'इन-डिपेंडेंट' - केवल उसी पर डिपेंडेंट या निर्भर हों, जो आपके भीतर है; हमें 'आउट-डिपेंडेंट' नहीं बनना क्योंकि बाहरी वस्तुओं में बदलाव आएगा और उनके पास बदलाव लाने के लिए कई कारण होते हैं।

सुरेश ओबेरॉय : क्या इस वजह से हम थोड़े एकांतवासी हो जाते हैं?

सिस्टर शिवानी : हमेशा याद रखें, दूसरों की मदद करने और उन्हें आरोग्य प्रदान करने के लिए, पहले हमें ख़ुद को आरोग्य प्रदान करना होगा। अगर हम ख़ुद स्वस्थ रहेंगे तो हमारे लिए दूसरों को आरोग्य प्रदान करना सरल होगा; अगर हम ख़ुद ही पीड़ा में हों, हम ही कष्ट में हों तो दूसरों को किसी भी हाल में मदद नहीं दे सकते। पहले हमें अपनी मदद करनी होगी ताकि निःस्वार्थ भाव से दूसरों की मदद कर सकें।

सुरेश ओबेरॉय : तो यह एक प्रकार से सकारात्मक स्वार्थपरता है।

सिस्टर शिवानी : यह निःस्वार्थ बनने की बुनियाद है। वर्तमान में, यदि हम किसी दूसरे के लिए कुछ करते भी हैं तो हमारे मन में उसे देने से कहीं

अधिक, उससे कुछ पाने की भावना अधिक प्रबल होती है। यहाँ तक कि दूसरों के लिए कुछ करते हुए भी, हम अपने ही भीतर के किसी अधूरेपन या ख़ालीपन को भर रहे होते हैं, तो इस तरह यह स्वार्थी बनना ही है।

सुरेश ओबेरॉय : यदि हम दूसरों की देख-रेख करना चाहते हैं तो हमें अपनी देख-रेख करना सीखना होगा।

सिस्टर शिवानी : यह समीकरण कुछ इस प्रकार चलता है - केवल एक स्वस्थ व्यक्ति ही दूसरों को आरोग्य प्रदान कर सकेगा, दूसरों को समझ सकेगा। अपनी सोच, अपने रवैए को समझे बिना, हम यह समझना चाहते हैं कि दूसरे ऐसा क्यों महसूस कर रहे हैं? यह कैसे संभव हो सकता है? हम यह समझने को तैयार नहीं हैं कि हमें दुःख क्यों हो रहा है, परंतु हम यह समझना चाहते हैं कि दूसरे क्यों परेशान हैं। जब हम यह समझने लगते हैं कि हमारा मन और भावनाएँ कैसे काम करते हैं, तो दूसरों को समझ पाना बेहद आसान हो जाता है। अगर हम दुःखी हैं, तो हम समझ जाएँगे कि यह दुःख का कारण क्या है और झट से अपने रवैए की जाँच करते हैं, अब यह हम पर निर्भर करता है कि हम कितने समय तक इसी अवस्था में रहना चाहते हैं। अगर हमें जलन हो रही होगी, तो हम उसी समय जान जाएँगे कि हमें जलन हो रही है। अगर हम किसी ऐसे व्यक्ति को देखते हैं, जो व्याकुल है, तो हम अपने दर्द या भावात्मक चोट को भुलाकर, यह देखने का प्रयास करते हैं कि उस व्यक्ति के भीतर ऐसा क्या हुआ होगा कि उसे इस तरह पेश आना पड़ा। इस तरह लोगों के साथ रहना आसान हो जाता है; हम उनकी ओर से की जा रही आलोचना को नहीं देखते, हम देखते हैं कि उनके मन में ऐसा क्या चल रहा है, जिसके कारण वे आलोचना से भरा रवैया अपना रहे हैं। तो हमें केवल अपने तंत्र को समझना होगा - इसके बाद हम बाक़ी सबको भी समझ सकते हैं।

सुरेश ओबेरॉय : इस बात के साथ ही मुझे वह बात याद आ गई, जो कुछ समय पहले उस सोसायटी में हुई, जहाँ मैं रहता हूँ। हमारा एक पड़ोसी बहुत नाराज़ था, वह ग़ुस्से में चिल्ला रहा था और मानो सबके साथ लड़ने को तैयार था। मैंने अपनी एक पड़ोसी मित्र से कहा कि उस आदमी का व्यवहार बहुत ही

अटपटा था और मेरी समझ से बाहर था। पता है, उसने क्या कहा, वह बोली, 'उसके बारे में सोचो, बेचारा आदमी, ज़रा सोचो कि वह किन हालात से गुज़र रहा होगा! वह ज़रूर किसी गहरी पीड़ा में है, तभी इस तरह बर्ताव कर रहा है।' अब मैं समझा कि वह क्या कहना चाहती थी। दूसरों को समझ पाना बेहद कठिन होता है। अगर मेरी पत्नी के व्यवहार में बदलाव आता है, तो मैं उससे कभी नहीं पूछता कि उसके साथ क्या हुआ। बस, मैं भी खीझ जाता हूँ और उसे अकेला छोड़ देता हूँ ताकि वह ख़ुद ही अपनी समस्याओं से निपट ले। मैं उससे पूछ क्यों नहीं सका कि क्या उसे मेरी मदद की ज़रूरत थी?

सिस्टर शिवानी : यही तो पलायन है। जब हम दूसरों के रवैए को सँभाल नहीं पाते, तो हम वहाँ से अपने क़दम पीछे हटा लेते हैं। भले ही यह अस्थायी रूप से हो, भले ही यह एक घंटे के लिए हो, जब दूसरा व्यक्ति पीड़ा या कष्ट में हो तो हम ख़ुद को उससे अलग कर देते हैं। ज़रा सोचें कि अगर आपकी पत्नी अलग तरह से पेश आ रही है या अलग तरह से बर्ताव कर रही है, तो निश्चित रूप से उसे आपकी सहायता की आवश्यकता है और ऐसे वक़्त में आप एक क़दम पीछे हो जाते हैं। आपको लगता है कि जब उसका मूड ठीक होगा तो आप वापस आ जाएँगे, परंतु उसे तो इसी समय आपकी सबसे अधिक आवश्यकता है। आप अपनी देख-रेख नहीं कर सके, इसी कारण से आप उसके लिए भी कुछ नहीं कर सके और उसे मदद देने की बजाय, वहाँ से हट गए। यह कैसा सहारा है, आप एक ही घर में उसके साथ भौतिक रूप से साथ रहने के बावजूद उसे भावात्मक सहयोग नहीं दे पा रहे। हम एक-दूसरे को आरोग्य नहीं दे पा रहे क्योंकि हमने स्वयं को कभी आरोग्य नहीं दिया। कभी अपनी परवाह नहीं की।

मान लेते हैं कि आप अपने एक मित्र के साथ हैं और आपका बेटा कमरे में आता है; वह आपको या आपके मित्र को अभिवादन नहीं करता और आप दोनों के पास से निकल जाता है। आपके मन में सबसे पहले क्या विचार आएगा? आज इसे हो क्या गया है? क्या यह शिष्टाचार भी भूल गया? मेरा दोस्त क्या सोचेगा? मेरा दोस्त सोचेगा कि मैंने अपनी संतान का पालन-पोषण अच्छी तरह नहीं किया। मेरा दोस्त बाहर जाकर दूसरों को मेरे बेटे के इस बर्ताव के बारे में बताएगा? बाक़ी सब लोग मेरे बेटे के बारे में क्या सोचेंगे?

तो यहाँ हम अपने ही घावों की मरहम-पट्टी कर रहे हैं। हमारी ज़िम्मेवारी यह नहीं बनती कि हम इस बात पर सवाल उठाएँ कि हमारे बच्चे ने ऐसा बर्ताव क्यों किया, हमें यह देखना होगा कि किस तकलीफ़ या परेशानी ने उसे ऐसा व्यवहार करने पर विवश किया। अगर हम उसके कमरे में जाएँगे और उससे इस बर्ताव का कारण पूछेंगे। वह हमसे आग्रह करेगा कि हम उसके कमरे से चले जाएँ और उसे अकेला छोड़ दें। जब माता-पिता दर्द में होते हैं या उन्हें लगता है कि उनका अपमान हुआ है, तो उस समय बच्चा माता-पिता के साथ नहीं होना चाहेगा। इस समय वह स्वयं किसी मानसिक पीड़ा में है और वह किसी ऐसे व्यक्ति के साथ नहीं रहना चाहता, जो स्वयं पीड़ा का सामना कर रहा हो।

हम किसी ऐसे व्यक्ति से भेंट करना चाहेंगे, जो पूरी तरह से स्थिर हो, हमें बिना किसी शर्त के स्वीकारे, बिना किसी शर्त के अपना सहारा, अपना सहयोग दे सके। हमें बहुत से लोगों से ऐसा सहयोग नहीं मिलता, देखा जाए तो कहीं से नहीं मिलता। बिना किसी शर्त के मिलने वाली स्वीकृति का अर्थ है कि हम किसी के बर्ताव के बावजूद अपना आपा नहीं खोने वाले और न ही हम उसके बारे में कोई राय बनाएँगे। इस तरह हमें बिना किसी शर्त के स्वीकार करने वाले व्यक्ति से जो ऊर्जा प्रवाहित होगी, वह हमारे अपने घावों को भरने और हमें आरोग्य प्रदान करने में भी सहायक होगी।

सुरेश ओबेरॉय : हमारे बर्ताव में स्वचालित रूप से बदलाव आता है। अगर दूसरे का स्वर ऊँचा होता है, तो हम भी ज़ोर से बोलने लगते हैं; दूसरे यदि मधुर बोलते हैं तो हम भी मधुरता से पेश आते हैं; किसी के चेहरे पर मुस्कान आती है, तो हम भी मुस्कराते हैं। वाक़ई हम कितनी जटिलताओं और उलझनों से भरा जीवन जीते हैं।

सिस्टर शिवानी : हम दूसरे लोगों के साथ-साथ अपने व्यवहार को भी बदलते रहते हैं। ऐसा करते-करते, हम अपनी मूल विशेषताएँ और ख़ूबियाँ भी भूल जाते हैं। अगर हमारे कपड़े का रंग सफ़ेद है, तो जब हम किसी लाल कपड़े वाले को देखते हैं, तो हम अपने कपड़े का रंग लाल कर देते हैं। किसी को काले कपड़े में मिलते हैं तो हम अपने कपड़े का रंग लाल कर देते हैं। अंत

में आते-आते हमारे कपड़े का सफ़ेद रंग कहीं खो जाता है, तो हमारा अपना व्यक्तित्व कहाँ गया? हम अपने व्यक्तित्व को दूसरे व्यक्तियों के व्यक्तित्व के अनुसार रंगते रहते हैं। वास्तव में यह उनका अपना व्यक्तित्व भी नहीं है; यह तो उनके व्यक्तित्व के बारे में हमारा अपना नज़रिया है। हम लोगों को उस रूप में नहीं जानते, जैसे कि वे वास्तव में हैं।

सुरेश ओबेरॉय : दरअसल हम उन्हें जानने के योग्य नहीं हैं।

सिस्टर शिवानी : क्योंकि हम उन्हें अपने नज़रिए से देख रहे हैं। केवल एक ही व्यक्ति हमें बहुत अच्छी तरह से जानता है और वह हम ख़ुद हैं। कोई भी यह दावा नहीं कर सकता कि वह हमें अच्छी तरह जानता है। दरअसल, वह हमें अपने नज़रिए और दृष्टिकोण के माध्यम से जानता है और लोगों के नज़रिए और दृष्टिकोण बदलते ही रहते हैं।

सुरेश ओबेरॉय : तो एक बालक अपने पिता को अपने नज़रिए से जानता है।

सिस्टर शिवानी : बिलकुल! एक ही पिता का रिश्ता अपनी तीन संतानों के साथ अलग तरह का होता है, क्योंकि तीनों बच्चे उस एक ही पिता को अपने-अपने नज़रिए से देख रहे हैं। कोई पिता से बहुत अधिक भयभीत हो सकता है क्योंकि वह बहुत दुर्बल है; कोई बहुत ही आत्मविश्वासी हो सकता है और उसे लपककर पिता की गोद में बैठने में देर नहीं लगती; तीसरा एक कोने में खड़ा रहता है क्योंकि वह न तो बहुत डरपोक है और न ही उसमें इतना विश्वास है कि वह जाकर पिता की गोद में बैठ सके। पिता एक ही है, उसकी प्रकृति और व्यक्तित्व भी एक-सा ही है। तो अगर एक बालक पिता के साथ सहज अनुभव करता है, तो दूसरे उससे भयभीत क्यों रहते हैं? जो बालक बहुत ही भीरू स्वभाव का है, वह पिता को अपने ही नज़रिए से देखता है।

सुरेश ओबेरॉय : सिस्टर शिवानी, हम एक आम वैवाहिक जोड़े की बात करते हैं। अगर पति का स्वभाव कठोर है तो पत्नी कहती है, 'क्या तुम कभी प्यार से पेश नहीं आ सकते?', 'क्या तुम थोड़ी मिठास नहीं दिखा सकते?' और इसी तरह की बहुत सारी बातें। इसके विपरीत यदि पति का स्वभाव स्नेही और मधुर

है तो वह कहती है, 'क्या तुम कभी-कभी ग़ुस्सा नहीं दिखा सकते, तुमने देखा नहीं कि वह आदमी मुझसे कितना रूखा बोल गया?' हम अपने नज़रिए के साथ भी, अपने साथी के एक तरह के बर्ताव से राज़ी नहीं रह पाते; हम चाहते हैं कि वे हमारे लिए अलग-अलग समय पर अलग-अलग भूमिकाएँ निभाते रहें।

सिस्टर शिवानी : ऐसा इसलिए होता है क्योंकि हमने अपने मन में एक छवि बना ली है कि एक अच्छा पति कैसा होना चाहिए। हम एक आदर्श जीवनसाथी और आदर्श मित्र की कल्पना के साथ ही एक संबंध का आरंभ करते हैं और आजीवन अपने साथी को उस छवि के अनुसार ढालने की कोशिश में लगे रहते हैं। मान लेते हैं कि हमारी कल्पना के अनुसार हमारा जीवनसाथी बहिर्मुखी प्रकृति का, ओजस्वी और जोशीला होना चाहिए परंतु हमें ऐसा जीवनसाथी मिलता है, जो बहुत ही मधुर व शांत स्वभाव का होने के साथ अंतर्मुखी भी है। हमारे अनुसार, हमारे जीवनसाथी को ऐसा नहीं होना चाहिए था। तो हमारे लिए यह मायने नहीं रखता कि हमारे साथी का व्यक्तित्व कैसा है, मायने यह रखता है कि हमने कैसे व्यक्तित्व की छवि बनाई हुई है। हम लगातार यही कहते रहते हैं कि तुम्हें ऐसा नहीं होना चाहिए, तुम्हें सबके बीच खुलकर बात करनी चाहिए, "तुम्हें ऐसा होना चाहिए, तुम्हें वैसा होना चाहिए।" फिर अगर वह बहुत बहिर्मुखी हो जाए तो हम कहने लगते हैं, "तुम्हें इतना नहीं बोलना चाहिए, थोड़ा कम बोला करो, थोड़ा शांत रहा करो।" तो हम उस व्यक्ति को ठीक उसी रूप में देखना चाहते हैं, जैसी कि हमने अपने मन में उसकी छवि बना रखी है। यह तो कुछ ऐसी बात हुई कि आप दर्जी के पास अपने नाप के कपड़े सिलवाने जाते हैं और वह आपसे आग्रह करता है कि वह अपने मनचाहे नाप के कपड़े सिलेगा। वह आपसे कहता है कि आपको अपने शरीर का नाप बदलना होगा ताकि आप उसके सिले कपड़ों में फिट आ सकें। वह आपसे अपेक्षा रखता है कि आपको उसके सिले कपड़े आ जाने चाहिए, जिसे उसने आपके शरीर के माप की बजाय, अपनी मनमर्ज़ी से तैयार किया है।

यही वजह है कि हमारा मन इतना अस्थिर होता रहता है। हम हमेशा सामने वाले इंसान की इच्छा के अनुसार, अपने-आपको बदलते रहते हैं।

सुरेश ओबेरॉय : हमारा मन उनके कारण अस्थिर होता है या ऐसा इसलिए होता है कि हम स्वयं स्थिर नहीं रह पाते?

सिस्टर शिवानी : अगर हम दस लोगों से भेंट करें और हमें ऐसा लगे कि उन दस लोगों को प्रसन्न करने पर ही हमारी अपनी प्रसन्नता टिकी है, तो क्या होगा? वे सभी हमसे अपेक्षा करेंगे कि हम अलग तरह के व्यक्ति की तरह उनसे पेश आएँ। अगर हम बार-बार बदलते रहे, तो हमारा मूल स्वभाव कहाँ गया? अंदर ही अंदर हमारा दम घुटता रहेगा क्योंकि हम अपने-आपको बदलने के लिए संघर्ष कर रहे हैं।

सुरेश ओबेरॉय : इस संघर्ष से बाहर आने के लिए और ख़ुद को दमघोंटू अवस्था से बाहर लाने के लिए, स्थिर बने रहने के लिए, क्या हम किसी प्रकार का ध्यान कर सकते हैं?

सिस्टर शिवानी : दरअसल, हम सबके तंत्र के भीतर एक ऐसा सार भाग रहता है, जो कभी प्रदूषित नहीं होता। वही तो चेतना है। ध्यान ही वह प्रक्रिया है जिसके माध्यम से, जिसके द्वारा हम विश्वास तंत्र की उन परतों को पार करते हुए, उस आंतरिक भाग तक पहुँचते हैं जो हमारी आध्यात्मिक ऊर्जा है।

• • •

विश्रांत भाव से इन विचारों पर मनन करें :

मैंने जितने भी अलग-अलग प्रकार के व्यक्तियों से भेंट की, उनके अपने-अपने व्यक्तित्व थे... प्रत्येक व्यक्ति अपने ही विश्वास तंत्र के अनुसार काम कर रहा है... उनके अनुसार उचित... उनके अनुसार अनुचित... उनके अपने नज़रिए...

मुझे अपनी ओर देखना चाहिए... मैं किस नज़रिए से हर व्यक्ति से मिलता हूँ... क्या यह उनके व्यक्तित्व का प्रभाव है... क्या मैं हर आगंतुक के अनुसार

अपने को बदल रहा हूँ... क्या मैं अपने आंतरिक, शुद्ध व मूल व्यक्तित्व को संभाले रखने में सफल हूँ... मुझे आज पूरे दिन में बीस लोगों से मिलना है... उनसे मिलते हुए अपने को देखना है... हर एक से अपने आंतरिक व्यक्तित्व से भेंट करते हुए... अपने शुद्धता और पवित्रता के संस्कार को व्यवहार में लाते हुए... मैं पवित्र आत्मा... किसी भी व्यक्ति या वस्तु के प्रभाव से परे... ओम शांति!

आनंद प्राप्ति के मंत्र

- केवल एक ही व्यक्ति हमें बहुत अच्छी तरह जानता है और वह हम स्वयं हैं।
- हमें "इन-डिपेंडेंट" बनना होगा। केवल उस पर ही डिपेंडेंट यानी निर्भर हों, जो भीतर है; क्योंकि बाहरी वस्तुओं में तो परिवर्तन आता रहता है और उनके पास बदलने के लिए कारण भी होता है।
- हमारे विचार, हमारे पिछले अनुभवों, हमारे द्वारा ग्रहण की गई जानकारी तथा सबसे अहम रूप से, हमारे विश्वास तंत्रों के माध्यम से रचे जाते हैं।
- हमें दूसरों पर निर्भर रहने की बजाय, इस बात कि ज़िम्मेवारी लेना चाहिए कि हम कैसा महसूस करते हैं। इन-डिपेंडेंट होने का अर्थ होगा कि हम केवल अपने भीतर पर ही निर्भर रहें।
- हमें दूसरों के बदलते व्यवहार के साथ अपने-आपको बदलना नहीं चाहिए।

तुम्हें दुःख से मुक्त करने के लिए, पहले मुझे दुःख से मुक्त होना होगा

सुरेश ओबेरॉय : सिस्टर शिवानी, क्या हमारे पिछले अनुभव भी हमारे मन पर अपना प्रभाव डालते हैं?

सिस्टर शिवानी : हम अपने पिछले अनुभवों के प्रभावों से बच नहीं सकते। वे पहले से ही हमारी स्मृति में दर्ज हो चुके हैं। पर हम यह कोशिश तो कर ही सकते हैं कि बार-बार उसी रिकॉर्ड को न दोहराया जाए क्योंकि जितनी बार हम उसे दोहराते हैं, हम उस अतीत को वर्तमान में बदल रहे हैं। हम उन्हीं भावों को बार-बार रच रहे हैं और जब भी हम उन भावों को रचते हैं, तो संस्कार गहरे होते जाते हैं। हम अपने घाव को खुरच-खुरचकर उसे और भी गहरा कर देते हैं। यह एक पुराना जख़्म है और हमें इसे भरना होगा पर कल्पना करें कि हम बार-बार उस पर बंधी पट्टी को खोलकर, घाव को उघाड़ देते हैं, तब ऐसे में वह घाव भला कैसे भर सकता है? कई बार हम इस खेल में दूसरों को भी शामिल कर लेते हैं। इस तरह वह घाव कभी नहीं भरता। जो बीत गया, सो बीत गया। अब उस पर पूर्ण विराम लगा दें। न कोई अर्द्ध विराम, न कोई प्रश्नचिन्ह और न ही कोई विस्मयादिबोधक चिन्ह! क्यों, कैसे, कहाँ... पूर्ण विराम! ताकि हम जीवन में पूरी तरोताज़गी और शुद्धता के साथ

आगे बढ़ सकें। इस तरह अब हम जो नया रचेंगे, वह हमारी स्मृति में दर्ज होगा। लोग कहते हैं कि हम बीती बातों को इसलिए याद करते हैं ताकि उनसे सबक़ ले सकें, परंतु हमें बीते कल से क्या सबक़ लेना है? हमें केवल यह देखना है कि हमने उस समय किस तरह प्रतिक्रिया दी थी और क्या उससे कोई और बेहतर तरीक़ा हो सकता था? हमें उस परिस्थिति से कुछ नहीं सीखना, केवल उसके दौरान दिए गए प्रत्युत्तर से अपना पाठ सीखना है। अगर हम चीज़ों को छोड़ेंगे नहीं, उनका संग्रह करते जाएँगे, तो हमारे हाथ पीड़ा के सिवा कुछ नहीं आएगा। मान लेते हैं कि हमने अपने हाथ में कुछ थाम रखा है; भले ही वस्तु का भार उतना ही रहेगा परंतु हम जितना ज़्यादा समय उसे पकड़कर रखेंगे, हमारे हाथ में दर्द बढ़ता जाएगा।

सुरेश ओबेरॉय : पीड़ा! लोग तो निरंतर सिर में दर्द, त्वचा के रोगों आदि के बारे में शिकायत करते हैं और डॉक्टर उसका कारण भी नहीं बता पाते।

सिस्टर शिवानी : क्योंकि उन्होंने पुरानी बातों को पकड़ रखा है। याद रखें, यह बीत चुका है। यह बीत गया है, अब यह हमारे वश में नहीं रहा।

सुरेश ओबेरॉय : ऐसे हालात में किसी व्यक्ति को क्या करना चाहिए। मान लेते हैं कि हमारे साथ अतीत में कोई दुःखद घटना घटी है और वह बार-बार हमारे मन को दुःखी कर रही है। एक दोस्त आकर पूछता है कि हमारी उदासी का क्या कारण है और हम उसे अपने अतीत के बारे में बताते हुए, मन का भार हल्का करना चाहते हैं।

सिस्टर शिवानी : यह तो वही बात हुई न कि हम सबके सामने अपनी पट्टी को उघाड़ कर, किसी दूसरे के साथ मिलकर अपने घावों को खुरच रहे हैं। भले ही हम कितना भी दर्द क्यों न सहन कर चुके हों पर हम ज्यों ही दोबारा उन बातों को दोहराते हैं तो फिर से वही पीड़ा, वही दर्द सामने उभर आता है। तो हमें अपने-आप से पूछना होगा : हम अपने-आपको उन भावों के बीच और कितनी बार ले जाना चाहते हैं? इससे भी अहम बात यह है कि जब हम किसी सोच को बार-बार दोहराते हैं तो वह हमारे व्यक्तित्व

का एक अंश हो जाती है, और फिर हम उसी व्यक्तित्व को हर स्थान पर ले जाते हैं। भले ही हम हर व्यक्ति के साथ उन हालात की चर्चा न करें पर अगर वे हमारे मन पर छाई होंगी तो वे हमारे स्पंदनों का हिस्सा बन जाएँगी।

सुरेश ओबेरॉय : पर हम क्या ऐसे लोगों और हालात को अपनी ओर आकर्षित नहीं करते?

सिस्टर शिवानी : हम हालात को अपनी ओर नहीं खींच रहे, हम हर बार हालात को पहले की तरह प्रतिक्रिया देकर, हर बार उसी तरह का अनुभव कर रहे हैं। अगर हमारे सामने कोई चुनौती है और हम भावात्मक रूप से दुर्बल हैं, तो हमारे पास उस हालात का सामना करने के लिए ताक़त नहीं होगी। हम पहले ही किसी ऐसी बात से बहुत दुःखी हैं, जो कई बरस पहले हमारे साथ घट चुकी है और अब हमारे सामने एक और परिस्थिति आ गई है। हमारे पास ताक़त नहीं है इसलिए इस बार जो पीड़ा होगी वो ज़्यादा होगी। अगर हम पिछली बात को भुलाकर अपनी शक्ति को बढ़ा लेते, तो अगली बार पीड़ा कम होगी। किसी ख़ास व्यक्ति या परिस्थिति के कारण जो पीड़ा सामने आई है, अब वह उस व्यक्ति या संबंध तक ही सीमित नहीं रही। अब वह दर्द हमारे व्यक्तित्व का एक हिस्सा बन गया है इसलिए हम दूसरे संबंधों में आसानी से दुःखी हो जाएँगे।

सुरेश ओबेरॉय : तो इस तरह एक के बाद एक कड़ी जुड़ती चली जाती है।

सिस्टर शिवानी : क्योंकि यह उनका नहीं, हमारा अपना व्यक्तित्व है। हम किसी को भी एक उत्प्रेरक की तरह चुन सकते हैं और उससे कह सकते हैं कि उनकी वजह से हम दुःखी हैं, पर अब यह हमारे व्यक्तित्व का हिस्सा बन गया है। यही व्यक्तित्व हमारे साथ हर व्यक्ति, हर परिस्थिति में जाएगा। हमें भावात्मक रूप से पीड़ा का सामना करना पड़ सकता है। इसका हमारी नौकरी बदलने, अपने जीवनसाथी को बदलने, अपने दोस्तों या साथी को बदलने से कोई लेना-देना नहीं है; बस हमें अपने-आपको मज़बूत बनाना होगा।

फिर भले ही हम किसी के भी साथ हों, कहीं भी हों, हमारा भावात्मक प्रतिरोधक तंत्र पूरी तरह से मज़बूत होगा। इससे कोई अंतर नहीं पड़ेगा कि हम क्या हैं और वे लोग कैसे हैं।

सुरेश ओबेरॉय : क्या लोग बहुत आसानी से अपनी सोच बदल लेते हैं?

सिस्टर शिवानी : लोग अपनी ज़िंदगी के साथ बड़े-बड़े करिश्मे कर रहे हैं। वे ही इसे कर रहे हैं; कोई दूसरा उनके लिए कुछ नहीं कर रहा। पहला बोध है - बदलना मुझे है, उन्हें नहीं हम जो महसूस करते हैं, उसके लिए हम ही ज़िम्मेवार हैं। किसी दूसरे को दोषी नहीं ठहराया जा सकता। ऐसे वैवाहिक जोड़े हैं, जो इतनी सी बात समझ आने पर, तलाक़ के मोड़ तक जा पहुँचे संबंधों को मधुर बनाने में कामयाब हो जाते हैं सिर्फ़ एक समझ से कि यह सब दूसरे के नहीं, बल्कि मेरे कारण हो रहा है। मुझे खुद इस विषय में काम करना होगा। मुझे बदलाव लाना होगा।

सुरेश ओबेरॉय : तलाक़ एक-दूसरे पर दोष लगाने का खेल ही तो है।

सिस्टर शिवानी : अक्सर तलाक़ में सामने वाले को कसूरवार ठहराया जाता है परंतु जब हम समझ सकते हैं कि किसी दूसरे का व्यवहार कैसा भी क्यों न हो, हालात के लिए हमारी प्रतिक्रिया ही अधिक मायने रखती है और इस तरह हम अपनी प्रतिक्रिया और अपने पेश आने के तौर-तरीक़े पर ध्यान देने लगते हैं।

सुरेश ओबेरॉय : वे कहेंगे, 'अगर तुम ऐसे बात करोगे तो मेरा इस तरह जवाब देना स्वाभाविक ही है।' तो ऐसे में हम कैसे बदल सकते हैं?

सिस्टर शिवानी : यही तो आत्म-बोध है। 'आपने इस तरह से कहा', अब हमें यह देखना है कि हम किस तरह जवाब देते हैं। मुझे एक चौबीस साल की विवाहिता स्त्री का फ़ोन आया, वह अपने घर की छत पर खड़ी थी और वहाँ से कूदने को तैयार थी। उसने आख़िरी उपाय के तौर पर, कॉल करके कहा, 'मैं जीना नहीं चाहती और मैं छत से छलाँग लगाने ही वाली थी पर मुझे ऐसा

लगा कि क्यों न आपसे बात करके पता करूँ कि क्या इसका कोई और हल हो सकता है। मेरे पति का ऑफ़िस में किसी और लड़की से प्रेम प्रसंग चल रहा है और वे मुझे तलाक़ देना चाहते हैं। मुझे तो अब जीने का कोई कारण ही दिखाई नहीं देता।' वह बुरी तरह से बिखर गई थी। 'मेरे माता-पिता, समाज और बाक़ी सब लोग क्या कहेंगे?'

उसे कहा गया, 'अच्छा! सबसे पहले तुम नीचे उतर आओ और बताओ कि तुम चाहती क्या हो?' उसने कहा, 'सब कुछ पहले की तरह सामान्य हो जाए, जैसा कि हुआ करता था। मैं चाहती हूँ कि मेरा पारिवारिक और वैवाहिक जीवन पहले की तरह हो जाए।' मैंने कहा, 'अपने मन में सोचो कि सब ठीक हो गया है। उसने कहा, 'पर सब कुछ तो ठीक नहीं है।' मैंने कहा, 'मैं जानती हूँ, पर तुम क्या चाहती हो?' 'मैं चाहती हूँ कि सब कुछ पहले की तरह सही हो जाए।' मैंने कहा, 'अब अपने मन में यह विचार लाओ कि सब कुछ ठीक है और मेरे पति भी बिलकुल ठीक बर्ताव कर रहे हैं; मानो कुछ भी नहीं बदला, सब कुछ पहले की तरह ही चल रहा है।'

लगभग दस दिन तक हम हर रोज़ फ़ोन पर बात करते रहे। वह अक्सर कहती, 'सब कुछ ठीक नहीं है। भला मैं यह बात कैसे सोच सकती हूँ कि सब कुछ ठीक हो गया है? मुझे क्या करना चाहिए? क्या मुझे जाकर उस लड़की से बात करनी चाहिए? क्या मुझे जाकर उस लड़की के माता-पिता से बात करनी चाहिए? क्या मुझे जाकर अपने पति के माता-पिता से बात करनी चाहिए? मुझे समझ नहीं आ रहा कि मैं क्या करूँ?' मुझे बार-बार उसे इसी सोच पर वापस लाना पड़ा, कि सब ठीक है। आख़िरकार वह अपनी सोच को बदलने में कामयाब रही। उसने कहा, 'सब कुछ ठीक है, मेरे पति भी बिलकुल ठीक हैं।' उसने रोना भी बंद कर दिया अंततः वह पहले से काफ़ी स्थिर हो गई।

अब जब उसके पति काम से वापस आते तो वह उन्हें रोती-झींकती नहीं दिखती थी जिसे देख वे और भी चिढ़ जाते थे। वे उससे गाली-गलौज पर उतर आते और उसमें ख़ामियाँ निकालने लगते क्योंकि वे अपने काम को जायज़ ठहराने की पूरी कोशिश कर रहे थे। उसे स्थिर बने रहना था और

लगातार ख़ुद को यह यक़ीन दिलाना था, 'सब कुछ ठीक है, हालात पूरी तरह से मेरे बस में हैं और मैं ख़ुद अपने जीवन की मालकिन हूँ।'

एक माह बाद, उसके पति ने उसके हाथ में तलाक़ के काग़ज़ थमा दिए, उन्होंने कहा कि कंपनी उन्हें यूएसए भेज रही थी और वह ऑफ़िस में काम करने वाली लड़की भी साथ ही जा रही थी। वे वहाँ जाकर विवाह करने वाले थे। उसने मुझे फ़ोन करके इस बारे में बताया। फिर उसने मुझे अपने इन वाक्यों के साथ हैरत में डाल दिया, 'आप जानती हैं, मैं बिलकुल ठीक हूँ और मुझे लगता है कि मैं अपनी सार-सँभाल ख़ुद ही कर सकूँगी। मैं कहीं नौकरी कर लूँगी और अपने माता-पिता के साथ रहूँगी।' एक ही माह में उसने अपनी सोच बदल ली थी। हालात अब भी वही थे, जो एक माह पहले थे, परंतु उसने अपनी विचारधारा को बदल दिया था। उसने केवल अपने पर कड़ी मेहनत की। उसका पति चला गया।

दो माह बाद, पति ने यूएस से फ़ोन करके कहा कि वह वापस आना चाहता था। उस महिला ने मुझे कॉल किया और पूछा कि अब उसे क्या करना चाहिए। मैंने पूछा, "तुम क्या चाहती हो?" उसने कहा, "मैं चाहती हूँ कि सब कुछ पहले की तरह सामान्य हो जाए।"

सुरेश ओबेरॉय : यही तो वह हमेशा से चाहती थी।

सिस्टर शिवानी : जी हाँ, और आज इस घटना को चार साल से भी अधिक समय हो गया है। अब उनकी एक प्यारी-सी बिटिया भी है। यह सारे प्रयत्न उसने ही तो किए। हम ब्रह्मा कुमारी में जो ज्ञान पाते हैं और जिस सादगी के साथ इसे लागू किया जाता है, इसे हर व्यक्ति द्वारा अपनाया जा सकता है। करना केवल यही होता है कि उन्हें एक चुनौती लेनी होती है; आरंभ में यह प्रयास थोड़ा ध्यान चाहता है।

सुरेश ओबेरॉय : जब उस महिला का पति उसे छोड़कर जा रहा था और उनका मेल नहीं हो सका, तो क्या आपको भीतर ही भीतर असफल होने का एहसास नहीं हुआ?

सिस्टर शिवानी : यह कोई असफलता नहीं थी। हम उन परिस्थितियों को अपने वश में नहीं कर रहे थे, हम तो यह कोशिश कर रहे थे कि उक्त महिला इस योग्य हो सके कि वह अपनी मानसिक अवस्था की ज़िम्मेवारी ले सके। परिस्थितियों पर हमारा वश नहीं होता। हम अपेक्षा करते हैं कि धर्म या आध्यात्म हमारी समस्याओं को बदल देंगे। नहीं, वे ऐसा नहीं करेंगे। समस्याएँ आती-जाती रहती हैं, चुनौतियाँ आती-जाती रहती हैं,बाधाएँ आती-जाती रहती हैं; आध्यात्मिकता हमें शक्ति देती है कि हम अपने आपको सँभालते हुए, हालात का सामना कर सकें।

सुरेश ओबेरॉय : परंतु जब वह यह सोच रही थी कि सब कुछ ठीक-ठाक है, तो वह हालात को बदलने का प्रयास कर रही थी।

सिस्टर शिवानी : वह केवल अपनी सोच में बदलाव ला रही थी।

सुरेश ओबेरॉय : वह अपनी कल्पना के दायरे में ही हालात को बदल रही थी।

सिस्टर शिवानी : नहीं, यह कल्पना नहीं है। यहाँ सब कुछ ठीक है (मेरे मन के अंदर); यहीं सब कुछ पहले घटता है। पहले आपको ठीक होना होगा; बाक़ी सब ठीक है।

सुरेश ओबेरॉय : परंतु आपने उसे किस तरह का मानसिक चित्रण दिया? आपने उससे कहा, 'बस केवल यही सोचो कि सब ठीक है। कुछ भी तो .गलत नहीं हुआ।'

सिस्टर शिवानी : अगर किसी संबंध में कोई साथी या हमारी संतान हमसे छिटक रहे हैं, तो हम उन्हें कैसी ऊर्जा दे रहे हैं? गुस्सा या पीड़ा। कोई हमसे पहले ही दूर जा रहा है और हम उसे नकारात्मक ऊर्जा दे रहे हैं। इस तरह तो वे हमसे और दूर होते जाएँगे। अगर हम उस व्यक्ति को अपने पास वापस लाना चाहते हैं तो हमें बहुत ही शक्तिशाली सकारात्मक ऊर्जा प्रेषित करनी होगी। उसके लिए आवश्यक है कि हम उस व्यक्ति की आलोचना न करें

और न ही उसके बारे में अपने मन में कोई राय बनाएँ। हमें उन्हें उसी तरह सम्मान देना होगा, जैसे पहले देते आए थे, वे जो भी कर रहे थे, इसके लिए उनके पास तर्क है; भले ही हमें वह अनुचित लगे परंतु उन्हें तो वह उचित ही लगता है। मैंने ऐसे अनेक परिवारों के साथ बातचीत की है, जहाँ आपस में पति-पत्नी के बीच या माता-पिता व संतान के बीच मन-मुटाव होता है। अगर हम दोनों पक्षों से बात करें तो हमारे लिए यह तय करना कठिन होगा कि उनमें से कौन सही है और कौन ग़लत, क्योंकि उनमें से कोई भी ग़लत नहीं होता। हम उनमें से एक की बात सुनेंगे और कहेंगे, "बिलकुल सही कहा, यह व्यक्ति ठीक कह रहा है।" फिर हम दूसरे व्यक्ति की बात सुनेंगे तो हमें लगेगा कि वह अपनी जगह सही है। अंतर केवल इतना है कि वे दोनों ही अपने-अपने नज़रिए से बात कह रहे हैं। बस, हमें केवल इतना करना है कि उन्हें सामने वाले का नज़रिया दिखा सकें।

सुरेश ओबेरॉय : हम समझ और जानकारी के बल पर हालात को सँभाल सकते हैं।

सिस्टर शिवानी : एक जोड़े की बात है - पत्नी पिछले तीन माह से अलग रह रही थी क्योंकि उसका पति उस पर हाथ उठाता था। यह मार-पिटाई का सिलसिला पिछले दस साल से जारी था; हारकर उसने अपनी बेटी को लिया और घर से निकल आई। वह हमसे मिलने आई ताकि अपनी समस्या का कोई हल पा सके। जब वह इस बारे में बात कर रही थी तो इस दौरान वह लगातार रोती रही। मैंने उससे पूछा कि उसके पति का बचपन कैसा बीता था। उसने कहा कि वह बहुत ख़ुशनुमा नहीं रहा था; वह कामकाजी माँ-बाप का इकलौता लड़का था, जिनके पास उसके लिए समय नहीं था, और वह बहुत तन्हा था। मुझे यह बात समझ आई कि उसके पति को लगता था कि उसे अपने आस-पास के लोगों से स्नेह नहीं मिला; अपनी पत्नी के रूप में उसे एक ऐसा व्यक्ति मिला, जिसे वह अपना कह सकता था और वह हिंसा के माध्यम से ही अपनी पत्नी पर अपनी ताक़त और नियंत्रण का प्रदर्शन करता था। दरअसल, ऐसा इसलिए होता था क्योंकि वह खुद अपने आपको भीतर से बहुत असुरक्षित महसूस करता था, वह अपनी पत्नी को अपने मालिकाना हक़

में रखना चाहता था, उसके भीतर बहुत दर्द छिपा था। यह सब सुनकर उसकी पत्नी नफ़रत को भुलाकर अपने पति के लिए सहानुभूति से भर उठी। उसने कहा, 'इतने समय से मेरे पति तकलीफ़ सह रहे थे और मैं समझ रही थी कि केवल मेरे दिल को ठेस लग रही थी।' उस हक़ीक़त ने उसे बदल दिया, अब वे एक-दूसरे के जख़्मों का मलहम बन गए हैं, एक-दूसरे को आरोग्य देने में जुटे हैं। ऐसा नहीं कि ये हालात एक ही दिन में सुलझ गए थे क्योंकि पति का कहना है कि वह नहीं जानता कि उसके साथ क्या हुआ था। ये सब बातें मन में कहीं अवरोध आने के कारण होती हैं। बस, हमें केवल यही करना होता है कि ख़ुद को अपने स्थान से हटाकर, उनके स्थान पर रखकर देखें, फिर यह जानने की कोशिश करें कि उनका ऐसा व्यवहार करने का क्या कारण हो सकता है। परंतु होता यह है कि जब पति पत्नी के साथ बुरा बर्ताव करता है तो पत्नी अपनी ही पीड़ा में इतना खो जाती है कि वह यह समझ ही नहीं पाती कि उसका पति किन हालात से गुज़र रहा है।

सुरेश ओबेरॉय : अगर उन दोनों का ही बचपन परेशानियों से घिरा हुआ रहा हो?

सिस्टर शिवानी : पत्नी लगातार रोती जा रही थी। वह पति से कह रही थी, 'वादा करो कि तुम मुझ पर फिर से हाथ नहीं उठाओगे, तभी मैं तुम्हारे साथ घर चलूँगी।' पति कह रहा था, 'मैं वादा करता हूँ कि मैं कोशिश करूँगा।' पत्नी बोली, 'नहीं, तुम मुझे गारंटी दो कि तुम फिर कभी ऐसा नहीं करोगे।' तो मैंने उस महिला से कहा, 'तुम गारंटी देती हो कि आज के बाद तुम आँसू नहीं बहाओगी?' उसने झट से जवाब दिया, 'मैं कोशिश करूँगी।' दूसरे व्यक्ति को बदलने के लिए कहना बहुत आसान होता है क्योंकि हमारा अपने संस्कार पर वश नहीं है।

सुरेश ओबेरॉय : परंतु क्या हम 'संस्कारों' में बदलाव ला सकते हैं?

सिस्टर शिवानी : जी हाँ, निश्चित रूप से ऐसा हो सकता है। बस, हमें यह देखना और समझना होगा कि वास्तव में कारण क्या है।

सुरेश ओबेरॉय : हम अपने भीतर से कारण कैसे तलाश सकते हैं? क्या इसे तलाशने के लिए 'आप' की आवश्यकता होगी या 'मैं' स्वयं यह काम कर सकता हूँ? मान लीजिए कि मुझे बहुत आसानी से गुस्सा आ जाता हो; मैं कैसे जान सकता हूँ कि यह मेरा किस तरह का संस्कार है। क्या इसके लिए मुझे अपने अतीत में जाना होगा?

सिस्टर शिवानी : निश्चित रूप से हमें अपने बीते कल में झाँकना होगा। मान लेते हैं कि किसी का बचपन कई तरह की परेशानियों व समस्याओं से घिरा रहा – माता-पिता आलोचक थे या उस पर हाथ उठाते थे वगैरह-वगैरह। बच्चे को बार-बार ख़ुद को साबित करना पड़ता था और उसके बावजूद उसे उनसे कष्ट और मानसिक पीड़ा के सिवा कुछ नहीं मिलता। जब बच्चा बड़ा होता है, तो वह अपने भीतर बचाव तंत्र विकसित कर लेता है। वह उस ठेस और पीड़ा से दोबारा नहीं गुज़रना चाहता और इस तरह वह अशिष्ट और आक्रामक बन जाता है। इससे पहले कि कोई उससे कुछ कहे, वह लोगों पर बेतहाशा चिल्लाने लगता है। लोग उससे डरने लगेंगे। उस व्यक्ति ने अपने चारों ओर सुरक्षात्मक दीवार बना ली है ताकि कोई भी उसे कभी कुछ न कह सके परंतु भीतर से तो वह निर्दोष, भयभीत और चोट खाया हुआ बालक ही है।

सुरेश ओबेरॉय : वह एक ऐसे हालात से गुज़रा है, जिसका वह सामना नहीं कर सका।

सिस्टर शिवानी : केवल यही नहीं, बालक ने उस समय पीड़ा को भी अनुभव किया और अब वह उस कष्ट से बचना चाहता है। यहाँ तक कि तीस, चालीस या पचास साल की आयु होने के बाद भी वह फिर से उस पीड़ा का सामना नहीं करना चाहेगा। जब वह व्यक्ति अपने आप पर काम करने लगता है और कहता है कि भले ही कोई भी व्यक्ति कुछ भी क्यों न कहे, वह उसकी बात को दिल पर नहीं लेगा, तो वह भीतर से मज़बूत हो रहा है। अब वह अपने आस-पास बने बनावटी बचाव तंत्र को हटाकर, अपने स्वाभाविक, विनम्र व मधुर रूप में सामने आ सकता है।

सुरेश ओबेरॉय : तो अपने विचारों यानी सोच के प्रति सजग रहते हुए इन सब बातों से उबरा जा सकता है। इसी सजगता के साथ हम साक्षी होना भी सीख सकते हैं, है न?

सिस्टर शिवानी : बिलकुल ठीक, क्योंकि हम अपने ही नज़रिए से शिक्षित होते हैं। जैसा कि इस जोड़े के जीवन में हुआ, वह पत्नी केवल अपना नज़रिया ही देख पा रही थी, 'मेरा पति मुझ पर हाथ कैसे उठा सकता है, वह मुझे प्यार नहीं करता, उसे मेरी रत्ती भर परवाह नहीं, मेरी क़द्र नहीं है।' वह जो महसूस कर रही है, वह भी ठीक था, परंतु वह केवल अपना ही नज़रिया देख पा रही है। जब वह ख़ुद को अपने नज़रिए से परे ले जाती है, तो वह स्थिर हो जाती है। उसकी घृणा सहानुभूति में बदल जाती है।

हम सभी लोगों को समझने के बारे में बात करते हैं। हम कहते हैं कि हम दूसरे व्यक्ति को समझ नहीं सकते, जिसका मतलब है कि हम उनके नज़रिए को देख ही नहीं सकते क्योंकि हम अपने ही नज़रिए और सोच से इस क़दर बँधे हैं कि उस ओर हमारा ध्यान ही नहीं जाता।

पहले, हम हालात को केवल अपने ही नज़रिए से देख सकते थे और हमारे पक्ष से यह बिलकुल ही अलग था। अगर हम चाहते हैं कि हम दूसरों का पक्ष देख सकें तो हमें अपनी कुर्सी से उठकर, दूसरों की कुर्सी पर आकर बैठना होगा। उसके लिए हमें अपने-आप को इस कुर्सी से अलग करना होगा, हम अपने पद व स्थान और अधिकार से इतना जुड़ाव रखते हैं कि यहाँ से उठ तक नहीं सकते। जब हम उठकर दूसरों की ओर, उनका पक्ष देखने के लिए आते हैं, तो यही समानुभूति है, यही समझ है और एक संबंध है।

सुरेश ओबेरॉय : जब कोई व्यक्ति भीतर से खोखला होता है, तो उसे बहुत ग़ुस्सा आता है। इस भीतरी ख़ालीपन से क्या अभिप्राय है?

सिस्टर शिवानी : रिक्तता। बहुत लोग आजकल कहते हैं कि उनके पास जीवन में सब कुछ है। वे व्यावसायिक, व्यक्तिगत और भौतिक रूप से भरपूर हैं पर भीतर ही भीतर वे ख़ुद को अधूरा महसूस करते हैं।

सुरेश ओबेरॉय : इसका अर्थ हुआ कि वे किसी ख़ास तरह की खोज या भावात्मक पूर्ति की तलाश में हैं?

सिस्टर शिवानी : हम जो भी कर रहे हैं, पढ़ रहे हैं, काम कर रहे हैं, अपने संबंधों को पोषित कर रहे हैं अथवा हम जो भी कर रहे हैं, वह केवल प्रसन्नता और संतोष पाने के लिए ही कर रहे थे। तीस या चालीस वर्ष की आयु में आकर हमें एहसास होता है कि हमारे पास सब कुछ है परंतु इसके बावजूद हम तनाव, गुस्से और उद्वेग का सामना कर रहे हैं। तो उस लिहाज़ से तो हम पूरी तरह से ख़ाली हैं क्योंकि हम जो पाना चाहते थे, उसे पा नहीं सके, इसके बावजूद हमारे पास उन सभी वस्तुओं की पूरी सूची है, जिनके बारे में हमें लगा था कि वे हमें संतोष प्रदान कर सकती हैं। फिर हम कहते हैं कि हमारे भीतर कुछ अधूरापन है। इस सफलता को पाने के दौरान, हमने बहुत समझौते किए हैं। उन समझौतों ने हमें खोखला बना दिया है। शांति हमारा स्वभाव है परंतु हम गुस्से को जन्म देते हैं। ईमानदारी हमारा स्वभाव है परंतु हम कामयाबी पाने के लिए उसके साथ अनेक बार समझौते करते हैं। विनय हमारा स्वभाव है परंतु हम शक्तिशाली अनुभव करने के लिए अहंकार को रचते हैं। हम जितनी बार यह सब कर रहे हैं, उतनी ही बार अपने मूल व्यक्तित्व के विरुद्ध जा रहे हैं।

सुरेश ओबेरॉय : तो हमें इस विषय में बुरा भी लगता है और फिर पश्चाताप भी होता है।

सिस्टर शिवानी : हम केवल बुरा ही महसूस नहीं करते बल्कि हम यह भी सोचने लगते हैं कि यह यात्रा कैसी रही। जैसे मान लेते हैं कि यह गिलास पूरी तरह से भरा हुआ है। अब हमें सफलता की यात्रा पर तो निकलना है परंतु यह ध्यान भी रखना है कि इस गिलास से पानी न छलके। अगर हमारे गिलास से पानी छलकता रहा तो क़रीबन दस या बीस साल बाद यात्रा तो पूरी हो जाएगी परंतु वहाँ पहुँचते-पहुँचते हमारा गिलास ख़ाली होगा। फिर हम कहेंगे कि हम तो पूरी तरह से ख़ाली हैं क्योंकि हमने बहुत ज़्यादा गुस्सा और द्वेष किया। हम उस सफलता को पाने के लिए कुछ भी करने के लिए तैयार

थे। इसका अर्थ यह नहीं कि सफलता पाने का प्रयास करना अनुचित है; बस हमें सफलता की ओर जाते हुए, अपने हाथ में थामे हुए पानी के उस गिलास का भी ध्यान रखना चाहिए था।

सुरेश ओबेरॉय : परंतु सफलता की राह पर चलने से पूर्व भी तो हम ख़ाली ही थे, ख़ाली थे न?

सिस्टर शिवानी : नहीं, आप एक बच्चे को देखें - कितना संतुष्ट। बच्चे की यही संतुष्टि तो हमें आकर्षित करती है। हम बच्चे को सिखाते हैं कि अगर उसे खुश होना है तो उसे और अधिक अंक लाने होंगे; प्रथम आने के लिए उसे तनाव का सामना करना होगा, अपने मित्रों से प्रतियोगिता करनी होगी। जब बच्चा सो रहा हो तो उसके चेहरे की ओर देखें - उसके चेहरे पर कितनी प्रशांति का भाव दिखाई देता है।

सुरेश ओबेरॉय : क्या हम भी एक बच्चे जैसी नींद पाने के लिए ध्यान का अभ्यास कर सकते हैं?

• • •

विश्रांत भाव से इन विचारों पर मनन करें :

हमें सहज भाव से बैठकर, खुद को विश्राम की अवस्था में लाना है... मैं स्वयं को एक अच्छी नींद के लिए तैयार कर रहा हूँ... मैं अपने पूरे दिन पर एक नज़र दौड़ाता हूँ... जो कुछ भी बीत गया, वह अतीत था... पूर्णविराम लगा दें... भले ही वह कितना भी कठोर... कितना भी चुनौतीपूर्ण क्यों न रहा... वह बीत गया है... अब यह एक नया क्षण है... एक नया प्रत्युत्तर... एक नई भावना... मैं पूरी तरह से वश में हूँ... मैं विशुद्ध ऊर्जा हूँ... मैं पहले से ही संपूर्ण हूँ... सुंदर... संतुष्ट... सफल... वह सब, जिसे मैं बाहर तलाश रहा था, वह सब तो पहले से ही मेरे पास है... मेरे जीवन का उद्देश्य मुझे कहीं बाहर से प्राप्त करना नहीं है... मुझे अपने

उद्देश्यों की ओर बढ़ते हुए, इसे अभिव्यक्त करना है... मैं संपूर्ण हूँ... पूरी तरह से संपूर्ण... विशुद्ध आत्मा... शरीर तथा प्रत्येक इंद्रिय का स्वामी... सब कुछ नियंत्रण में है। ओम शांति!

आनंद प्राप्ति के मंत्र

- हम जितनी बार अतीत के बारे में विचार करते हैं, हम उसे वर्तमान में बदल रहे हैं क्योंकि हम उन्हीं भावों को एक बार नए सिरे से जन्म दे रहे हैं।
- अतीत बीत गया है। उस पर पूर्णविराम लगा दें। इसे बार-बार अपने मन में न दोहराएँ, जब हम ऐसा करते हैं तो मानो हम बार-बार अपने पुराने घाव को खुरच रहे हैं, जो कभी नहीं भर सकेगा।
- जो हालात घट चुके हैं, उससे हमें कुछ नहीं सीखना है। हमें केवल यही सीखना है कि क्या हमारे पास किसी अलग तरह से प्रतिक्रिया देने का चुनाव था। क्या हम किसी अलग तरह से प्रतिक्रिया दे सकते थे?
- अगर हम अतीत को थामे रहते हैं - उसकी डोर को हाथों से जाने नहीं देते - तो हमारे भीतर पीड़ा की एक लहर बनी रहेगी। जीवन में आने वाली परिस्थितियाँ वो ही रहेंगी, पर हम पुरानी बातों को जितना पकड़कर रखेंगे हमारी पीड़ा बढ़ती जाएगी।
- संबंधों में, कोई भी कभी ग़लत नहीं होता; हर व्यक्ति अपने नज़रिए से सही होता है। हमें अपने नज़रिए से साक्षी होकर, दूसरे के नज़रिए को समझना है, यही सहानुभूति है।
- यदि हम अपनी उपलब्धियों के लिए मेहनत करते हुए; शांति, प्रेम व प्रसन्नता जैसे मूल्यों से समझौता न करें, तो हम हमेशा संतुष्ट रहेंगे।

बी.के. शिवानी के बारे में

आध्यात्मिक पथ प्रदर्शक, मेन्टर, वक्ता और लेखिका

1996 से बी.के. शिवानी राजयोग ध्यान की अभ्यासी एवं शिक्षिका रही हैं। यह ध्यान वैश्विक आध्यात्मिक संगठन ब्रह्मा कुमारी की शिक्षाओं का केंद्र बिंदु है।

आध्यात्मिक शिक्षा और भावनात्मक सशक्तिकरण के ज़रिए मानवीय चेतना में परिवर्तन के उद्देश्य के साथ वे दुनिया भर के लाखों लोगों का शांति, स्वास्थ्य, प्रसन्नता और सामंजस्य की ओर सशक्तिकरण कर रही हैं। उन्होंने जीवन कौशल, संबंध, पालन-पोषण, नैतिक शिक्षा, नेतृत्व, भावनात्मक एवं मानसिक कल्याण, कार्य-जीवन संतुलन, व्यसनों से मुक्ति, आध्यात्मिक गहराई, स्पंदन ऊर्जा और आवृत्तियों, चेतना, ध्यान, कार्मिक दर्शन, धार्मिक विश्वास, विज्ञान एवं आध्यात्मिकता का एकीकरण तथा मन, तन और औषधियों के एकीकरण जैसे उपयुक्त विषयों के व्यापक दायरे पर उद्बोधन दिए हैं और उनका विश्लेषण किया है।

लाखों लोगों की मानसिकता में बदलाव में उनके योगदान के लिए उन्हें 2019 में भारत में महिलाओं को दिए जाने वाले सर्वोच्च सम्मान *नारी शक्ति* पुरस्कार से सम्मानित किया गया है। आध्यात्मिक चेतना के सशक्तिकरण में उनके व्यापक प्रभाव को देखते हुए उन्हें 2014 में एसोचेम की लेडीज़ लीग ने *विमेन ऑफ़ द डिकेड अचीवर्स अवॉर्ड* से सम्मानित किया है। 2017 में उन्हें

वर्ल्ड साइकियाट्रिक असोसिएशन ने गुडविल अंबेसडर नियुक्त किया है। 2017 से 2018 में उत्तर अमेरिका में कई शहरों के दौरे के दौरान न्यू जर्सी, ओहायो, सैंटा क्लैरा और सैन फ़्रांसिस्को में जीवन को पुनः आकार देने के लिए उन्हें *प्रोक्लेमेशन्स ऐट क्यूपर्टिनो* से सम्मानित किया गया है।

सिलिकॉन वैली, अमेरिका में उन्होंने गूगल, माइक्रोसॉफ़्ट, सिस्को, ऐमेज़ॉन और इंटेल जैसी दिग्गज कंपनियों को संबोधित किया है। उन्होंने रिलायंस जियो, मारुति सुज़ूकी इंडिया, इंडियन ऑयल कॉर्पोरेशन, गोदरेज इंडस्ट्रीज लि., जीई एनर्जी, एशियन पेंट्स और टाइम्स ऑफ़ इंडिया जैसे कई मशहूर व्यापारिक घरानों को भी संबोधित किया है। वाईपीओ, एफ़एलओ और ईओ चैप्टर्स, भारतीय सशस्त्र बलों के अलावा उन्होंने रोटरी इंटरनैशनल तथा लॉयन्स क्लब इंटरनैशनल को भी संबोधित किया है। उन्हें अखिल भारतीय स्तर के जाने-माने स्कूलों, कॉलेजों एवं आईआईएम, आईआईटी, एआईएम जैसे प्रबंधन व नेतृत्व संस्थाओं तथा ऐसी ही अन्य संस्थाओं द्वारा भी आमंत्रित किया जाता है।

भारत के तमाम बड़े शहरों की इंडियन मेडिकल असोसिएशन उन्हें मन-तन-औषधि पर वार्ता के लिए आमंत्रित करती हैं। वे कैन्सर के मरीजों और कैन्सर पीड़ितों के लिए कार्यक्रम भी चलाती हैं। बी.के. शिवानी हर वर्ष अंग दान के अभियान को भी सक्रिय रूप से प्रोत्साहन देती हैं। इसके अलावा, वे एफ़ओजीएसआई की एक टीम की भी सदस्य हैं, जिसने कि 'अद्भुत मातृत्व' जैसा अद्वितीय कार्यक्रम विकसित किया है। इस कार्यक्रम के माध्यम से भावी माता-पिताओं के लिए दैवीय गर्भ संस्कार के वैज्ञानिक और आध्यात्मिक सिद्धांतों का अन्वेषण किया जाता है।

प्रतिभावान चिंतक, वक्ता और लेखिका होने के अलावा बी.के. शिवानी भारत के पुणे विश्वविद्यालय से इलेक्ट्रॉनिक्स इंजीनियरिंग में शैक्षणिक उत्कृष्टता के लिए स्वर्ण पदक प्राप्त हैं।

पाठक उनसे ऑन लाइन संपर्क कर सकते हैं :

Facebook: https://www.facebook.com/BKShivani
YouTube: https://www.youtube.com/BKShivani
Instagram: https://www.instagram.com/BKShivani

ब्रह्मा कुमारी

ब्रह्मा कुमारी एक अंतर्राष्ट्रीय एनजीओ है, जिसे संयुक्त राष्ट्र की आर्थिक व सामाजिक परिषद में मुख्य परामर्शदाता तथा यूनिसेफ़ में परामर्शदाता का दर्जा प्राप्त है। ब्रह्मा कुमारी का वैश्विक मुख्यालय राजस्थान के माउंट आबू नामक स्थान पर स्थित है। पाँच महाद्वीपों के 140 से अधिक देशों में इस संगठन के 4,500 से अधिक केंद्र स्थापित किए गए हैं। ब्रह्मा कुमारी द्वारा सकारात्मक परिवर्तन लाने के लिए विविध प्रकार के कोर्स व कार्यक्रम आयोजित किए जाते हैं।

ब्रह्मा कुमारी में, जीवन के प्रति सकारात्मक दृष्टिकोण तथा मानसिक शांति का अनुभव पाने के लिए राजयोग का अध्ययन करवाया जाता है। यह संगठन विविध धर्मों तथा सांस्कृतिक पृष्ठभूमियों से आए व्यक्तियों को यह अवसर प्रदान करता है कि वे अपनी आध्यात्मिकता का अन्वेषण करते हुए, राजयोग से प्राप्त ध्यान व मनन के कौशल सीख सकें, जो उन्हें आंतरिक प्रशांति, स्पष्ट चिंतन तथा निजी आरोग्य पाने में सहायक होंगे। संगठन अपने गठन के साथ ही संसार भर में, लाखों लोगों के जीवन में शुद्धता, शांति, प्रेम व आनंद जैसे मूल्यों को एक व्यावहारिक तथा सतत भाव से बने रहने वाले अनुभव के रूप में प्रदान कर रहा है।

संगठन की सभी शिक्षाओं के मूल में राजयोग ध्यान ही है जिसे फ़ाउंडेशन कोर्स के रूप में सिखाया जाता है। यह कोर्स आत्मा व पदार्थ संबंध के विषय

में एक तार्किक व व्यावहारिक समझ देते हुए, आत्मा, परमात्मा व भौतिक जगत के बीच चल रहे पारस्परिक प्रभाव का भी ज्ञान देता है। सभी कोर्स, सेमिनार व कार्यशालाएँ आदि सामुदायिक सेवा के रूप में, आम जनता के लिए निःशुल्क आयोजित किए जाते हैं।

राजयोग ध्यान का फ़ाउंडेशन कोर्स ब्रह्मा कुमारी के प्रत्येक केंद्र पर कराया जाता है, जो कि निःशुल्क है। यह 7 दिवसीय कोर्स है, जिसके लिए प्रति दिन 1 घंटा देना पड़ता है। अपने नजदीकी केंद्र की जानकारी के लिए देखें –

https://www.brahmakumaris.com/centers (India)
https://www.brahmakumaris.org/centre-locator (International)

अवेकनिंग ब्रह्मा कुमारी का 24 घंटे प्रसारित होने वाला चैनल है।

संस्था द्वारा प्रस्तुत किए जाने वाले कोर्स

- सेल्फ़ मैनेजमेंट (स्व-प्रबंधन)
- स्ट्रेस-फ़्री लिविंग (तनाव मुक्त जीवन)
- लिविंग वैल्यूज़ (मूल्यों के साथ जीवन)
- इमोशनल इंटेलीजेंस (भावात्मक बुद्धिमता)
- माइंड मैनेजमेंट (मन का प्रबंधन)
- हारमनी इन रिलेशनशिप्स (संबंधों में सामंजस्य)
- सेल्फ़ एम्पॉवरमेंट (आत्म-सशक्तिकरण)
- एन्हेंसिंग सेल्फ़ एस्टीम (स्वाभिमान में वृद्धि)
- एक्सप्लोरिंग इनर पावर्स (आंतरिक शक्तियों का अन्वेषण)
- वैल्यूज़ इन हेल्थ केयर (स्वास्थ्य की देख-रेख से जुड़े मूल्य)
- लीडरशिप स्किल्स (नेतृत्व कौशल)
- वर्क-लाइफ़ बैलेंस (कार्य-जीवन संतुलन)
- कार्मिक प्रिंसिपल्स (कार्मिक सिद्धांत)
- आर्ट ऑफ़ राइट थिंकिंग (सही सोच की कला)
- इफ़ेक्टिव ऐंड गुड पैरेंटिंग (प्रभावी और बेहतरीन लालन-पालन)
- स्पिरिचुअल एडवांसमेंट (आध्यात्मिक उन्नति)

इसके अतिरिक्त, संस्थान के केंद्रों में ये कोर्स कॉर्पोरेट्स, विद्यालयों, अस्पतालों, सार्वजनिक एवं निजी कंपनियों के कार्यालयों तथा जेलों में भी भाग लेने वालों के कार्यस्थल पर कराए जाते हैं।

AWAKENING

To A New Way of Living

Brahma Kumaris TV Channel

ब्रह्मा कुमारी का अवेकनिंग टीवी चैनल इस विचार के साथ शुरू किया गया है कि 'जब हम बदलेंगे, हमारी दुनिया बदलेगी।' इस पर दिखाए जाते हैं :

(1) भावनात्मक स्वास्थ्य तथा तनाव, क्रोध, भय जैसे जीवन शैली संबंधी मुद्दों, संबंधों, पेशेवराना मुद्दों तथा कार्य-जीवन संतुलन जैसे विषयों पर चैट शो और टॉक शो।

(2) तन-मन संबंध के बारे में कार्यक्रम : व्यसन छुड़ाने के बारे में कार्यक्रम, कोरोनरी आर्टरी से जुड़े रोगों को ठीक करना, डाइबिटीज़, योग, अच्छे स्वास्थ्य और रोग के उपचार में भावनाओं की भूमिका।

(3) मानसिक स्वास्थ्य के मुद्दों पर कार्यक्रम : निराशा, ओसीडी, बच्चों में अतिसक्रियता और आजकल बहुप्रचलित मानसिक स्वास्थ्य से जुड़ी तमाम बीमारियाँ।

(4) प्रत्येक व्यवसाय में आध्यात्मिक सिद्धांत लागू करने के कार्यक्रम : डॉक्टरों, न्यायविदों, राजनेताओं, प्रशासकों, व्यापार एवं उद्योग, मीडिया, कला एवं संस्कृति, वैज्ञानिकों तथा इंजीनियरों, सुरक्षा सेवाओं, यात्रा एवं पर्यटन तथा और अन्य के लिए।

(5) पाक कला के शो जिनमें सात्विक व्यंजन बनाने की विधियाँ बताई जाती हैं और पाक कला तथा खाने के दौरान मन की भूमिका के बारे में जानकारी साझा की जाती है।

(6) सर्वांगीण लालन-पालन के बारे में विशेष कार्यक्रम।

(7) घर पर ध्यान लगाकर बैठने वाले लोगों की मदद के लिए दिनभर निर्देशित ध्यान कार्यक्रम।

(8) भजन।

website: https://awakeningtv.org

राजयोग ध्यान

आत्म-बोध - अपने स्व का एक आध्यात्मिक अस्तित्व, एक अत्यंत सूक्ष्म नन्हे से सितारे व एक प्रकाश बिंदु के रूप में पहचान - एक आत्मा, एक ऐसी आत्मा जिसके लिए प्रेम, शांति, आनंद, सत्यता, परमानंद व पवित्रता ही आंतरिक प्रकृति व स्वभाव है।

ईश्वर का ज्ञान - हमारी तरह ईश्वर भी एक आत्मा हैं, सर्वोच्च आत्मा - जो कभी देह धारण नहीं करते। वे ही सर्वशक्तिमान सत्ता हैं; प्रेम, शांति, शक्ति व शुद्धता के महासागर!

ईश्वर के साथ हमारा संबंध - जब हम ध्यान के माध्यम से, अपने मन को ईश्वर के मन के साथ एकाकार करना सीख लेते हैं, तब भले ही कैसी भी परिस्थिति क्यों न हो, हम सदा सहायता व शक्ति के एक ऐसे स्रोत होंगे, जिस पर विश्वास किया जा सकता है - शक्ति व सद्गुणों का एक असीम स्रोत, जो हमसे केवल एक विचार भर की दूरी पर है।

कर्म का नियम - हर कार्य की बराबर और विपरीत प्रतिक्रिया होती है। इसका तात्पर्य है कि हम आज इस क्षण, जिस किसी भी परिस्थिति का अनुभव कर रहे हैं, वह उसी का परिणाम है जिसे कि हमने एक बार बाहर भेजा है। हमारा हरेक विचार, शब्द और कार्य वह ऊर्जा है जिसे कि हम सृजित करते और फैलाते हैं - यही हमारा कर्म है। परिस्थितियाँ और लोगों का व्यवहार हमें मिलने वाली ऊर्जा है - जो कि हमारा भाग्य है।

राजयोग ध्यान - इस ध्यान को कहीं भी, किसी भी समय आँखें खुली रखते हुए किया जा सकता है। नियमित अभ्यास से हमें परिस्थितियों पर महज प्रतिक्रिया देने के बजाय उनका प्रत्युत्तर देने में मदद मिलती है। हम सामंजस्य के साथ रहना शुरू करते हैं, हम बेहतर और खुशनुमा स्वस्थ संबंध सृजित कर सकते हैं और अपने जीवन में सर्वाधिक सकारात्मक रूप से परिवर्तन ला सकते हैं।

8 आध्यात्मिक शक्तियाँ - हम खोज करते हैं कि प्रत्येक चुनौती का सामना कैसे किया जाए और कैसे हर हालात में राजयोग की 8 शक्तियों का प्रयोग

करते हुए बेहतर जीवन जिया जाए। ये शक्तियाँ हैं : वापस लेने की शक्ति, त्यागने की शक्ति, समायोजित करने की शक्ति, विभेद करने की शक्ति, निर्णय करने की शक्ति, सामना करने की शक्ति, सहयोग करने की शक्ति तथा सहिष्णुता की शक्ति।

BRAHMA KUMARIS CENTRES

The Brahma Kumaris have more than 8,500 centres in over 133 countries, with the international headquarters at Mt. Abu, Rajasthan.

INDIA

World Headquarters 'Pandav Bhawan,'
Post Box No.2, Mt. Abu–307501
Tel: 2974–238261 To 238268

Om Shanti Retreat Centre
Gurgaon. Tel: 0124–2379960

Shanti Sarovar Retreat Centre,
Hyderabad. Tel: 040–23005983

25, New Rohtak Road, Karol Bagh New Delhi.
Tel: 011–23628976

23, Dar-Ul-Muluk, Gamdevi Mumbai.
Tel: 022–23803681

81/1, Bangur Avenue, V.I.P. Road Side Kolkata.
Tel: 033–25747863

3702, Annanagar, Block Q–96 Chennai.
Tel: 044–26267441

UNITED KINGDOM & EUROPE

Global Co-operation House, 65–69 Pound Lane
London. Tel: 44–20–8727 3350

Global Retreat Centre
Oxford. Tel: 44–1865–343 551

Centre de Raja Yoga, 74 rue Orfila Paris, France.
Tel: 33–1–43 58 44 27

Raja Yoga Institut
Frankfurt, Germany. Tel: 49–69–49 18 46

Styrmansgatan 3 Stockholm, Sweden.
Tel: 46–8–663–79 59

12 rue J.-A. Gautier Geneva, Switzerland.
Tel: 41–22–731 12 35

RUSSIA

2 Gospitalnaya Ploschad
Moscow. Tel: 7–499–263 02 47

4 Severny Prospect
Saint-Petersburg. Tel: 7–812–293 28 44

NORTH & SOUTH AMERICA

Global Harmony House, 46 S. Middle Neck Road
New York. Tel: 1–516–773 0971

Peace Village— Learning & Retreat Centre
New York. Tel:1–518–589 5000

2428 Griffith Park Boulevard
Los Angeles. Tel: 1–323–664 0022

1212 New York Avenue
Washington DC. Tel: 202–238 3263

897 College Street Toronto, Canada.
Tel: 1–416–537 3034

Rua Dona Germaine Burchard, 589
Sau Paulo, Brazil. Tel: 55–11–3864 2639

AFRICA

Global Museum, Maua Close Nairobi, Kenya.
Tel: 254–20–3743572

Inner Space, 28 Judith Street Johannesburg, South Africa.
Tel: 27–11–487 2800

ASIA

17 Dragon Road, Causeway Bay
Hong Kong SAR. Tel: 852–2806 3008

1-30-15 Numabukuro Tokyo, Japan.
Tel: 81–3–5380 4169

52 Lorong Melayu, Singapore.
Tel: 65–6441 1411

Chaengwattana Rd. 27, Pakkret
Bangkok, Thailand. Tel: 66–2–573 8242

7484 Bagtikan Corner, Makati City
Manila, Philippines. Tel: 63–2–890 7960

AUSTRALIA & NEW ZEALAND

78 Alt Street, Ashfield
Sydney, NSW. Tel: 61–2–9716 7066

4 Park Avenue, Avalon
Wellington. Tel: 64–4–567 0699